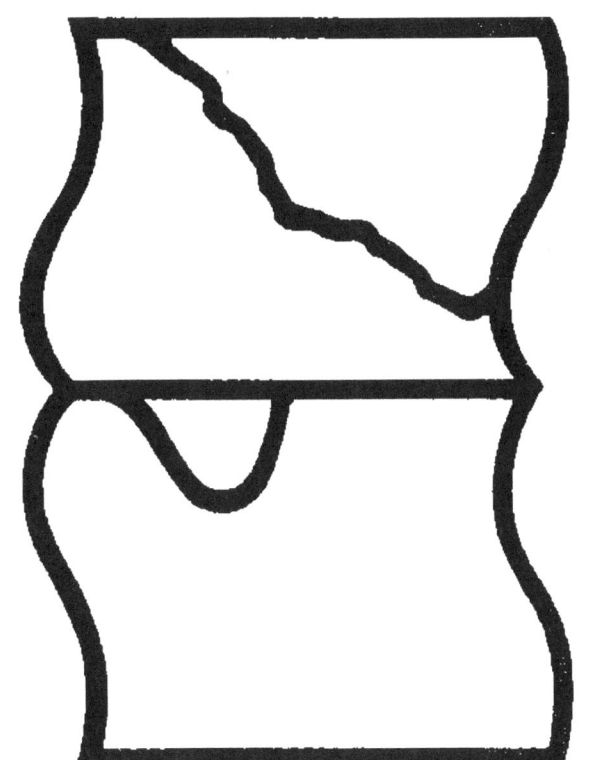

Contraste insuffisant

NF Z 43-120-14

Y. 386.

(Par André Dacier)

L'OEDIPE
ET
L'ELECTRE
DE
SOPHOCLE.
TRAGEDIES GRECQUES.

Traduites en François avec
des Remarques.
par M. Dacier.

A PARIS,
Chez CLAUDE BARBIN sur le second
Perron de la sainte Chapelle.

M. DC. XCII.
Avec Privilege du Roy.

PREFACE.

Prés avoir expliqué la Poëtique d'Aristote, j'ai cru qu'il étoit necessaire de donner une traduction de quelques Tragedies des Grecs, afin qu'on pût voir en même tems la regle & l'exemple. J'ai donc choisi deux pieces de Sophocle qui sont un chef d'œuvre chacune dans leur genre, car il n'y a rien de plus parfait pour la fable & pour le sujet, pour les mœurs ou les caracteres, pour les sentimens, & pour la diction. Il est vrai qu'il est impossible de faire connoître dans une traduction les beautez de cette derniere partie; & ces pieces perdent infiniment de

PREFACE.

ce côté là. Je ne fay même si ce n'est pas trop hazarder que de les presenter en cet état à nôtre siecle. Un Poëme Epique peut se soûtenir en prose, car, comme Aristote le dit fort bien, il fait son imitation par le discours seul, au lieu que la tragedie faisant la sienne par le discours, le nombre, & l'harmonie, ce qu'Aristote appelle *un stile agreablement assaisonné*, elle ne doit être qu'en vers.

Quelques efforts que j'aye fait pour donner en quelque maniere à ma prose *cet agreable assaisonnement*, en la rendant la plus poëtique qu'il m'a été possible, il faut avoüer qu'auprés de l'original elle est presque comme un corps sans ame; mais si ces pieces perdent du côté de la diction, j'espere qu'elles ne perdront rien pour les autres parties, & que si l'on

PREFACE.

n'y trouve pas ce qui flatte l'oreille & le sentiment, on y trouvera dans un souverain degré, ce qui plaît à l'esprit, & à la raison. On doit regarder ces pieces comme l'esquisse, ou comme l'ébauche d'un tableau dont tous les contours sont bien arrêtez, toutes les parties bien déssignées, & où il ne manque que l'éclat des couleurs.

Cs sortes de desseins ne plaisent qu'à ceux qui sont savans dans la peinture ; il en sera de même de ces Tragedies ; elles charmeront toutes les personnes de bon goût, & pourront déplaire aux autres ; elles attireront sur tout les railleries des méchans Poëtes, trop accoûtumez à admirer leurs propres ouvrages pour gouter jamais ce qui est bon.

Je ne perdrai pas mon tems

PREFACE.

à tâcher de leur faire approuver une chose qui passe leur connoissance; ce seroit imiter *Xerxes.* la folie de ce Prince, qui voulant porter la guerre en Grece, prit la peine d'écrire auparavant cette belle lettre au mont Athos: *Monstrueux Athos, qui de ta cime touches les nuës, garde-toy bien de m'opposer des roches trop grandes & trop difficiles à travailler, & à mettre en œuvre: Autrement je te déclare, que je te couperay toi-mème, & te jetteray dans la mer.*

L'OEdipe est une piece du premier genre; car elle est simple & implexe; *simple*, parce qu'elle n'a qu'une seule catastrophe, & *implexe*, parce qu'elle a la reconnoissance avec la peripetie, ou le changement d'Etat; car OEdipe, qui ne se connoissoit pas, vient à se reconnoître, & aprés s'être re-

PREFACE.

connu, il tombe de l'état du monde le plus heureux dans un abyſme de miſere.

Pour bien connoître l'adreſſe de Sophocle dans la conſtitution de ce ſujet, il faut démêler ce qu'il y a de propre, & que l'hiſtoire a fourni, d'avec les Epiſodes, c'eſt-à-dire, d'avec les circonſtances que le Poëte a imaginées luy-même. Le Royaume de Thebes étant déſolé par une peſte tres-cruelle, on envoya conſulter l'Oracle d'Apollon qui répondit, qu'elle ne ceſſeroit qu'aprés que l'on auroit vengé la mort de Lajus ſur OEdipe, qui étoit ſon fils, & ſon meurtrier. On verifia cet Oracle, & l'on trouva en effet qu'OEdipe étoit ce même fils de Lajus, & de Jocaſte, qui ayant été expoſé par l'ordre de ſes parens, avoit été ſauvé par des Paſteurs, & porté à Polybe

PREFACE.

Roy de Corinthe qui l'avoit élevé comme son fils. Aprés cette reconnoissance, Jocaste se pendit de desespoir, & OEdipe se creva les yeux, & on le chassa du Royaume. Voilà ce que l'histoire Grecque a fourni à Sophocle, voilà ce qu'il y a de propre ; le reste sont les Episodes, c'est-à-dire, les circonstances des temps, des lieux & des personnes, dont Sophocle se sert pour étendre, & amplifier son action. Ces circonstances sont l'assemblée des Sacrificateurs, qui suivis d'un tres-grand nombre d'enfans, vont se prosterner aux pieds d'un autel qu'on avoit élevé à OEdipe dans la Cour de son Palais ; les sacrifices qu'on fait dans toutes les places; l'ambiguité de l'Oracle; l'emportement d'OEdipe contre Tiresias ; ses injustes soupçons contre Creon ; la que-

PREFACE.

relle de ces deux Princes, la sortie de Jocaste qui veut les appaiser ; le trouble qu'elle jette dans l'esprit d'Œdipe en voulant calmer ses inquietudes ; l'arrivée du Pasteur de Corinthe qui vient lui apprendre la mort de Polybe, & qui pour guerir ses frayeurs, croyant lui donner une tres-bonne nouvelle, lui découvre que le Roy & la Reine de Corinthe n'étoient pas ses parens ; l'opiniatreté d'Œdipe qui veut éclaircir sa naissance malgré les efforts de Jocaste ; la déposition du Pasteur de Laïus, qui étoit le même qui avoit eu ordre de l'exposer ; enfin toutes les circonstances de la mort de Jocaste, & de la punition d'Œdipe.

On voit par-là que Sophocle tire d'une histoire veritable & connuë le sujet de cette Tra-

PREFACE.

gedie, & que la verité n'empêche pas qu'il n'en dresse le plan de manière que la fable est generale, & allegorique selon la remarque d'Aristote dans le chapitre IX. de sa poëtique; car le but du Poëte est de faire voir que la curiosité, l'orgueil, la violence, & l'emportement precipitent dans des malheurs inevitables les hommes qui ont d'ailleurs de fort bonnes qualitez; & voilà les passions qu'il veut que l'exemple d'OEdipe purge en nous. Il faut donc trouver là le veritable caractere d'OEdipe, qui ne doit être ni un homme tout-à-fait bon, ni un homme tout-à-fait méchant ; Il faut qu'il tienne le milieu ; & que ce soit un homme d'une probité ordinaire & commune, dont les vertus soient mêlées de vices.

On a vû dans la poëtique d'A-

PREFACE.

riſtote que la Tragedie n'a été inventée que pour l'inſtruction des hommes; il faut donc qu'elle réponde à ce deſſein, ou bien elle eſt corrompue, & ne merite pas même le nom de Tragedie. L'ancienne Tragedie y répond parfaitement par le moyen du Chœur, comme on le verra par ces pieces de Sophocle. Ce Poëte ſe conforme toûjours à l'eſprit de la Religion qui regnoit dans ſon pays, & quand il fait avancer à ſes Acteurs des choſes contraires à cet eſprit, comme cela arrive ſouvent, & comme il le faut même, le Chœur ne manque jamais de les corriger par des reflexions pleines de ſageſſe & de pieté, & c'eſt ce que l'on ne ſauroit bien faire dans les Tragedies où il n'y a point de Chœur. Car toutes les fois que les Acteurs emportez par la

PREFACE.

passion parlent, & agissent selon les maximes du monde, qui sont ordinairement opposées aux régles de la Religion, il n'y a personne qui les corrige, ainsi ces maximes pernicieuses se fortifient dans l'esprit du spectateur, qui en est déja prevenu, & y nourrissent les passions au lieu de les purger, ou de les éteindre. Et quand il n'y auroit que cette seule raison, elle devroit suffire pour obliger à rétablir le Chœur, comme M. Racine l'a fait dans ses deux dernieres pieces.

Pour ce qui est de l'unité du lieu, cette seule piece suffit pour en faire voir la necessité. Toute l'intrigue se passe dans le même lieu où l'on voit paroître les premiers Acteurs ; mais ce lieu de la Scene n'est pas un lieu fermé, c'est un lieu public; car la Tragedie est la represen-

PREFACE.

tation d'une action publique & visible. Ce n'est que dans une profonde ignorance des regles, que l'on a établi cette coûtume de mettre la Scene dans les Chambres, & dans les Cabinets. Les Remarques sur la Poëtique ont combattu assez au long les raisons dont on a voulu appuyer cette conduite.

La durée de la representation n'est pas plus longue que celle de l'action, si elle arrivoit veritablement. Sophocle choisit si bien le moment que toute l'intrigue se develope, & s'éclaircit naturellement dans le tems qu'il le suppose, & le tout ne duroit pas quatre heures avec tous les chants du Chœur. Il en est de même des autres pieces, d'où l'on peut conclure que la regle des vingt-quatre heures que la plûpart de nos Poëtes

PREFACE.

ont voulu établir, parce qu'elle leur étoit fort commode, a été toûjours inconnue aux Anciens, & que quand Aristote a parlé *du tour d'un Soleil*, il a voulu marquer un tems beaucoup plus court, & plus approchant de la durée de ces poëmes, sur lesquels il a formé sa regle. Dans les Remarques nous examinerons en détail toutes les differentes beautez de ces pieces, afin d'en mieux faire connoître l'art. Je prie seulement le Lecteur qui veut s'instruire de bonne foy, de ne pas se laisser entraîner au torrent des coûtumes, & des opinions populaires, & de ne condamner ce qui lui paroîtra mauvais dans le texte, qu'aprés avoir lû les Remarques. Peut-être le satisferont-elles, & qu'il loüera ce qu'il auroit condamné Mais si elles ne le satisfont pas

PREFACE.

je luy conseille encore d'être fort modeste, de peur de condamner ce que ni luy, ni moy n'aurons entendu, & de prendre pour une faute de Sophocle ce qui n'est que la faute du Traducteur.

Extrait du Privilege du Roy.

PAr grace, & Privilege du Roy donné à Fontainebleau le troisiéme Septembre 1683. Signé GAMART; Il est permis à * * * de faire imprimer *Les Pieces de Theatre Grecques & Latines, avec des Remarques, & un Examen de chaque Piece selon les regles du Theatre,* qu'il a traduit en François, en tel volume, marge & caractere, & autant de fois que bon lui semblera, durant le tems de six années consecutives, à commencer du jour que chaque Livre sera achevé d'imprimer; icelles vendre & distribuer par tout le Royaume; avec défenses à tous Libraires, Imprimeurs, & autres, d'imprimer, faire imprimer, vendre, ni distribuer lesdites Pieces sous quelque pretexte que ce soit, sans le consentement de l'Exposant, à peine de mil livres d'amende, confiscation des Exemplaires contrefaits, & de tous dépens, dommages, & interêts, ainsi qu'il est plus amplement porté par lesdites Lettres.

Regîstré sur le Livre de la Communauté des Libraires & Imprimeurs, le sixiéme Novembre 1683. Signé, ANGOT *Syndic.*

Achevé d'imprimer pour la premiere fois le douziéme Août 1692.

L'ŒDIPE
DE
SOPHOCLE

A

ACTEURS.

OEDIPE, Roy de Thebes.
SUITE D'OEDIPE.
LE GRAND PRESTRE de Jupiter.
CREON, frere de Jocaste.
TIRESIAS, Devin.
JOCASTE, veuve de Layus & femme d'OEpide.
SUITE DE JOCASTE.
UN ESCUYER.
UN VIEUX PASTEUR, qui vient de Corinthe.
PHORBAS, Pasteur de Lajus.
Le Chœur est composé de Vieillards Thebains, qui sont les Sacrificateurs & les Prestres.

PERSONNAGES MUETS.

UNE TROUPE D'ENFANS, qui sont sous la conduite du Grand Prestre.
LES FILLES D'OEPIDE.

La Scene est à Thebes, dans la place qui est devant le Palais d'OEdipe.

ACTE I.

SCENE PREMIERE.

OEDIPE, SUITE D'OEDIPE, LE GRAND PRESTRE, UNE TROUPE D'ENFANS.

A l'ouverture de la Scene on voit au milieu de la place, devant le Palais, un Autel qui a été élevé à OEdipe. Aux pieds des cet Autel sont prosternez une Troupe d'Enfans, qui sont l'elite de la jeunesse Thebaine, & le Grand Prestre de Jupiter avec plusieurs Sacrificateurs. Dans l'éloignement on découvre les deux Temples de Pallas, l'Autel d'Ismenus, & une foule innombrable de peuple qui les environne.

OEDIPE.

MEs Enfans, jeune posterité de l'ancien Cadmus, pourquoy vous vois-je icy aux pieds de cet Autel, avec ces branches qui

A ij

sont les marques des suppliants: Toute la ville est pleine de fumée d'encens, elle retentit partout de gemissemens, & de prieres. Je n'ay envoyé personne vous demander le sujet de vôtre affliction, je suis venu l'apprendre moy-même, moy OEdipe, si celebre par tout le monde. Mais vous, Vieillard, parlez ; car il n'est pas juste que ces jeunes gens prennent la parole devant un homme de vôtre âge. Pourquoy êtes-vous donc icy assemblez ? Est-ce le mal que vous souffrez, ou la crainte des maux à venir qui vous y amenent? Vous me trouverez toûjours prest à vous secourir ; car il faudroit que je fusse bien insensible, pour n'être pas touché de l'état où je vous vois.

LE GRAND PRESTRE.

OEdipe, qui tenez ce Royaume sous vos loix, vous voyez l'âge & l'état de ceux qui sont icy prosternez devant vos Autels; ceux-là sortent à peine de l'enfance, ceux-cy, que vous voyez accablez sous le poids des ans, ce sont les principaux Sacrificateurs de tous nos Temples, & moy je suis le grand Prêtre de Jupiter; le reste du peuple est dispersé dans les places autour des deux Temples de Pallas, & prés de l'Autel prophetique d'Ismenus, & la ville, vous le voyez vous-même, comme un vaisseau battu de la tempête, est prés d'être abysmée, & n'a pas la force de surmonter la fureur des flots qui fondent sur elle. La terre voit perir l'esperance de ses fruits & de ses moissons; tous les troupeaux periſſent ; les meres meurent avec leurs enfans, une peſte cruelle par un feu devorant ravage toute la ville, & l'épuiſe de ſes habitans; Le noir Pluton s'enrichit de nos gemiſſemens & de nos pertes. Si nous ſommes icy aux pieds de vos Autels, ce n'eſt pas que nous vous prenions pour un Dieu ; mais nous nous adreſſons à vous comme au plus grand de tous les hommes, & à celuy qui eſt ſeul capable de ſoulager les maux qui nous accablent, & de détourner de deſſus nos têtes la colere des Dieux. C'eſt vous qui en arrivant en cette Ville, nous affranchîtes du cruel tribut que nous étions obligez de payer au Sphinx; dans cette terrible occaſion vous ne reçûtes aucun ſecours que des Dieux qui vous inſpirerent; c'eſt pourquoy nous vous regardons, avec justice, comme nôtre unique liberateur, & nous vous supplions, grand Roy, d'apporter quelque remede à nos malheurs, soit en consultant les Dieux, ou en prenant quelque conseil des hommes : car je vois que les Sages trouvent souvent des resources sûres, même dans les plus grands maux. Allez, Seigneur, allez, relevez vôtre Ville abattuë, ayez pitié de l'état où nous sommes ; toute cette terre vous appelle son Protecteur & son Dieu tutelaire, mais nous ne pourrons conserver le souvenir de vos premiers bienfaits, si aprés nous avoir sauvé la vie vous nous laissez perir malheureusement. Achevez donc de sauver cette Ville ; soyez encore le même que vous nous parûtes autrefois, & souvenez-vous que le nombre des sujets fait la grandeur des Princes, & que sans hommes les forteresses & les vaisseaux sont entierement inutiles.

OEDIPE.

Enfans malheureux, le sujet qui vous amene icy ne m'est pas inconnu. Je n'ignore pas ce que vous souhaitez, je sçay les maux qui vous affligent ; mais ce que vous souffrez n'est rien auprés de ce que je souffre. Chacun de vous ne sent que son mal, & mon ame est tout à la fois accablée par sa douleur, par la vôtre, & par celle de tout mon peuple. Ne croyez pas que vos cris m'ayent éveillé ; J'ay déja versé des torrens de larmes, & mon esprit a été combattu long-tems de mille differentes pensées. Dans cette cruelle agitation, j'ay pris le parti qui m'a paru le plus propre pour hâter vôtre délivrance. J'ay envoyé le fils de Menecée Creon mon beau-frere au Temple d'Apollon, pour demander à ce Dieu le moyen de sauver cette Ville; & quand je pense au temps qu'il y a qu'il est parti, je suis surpris qu'il ne soit pas encore de retour, & je ne comprens pas ce qui peut le retenir si long-tems. Quand il sera revenu, je veux passer pour le plus méchant de tous les hommes, si je n'execute tout ce que le Dieu aura ordonné.

LE GRAND PRESTRE.

Vous venez, Seigneur, de parler de Creon fort à propos, ces enfans m'apprennent son arrivée.

OEDIPE.

O Dieu Apollon, que son

voyage soit aussi heureux qu'il paroît de joye sur son visage!
LE GRAND PRESTRE.

Il l'est sans doute, autrement nous ne le verrions pas couronné de lauriers.
OEDIPE.

C'est ce que nous allons sçavoir, il est assez prés pour nous entendre. Prince, quelle réponse m'apportez-vous du Dieu.

SCENE II.

OEDIPE, SUITE D'OEDIPE, CREON, LE GRAND-PRETRE, LES SACRIFICATEURS, LES ENFANS.

CREON.

JE vous apporte une fort bonne réponse, Seigneur, car j'ay à vous dire que tous nos malheurs finiront, si nous éloignons de nous ce qui les attire.

OEDIPE.

Quelle est donc cette réponse ? Car ce que vous me dites, ne me donne sujet ni de craindre, ni d'esperer.

CREON.

Si vous voulez m'entendre

devant tout le monde, je suis prêt de vous déclarer la volonté du Dieu, sinon je vous suivray dans le Palais.

OEDIPE.

Parlez devant tout le monde, je ne suis point si fort en peine pour moy-même, que je le suis pour ce pauvre peuple.

CREON.

Je vais vous déclarer tout ce que le Dieu m'a dit. Apollon nous ordonne ouvertement de chasser de ce Royaume & de n'y pas souffrir un seul moment le monstre qui y est nourri, & qui est l'objet de sa colére.

OEDIPE.

Quel moyen d'en purger la terre, & comment verrons-nous finir nos malheurs?

CREON.

En le chassant hors de nos

frontiéres, ou en luy faisant expier par son propre sang le sang qu'il a versé, qui demande vengeance aux Dieux, & qui retombe sur nôtre Ville.

OEDIPE.

Quel est cet homme dont l'Oracle nous dit qu'on a versé le sang ?

CREON.

Seigneur, avant que nous fussions soûmis à vôtre Empire, nous avions Lajus pour Roy.

OEDIPE.

Je le sçay, quoyque je ne l'aye jamais veu.

CREON.

C'est luy dont l'Oracle nous ordonne de vanger la mort en punissant ses meurtriers.

OEDIPE.

Et où sont-ils ses Meurtriers? où pourra-t'on trouver les vestiges d'un crime commis depuis si long-tems ?

CREON.

Icy dans Thebes. Seigneur, on trouve ce que l'on cherche; mais ce que l'on neglige, échape facilement.

OEDIPE.

Fut-ce dans sa maison, à la campagne, ou dans quelque terre étrangere que Lajus fut tué?

CREON.

Il partît pour aller consulter l'Oracle, & depuis ce moment on ne l'a plus veu.

OEDIPE.

N'est-il revenu personne de sa suite, à qui l'on aît pû en demander des nouvelles?

CREON.

Tous furent tuez, excepté un seul, qui s'en étant fuy de crainte, ne pût nous dire qu'une seule chose de tout ce qui s'étoit passé.

OEDIPE.

Quelle est cette chose ? parlez, car le moindre jour que l'on voit dans les affaires, suffit souvent pour faire tout découvrir.

CREON.

Il dit que des Voleurs l'ayant attaqué, il fut accablé sous le nombre.

OEDIPE.

Comment des voleurs auroient-ils entrepris une action si hardie, si on ne les avoit apostés d'icy, & si on ne leur avoit promis quelque recompense,

CREON.

On croyoit aussi qu'on luy avoit dressé ces embuches. Aprés la mort de ce Prince, nous ne trouvâmes aucun secours dans nos maux.

OEDIPE.

Quel si grand mal pût donc vous empécher de faire la recherche du meurtre que l'on venoit de faire de vôtre Roy ?

CREON.

Le Sphinx, ce monstre impénétrable, nous contraignît de ne penser qu'à nos maux presens, & ne nous donna pas le tems de rechercher un crime trop difficile à découvrir.

OEDIPE.

Mais moy je le découvriray; car c'est avec justice qu'Apollon nous ordonne par vôtre bouche de vanger la mort de ce Prince ; je vous déclare donc que vous me verrez seconder vos efforts, que j'expieray cette terre, & que je justifieray

stifieray l'Oracle du Dieu, &
en cela ce n'est point pour
des amis & des alliez que je travaille, je me garentis moy-même de la fureur d'un assasin,
qui aprés avoir tué ce Prince,
voudroit bientôt tremper ses
mains dans mon propre sang.
en travaillant donc à sa vengeance, je pourvois en même
tems à ma seureté. Mes Enfans, levez-vous promptement de dessus ces degrez, en
prenant dans vos mains ces
branches sacrées, & qu'on fasse assembler icy tout le peuple.
j'ay resolu de tenter toutes sortes de voyes, & ce même jour
verra la fin de nos maux ou
celle de nos vies.

LE GRAND PRESTRE.

Mes Enfans levons-nous,
puisque nous n'étions venus

que pour demander ce que le Roy nous accorde. Qu'Apollon qui nous a envoyé cet Oracle, veuille nous être propice & faire cesser tous nos maux.

Fin du premier Acte.

INTERMEDE.
LE CHOEUR.

Divin Oracle de Jupiter qui du superbe Temple de Pytho, êtes venu à la celebre Thebes, que devons nous attendre de vous ? mon esprit est saisi d'étonnement & de crainte. Helas ! helas ! j'adore vôtre divin pouvoir. Qu'allez-vous ordonner de nous presentement ou dans la suite des tems ? parlez, dites-le moy, divin Oracle, Fils immortel de la douce Esperance. Je vous invoque la premiere, immortelle Minerve, Fille de Jupiter; j'invoque avec vous vôtre sœur Diane qui preside à cette terre, & qui est assise sur un superbe trône au milieu de cette Ville; j'invoque aussi Apollon; apparoissez-moy, Divinitez favorables? si vous avez eu déja la bonté d'éloigner de nous les maux qui nous devoroient comme un feu consumant, venez encore à mon secours, grands Dieux; Je souffre des douleurs sans nombre; tout le peuple est foible & languissant, & nôtre esprit accablé ne sçauroit nous fournir le moindre secours ; les fruits de la terre ne peuvent parvenir à leur maturité ; les femmes n'ont pas la force de supporter les douleurs de l'enfantement ; On ne voit par tout que des mourans, qui les uns sur les autres plus vîte qu'un oiseau ou que l'éclair s'envolent vers le rivage sombre de Pluton, & la Ville devient tous les jours plus deserte ; un nombre infini d'enfans nez avant terme, malheureux avortons, gisent indignement sur la terre sans que personne en soit touché ; les meres & les grand-meres, accablées de douleur, se traînent de toutes parts aux pieds des Autels qu'elles regardent comme un port assuré, & demandent aux Dieux la fin de leurs miseres. Les prieres que l'on adresse à Apollon sont mêlées de cris & de gemissemens. Secourez-nous, sage Minerve, divine fille de Jupiter, prenez nôtre défense, & éloignez de nous ce Dieu exterminateur, qui sans bouclier & sans épée remplit nos places de monceaux de morts ; chassez - le , grande Déesse, ou dans le vaste sein d'Amphitrite, ou dans les cruelles ondes du Pont-Euxin, qui baigne les frontieres de Thrace. Ce que la nuit a épargné, le jour suivant l'emporte. Auteur de nôtre vie, grand Jupiter, à qui les éclairs enflammés obeïssent, écrasez ce Dieu cruel sous les éclats de vôtre foudre. Roy de Lycie, tirez aussi de vôtre carquois d'or vos fleches salutaires pour nous secourir : & vous, Diane, faites luire sur nous les favorables rayons qui vous environnent, & avec lesquels vous parcourez les montagnes de Lycie. J'invoque aussi le Dieu qui porte sur sa tête une thiare d'or, Bacchus le Thebain qui est toûjours suivi d'une armée de Menades, & je le conjure de venir à nôtre secours avec ses torches allumées, pour consumer le plus dangereux de tous les Dieux.

ACTE II.

SCENE PREMIERE.

OEDIPE, SUITE D'OEDI-
PE, LE CHOEUR.

OEDIPE.

VOUS obtiendrez ce que vous demandez, & vous trouverez du soulagement dans vos maux si vous voulez vous aider vous-même, & executer ce que je vais vous ordonner, moy qui n'avois jamais entendu parler de ce meurtre, & qui ne puis être soupçonné d'y avoir aucune part. Je n'entreprendrois pas la recherche de ce crime, si je n'en avois déja des indices seurs. Puisque je suis donc presentemēt du nombre de vos citoyens, j'ordonne à tous les Thebains, que quiconque connoît celuy qui a tué Lajus, ait à me le dénoncer. Si celuy qui a commis ce crime apprehende de venir s'accuser luy-même, je luy déclare qu'il n'aura d'autre punition que l'exil ; & si l'assassin est quelque étranger, qu'on ne me le cele point, je donneray des récompenses proportionnées à ce grand service. Que si l'on s'opiniâtre à se taire, & que l'on craigne ou pour soy ou pour ses amis, je défends à tous mes sujets qui sont dispersez dans toute l'étenduë de ma domination, de recevoir cet homme là chez eux, de luy parler, de le souffrir dans leurs Temples ni dans leurs sacrifices, & de luy faire aucune

aucune part des eaux sacrées ;
je leur ordonne de le chasser
de leurs maisons, & de le poursuivre, comme un scélerat, qui
soüille cette terre & qui attire
sur nous la colere des Dieux,
comme l'Oracle vient de me le
declarer manifestement. Je veux
accomplir la volonté du Dieu,
& vanger la mort de ce Prince ; je prie donc les Dieux de
tout mon cœur que celuy qui
a commis ce crime, soit qu'il
l'ait commis seul, ou qu'il ait
eu des complices, traîne une
vie malheureuse & privée de
toute sorte de consolation ; je
prie aussi ces mêmes Dieux de
me faire souffrir à moy-même
les effets de ces imprecations,
si le meurtrier se trouve dans
mon Palais, moy le sçachant :
Je vous ordonne à tous d'executer cet arrest pour l'amour
de moy, par le respect que

C

vous devez au Dieu, & par la compassion que vous êtes obligez d'avoir pour vôtre Patrie qui perit miserablement. Quand les Dieux ne vous auroient pas envoyé ce terrible fleau, deviez-vous laisser ce crime impuni, & ne pas poursuivre les meurtriers d'un si grand homme, & de vôtre Roy? j'occupe presentement le Trône où il étoit assis ; la Reyne son Epouse m'a donné ses Etats, en me choisissant pour Mary ; si son fils vivoit encore, il m'appelleroit son pere, la Fortune ennemie l'a precipité dans le tombeau. Toutes ces raisons m'obligent d'entreprendre la vengeance de ce Prince, comme pour mon propre Pere, & de faire tous mes efforts pour découvrir l'auteur du meurtre de ce descendant d'Agenor, & je prie les Dieux que la terre refuse toûjours ses fruits à ceux qui n'executeront pas ce que je viens d'ordonner, que leurs femmes meurent sans enfans, & qu'ils perissent eux-mêmes de cette malheureuse mort qui les menace, ou d'une plus cruelle encore ; & pour nous qui consentons de tout nôtre cœur à ce que j'ay dit, que la justice combatte toûjours pour nos interêts, & que les Dieux nous accompagnent de leur protection.

LE CHOEUR.

Seigneur, en me soûmettant à toutes vos imprecations, je vous diray que je n'ay point tué Lajus, & que je ne connois point celuy qui l'a tué ; c'étoit aux Dieux, qui ont rendu cet oracle, à vous déclarer l'auteur de ce crime.

OEDIPE.

Vous avez raison, mais il n'y

a point d'homme qui puisse contraindre les Dieux de dire ce qu'ils ne veulent pas déclarer.

LE CHOEUR.

J'aurois encore un avis à vous donner.

OEDIPE.

Parlez, & ne me cachez rien de tout ce qui vous viendra dans l'esprit.

LE CHOEUR.

Seigneur, c'est que Tiresias aura sur cela les mêmes lumieres qu'Apollon, & qu'en le consultant, vous pourrez découvrir ce que vous cherchez.

OEDIPE.

C'est à quoy j'ay déja pourveu; car sur l'avis que Creon m'en a donné, j'ay envoyé deux hommes l'un aprés l'autre pour le faire venir, & je m'étonne qu'il ne soit déja arrivé.

LE CHOEUR.

Tous les bruits qu'on a fait courir sur cette mort sont des bruits sourds, & fort incertains.

OEDIPE.

Quels sont donc ces bruits? car dans ces sortes d'affaires il ne faut rien negliger.

LE CHOEUR.

On disoit qu'il avoit été tué par des voyageurs.

OEDIPE.

Je l'ay oüi dire aussi, mais on ne trouve personne qui dise l'avoir veu.

LE CHOEUR.

Pour peu que l'auteur de ce crime ait l'ame susceptible de crainte, il n'attendra pas l'effet de vos imprécations.

OEDIPE.

Celuy qui ne craint pas de commettre un crime, ne craint pas des imprécations.

LE CHOEUR.

Mais voicy celuy qui vous le découvrira ; car les gens que je vois vous amenent sans doute le divin Prophete, qui est le seul de tous les hommes qui ne dit jamais que la verité.

SCENE II.

OEDIPE, SUITE D'OEDIPE, TIRESIAS, LE CHOEUR.

OEDIPE.

SCavant Tiresias, qui n'ignorez rien de ce qu'il y a dans le ciel & sur la terre, quoy que vous soyez privé de la lumiere du jour, vous ne laissez pas de voir les maux où cette Ville est plongée, & vous êtes le seul qui pouvez nous en délivrer ; Car Apollon nous a répondu, que nous ne trouverions la fin de nos malheurs qu'en faisant mourir les meurtriers de Lajus, ou en les chassant de ce Royaume. N'épargnez donc rien en cette rencontre; consultez la voix de vos oiseaux; servez-vous de toutes les voyes de divination qui vous sont ouvertes; ôtez de dessus nous cet opprobre; donnez-nous le moyen d'appaiser ce sang qui crie contre nous; sauvez-vous vous-mêmes; sauvez cette Ville; sauvez-moy; nous sommes entre vos mains, & souvenez-vous que le plus noble de tous les travaux c'est de secourir les misérables.

TIRESIAS.

Helas! helas! que la science est souvent malheureuse! ce que je sais va me perdre. Pourquoy suis-je venu?

OEDIPE.

Qu'est-ce? Vous me paroissez tout étonné.

TIRESIAS.

Ordonnez qu'on me ramene ; vos malheurs seront plus supportables si vous suivez mon conseil.

OEDIPE.

Ce que vous dites est injuste ; & en refusant de nous répondre, vous refusez de secourir cette Ville qui vous a nourri.

TIRESIAS.

Mais ce que vous demandez vous précipitera dans des malheurs épouvantables ; ne me forcez pas à parler.

LE CHOEUR.

Au nom des Dieux, ne vous en retournez point ainsi, vous nous voyez tous prosternez à vos pieds.

TIRESIAS.

Ouy, mais vous ne savez tous ce que vous faites; pour moi je ne déclareray jamais ce que je say, depeur de declarer les maux qui vous environnent.

OEDIPE.

Que dites-vous! vous nous cacherez des choses que vous savez? vous pouvez vous resoudre à nous trahir & à laisser entierement perir vôtre Patrie?

TIRESIAS.

C'est plus pour vous que pour moy, que je me tais. Pourquoy m'interrogez-vous inutilement? vous ne saurez rien.

OEDIPE.

Je ne sauray rien, le plus méchant de tous les hommes! car enfin tu mettrois en colere les rochers les plus durs. Tu ne nous diras rien? n'es-tu pas d'un naturel bien inflexible & bien endurci?

TIRESIAS.

Vous me reprochez mon naturel, & vous ne connoissez pas le vôtre, c'est pourquoy vous m'insultez.

OEDIPE.

Qui ne seroit en colere d'entendre tout ce que tu dis & de voir de quelle maniére tu traites ta Patrie?

TIRESIAS.

Les malheurs que je prévois, vous arriveront assez sans que je les dise.

OEDIPE.

Mais ces malheurs qui doivent m'arriver, il faut que tu me les dises.

TIRESIAS.

Je ne vous en diray pas davantage; entrez si vous voulez dans tous les transports de la colere la plus horrible.

OEDIPE.

La fureur où je suis ne me permet pas de garder de mesures & de rien dissimuler. Il faut que tu sois complice de l'action qui a été commise, & si tu avois des yeux, je t'accuserois seul de cet attentat.

TIRESIAS.

Vous avez raison; & moy je vous déclare que vous vous êtes lié vous même par les imprecations que vous avez prononcées, qu'il n'est plus permis ny à vos sujets, ny à moy de vous parler, & que nous devons tous vous regarder comme un monstre qui attire sur cette terre la colere du Ciel.

OEDIPE.

Avec quelle impudence as-tu enfin inventé cette imposture? prétends-tu échaper à mon juste ressentiment?

TIRESIAS.

Ouy, je le pretends ; la verité est plus forte que l'injustice.

OEDIPE.

Qui t'a enseigné cette verité ? Ce n'est pas par ton art que tu l'as apprise.

TIRESIAS.

C'est vous ; car vous m'avez forcé de parler malgré moy.

OEDIPE.

Qu'est-ce que je t'ay forcé de dire ? parle, afin que je t'entende.

TIRESIAS.

Ne m'avez vous pas assez entendu, & venez-vous icy me tenter ?

OEDIPE.

+ Ce n'est nullement pour te tenter, parle.

TIRESIAS.

Je vous dis que le meurtrier que vous cherchez, c'est vous-même.

OEDIPE.
Tu n~ me feras pas deux fois impunement le même affront.
TIRESIAS.
Que feroit-ce fi je vous difois tout ce que je fay !
OEDIPE.
Dis ce que tu voudras, tu parleras inutilement.
TIRESIAS.
Vous avez fans le favoir un commerce criminel avec la perfonne du monde qui vous eft la plus chere, & vous ne voyez pas dans quel abyme de maux vous vous êtes precipité.
OEDIPE.
Penfes-tu donc que je fouffriray toûjours cette audace ?
TIRESIAS.
La verité eft toûjours la plus forte.
OEDIPE
Ouy, mais la verité n'eft point en toy, & tu n'es pas moins

aveugle des yeux de l'esprit, que des yeux du corps.

TIRESIAS.

Que vous êtes malheureux de me reprocher une chose que ceux qui vous écoutent pourront vous reprocher bientôt.

OEDIPE.

Les tenebres ou tu es plongé te sauvent la vie ; sans ton aveuglement on te verroit aujourd'huy pour la derniere fois.

TIRESIAS.

Je n'apprehende pas de mourir de vôtre main. Apollon est ma sauve-garde ; il vengeroit cherement ma mort.

OEDIPE.

Sont-ce là les artifices de Creon, ou les tiens ?

TIRESIAS.

Ce n'est pas Creon qui vous attire vos malheurs ; c'est vous-même qui vous les attirez,

OEDIPE.

Richesse, Royauté, Sagesse, qui surpassez tous les Arts, & qui êtes le souverain bien des hommes, que vous nous exposez à l'envie ! puisque cette Couronne, que tout le peuple m'a mise sur la tête d'un commun consentement, a pû porter Creon, ce fidelle & cet ancien ami, à me dresser des embûches, & à susciter contre moy ce vieux enchanteur, qui ne sait inventer que des mensonges & des tromperies, cet imposteur, éclairé dans ses interests & aveugle dans son art; Car dis-moy, Malheureux, comment seroit-il possible que tu fusses un Devin? Lors que ce Pays étoit désolé par un monstre horrible, pourquoy ne trouvois-tu pas le moyen de l'en délivrer? Ce n'étoit pas à un homme ordinaire d'expliquer cet énigme fatal, il falloit

avoir pour cela un esprit de
prophetie que tu n'as point, &
que les Dieux ne t'ont jamais
donné. Mais moy, qui ne me
piquois point de cette science,
j'expliquay cet énigme par la
seule force de mon esprit, sans
consulter tes oiseaux. C'est moy
qui domptay le monstre, moy
que tu veux précipiter du trône pour y faire asseoir Creon,
dans l'esperance d'être son principal favory. Ce complot pourroit bien retomber sur toy, &
sur celuy qui en est l'auteur. Et
sans la consideration que j'ay
pour ton âge, je te ferois bientôt sentir les effets de tes pernicieux desseins.

LE CHOEUR.

Seigneur, il paroît trop de
colere dans ce que Tiresias a
dit, & dans tout ce que vous
luy avez répondu. Ce n'est pas
icy le temps de se dire des injures,

jures; il vaut bien mieux songer aux moyens d'expliquer seurement l'oracle du Dieu.

TIRESIAS.

Quoy que vous soyez Roy, je ne laisse pas d'être en droit de vous répondre, car je ne suis pas né vôtre sujet, mais celuy d'Apollon que je sers. Je n'employeray donc pas Creon pour me justifier; & puisque vous m'appellez aveugle, je vous dis qu'en voyant vous ne voyez pas vos malheurs; vous ne voyez pas où vous êtes, ni avec quelles personnes vous habitez. Savez-vous bien de qui vous êtes né? & ignorez-vous que vous êtes l'ennemi de vos plus proches parens, tant de ceux qui sont morts, que de ceux qui vivent encore? Autrefois la funeste malediction de vôtre pere & de vôtre mere vous éloigna de cette terre.

D

Elle va vous en éloigner encore aprés que vous aurez perdu les yeux. Dans quels lieux n'allez-vous pas faire entendre vos cris ? Quelles montagnes ne retentiront pas de vos plaintes, lorsque vous apprendrez quelles malheureuses noces vous avez faites dans ce Palais, aprés un trop heureux voyage ? Vous ne connoissez pas encore tous vos maux, qui vont vous mettre vous-même au nombre de vos enfans. Aprés cela, méprisez tant que vous voudrez & Creon & moy, mais on ne verra jamais perir un homme plus criminel que vous.

OEDIPE.

Faut-il donc entendre cela de cet homme ! Va, malheureux Vieillard, retire-toy, sors de ce Palais,

TIRESIAS.

Je ne serois pas venu, si vous

ne m'aviez mandé.
OEDIPE.
Je ne favois pas que tu ne dirois que des folies, je ne t'aurois pas envoyé chercher avec tant d'empreſſement.
TIRESIAS.
En s'en allant.
Vous me traitez de fou, mais vôtre pere me croyoit ſage.
OEDIPE.
Qui ? Arrête. Qui ? Mon pere ?
TIRESIAS.
Ce même jour va vous donner la naiſſance & la mort.
OEDIPE.
Que tout ce que tu dis eſt obſcur & embarraſſé !
TIRESIAS.
Hé ! n'êtes-vous pas celui qui explique ſi bien les enigmes ?
OEDIPE.
Tu me reproches une choſe

qui fait toute ma grandeur.
TIRESIAS.
Et c'est cette grandeur qui vous a perdu.
OEDIPE.
Que m'importe, si j'ai sauvé cette ville ?
TIRESIAS.
à son Esclave.
Je m'en vai ; remene-moy.
OEDIPE.
Qu'il te remeue ; ta presence n'est ici qu'importune, & tu ne fais que nous troubler.

TIRESIAS.
Je m'en vais, aprés vous avoir dit les choses pour lesquelles je suis venu, & je ne crains pas de les dire devant vous, car il n'est pas en vôtre pouvoir de me faire mourir. Je vous dis donc que l'homme, que vous recherchez pour le meurtre de Lajus, est icy ; il passe pour

étranger, mais il sera bien-tôt reconnu pour Thebain, & il ne joüira pas long-temps de sa fortune, car, aveugle & pauvre il sera errant dans une terre étrangere, & il se verra en même-temps le pere & le frere de ses enfans, le fils & le mari de sa mere, & l'auteur d'un inceste & d'un parricide. Pensez à ce que je vous dis quand vous serez retiré dans vôtre Palais; & si vous trouvez que je mente, dites que je ne suis point Prophete.

Fin du second Acte.

INTERMEDE.
LE CHOEUR.

STROPHE I.

Qui est donc celuy que le divin Oracle de Delphes,

en répondant de sa roche sacrée, accuse d'avoir commis de ses mains meurtrieres le plus horrible de tous les crimes? Quel qu'il soit il est temps qu'il prenne la fuite, & qu'il emprunte s'il est possible les aîles de la tempête; car le fils de Jupiter armé de ses feux & de ses éclairs vient l'assaillir; les Parques impitoyables, & que l'on ne trompe jamais, le poursuivent.

ANTISTROPHE I.

Du sommet du Parnasse, toûjours couvert de neiges, est venu l'Oracle, qui ordonne à tout le monde d'exterminer cet inconnu. Ce malheureux fuit au travers des forests & des montagnes; il cherche les antres & le creux des rochers; il erre seul dans les campagnes comme un taureau, & traîne une vie malheureuse pour éluder l'effet de cette réponse d'Apollon. Mais les Oracles des Dieux sont toûjours immortels, & inévitables.

STROPHE II.

Le sage Prophete vient icy nous troubler par ses fâcheuses explications, que je n'ose ni croire ni rejetter. Mon esprit est balancé entre la crainte & l'esperance, & dans le passé ni dans le present je ne vois rien qui puisse me déterminer. Je n'ay pourtant jamais oüi dire qu'il y eut eu aucun differend entre le Roy Lajus & le fils de Polybe. Pourquoy donc par de violentes conjectures irois-je faire tomber le sens de l'Oracle sur Oedipe, & vânger sur luy un meurtre, dont on ne connoît pas l'auteur?

ANTISTROPHE II.

Cependant Jupiter & Apollon sont sages, ils connoissent

toutes les actions des hommes.
D'un autre côté aussi il n'est
pas aisé de juger si les Prophetes
sont beaucoup plus éclairez
que nous; Il peut se faire que
parmi les hommes les uns passent
les autres en sagesse & en
prudence, mais ils peuvent
tous se tromper. Pour moy
avant que je voye des signes
certains & évidens, je n'accuseray
jamais OEdipe; car lorsqu'un
monstre épouvantable
vint ravager cette terre, nous
fûmes les témoins de sa grande
sagesse. Il sauva cette Ville par
son esprit ; c'est pourquoy ce
ne sera jamais de mon consentement,
qu'on luy imputera ce
crime.

ACTE III.

ACTE III.

SCENE PREMIERE.

CREON. LE CHOEUR.
SUITE DE CREON.

CREON.

Thebains, Je viens vers vous, car je ne puis supporter la terrible nouvelle qu'on vient de m'apprendre, que le Roy m'accuse de la plus noire de toutes les trahisons ; si dans un tems de calamité comme celuy-cy, il croit que j'ay conspiré contre luy & entrepris de le diffamer, je ne puis plus souffrir la vie, une accusation de cette nature ne doit pas être indifferente à un homme comme moy, puisqu'il s'agit de passer dans vôtre esprit, dans l'esprit de mes amis & dans l'esprit de tout le peuple, pour le plus lâche & le plus méchant de tous les hommes.

LE CHOEUR.

C'est la violente colere où il est, qui luy a suggeré un soupçon si injuste; ce n'est pas une veritable persuasion.

CREON.

Qui luy a dit que ce Prophete, aposté par mes artifices, seme de luy de faux discours?

LE CHOEUR.

Je l'ay entendu dire au Roy, mais je ne say pas qu'elle étoit sa pensée.

CREON.

A-t'il pu de sens rassis & avec une contenance assurée proferer contre moy une si noire calomnie?

LE CHOEUR.

Je ne fay, car ce n'eft pas à moy à examiner les actions des Rois; mais le voilà luy-même qui fort de fon Palais.

SCENE II.

OEDIPE, CREON, LE CHOEUR.

OEDIPE.

Quoy ! tu ofes paroître devant moy ? tu as l'audace d'entrer dans ce Palais, toy qui es affûrement le meurtrier de Lajus, & qui as manifeftement confpiré contre moy pour me ravir ma couronne? Voyons, dif-moy, au nom des Dieux, as-tu remarqué en moy de la lâcheté ou de la folie, que tu ayes entrepris un fi hardi dessein ? Croyois-tu donc que je ne découvrirois pas enfin tes embuches & que je ne te punirois pas de cette temerité ? N'est ce pas la plus folle de toutes les entreprises que d'aspirer à la Royauté, sans troupes & sans amis, comme si sans ce secours, il étoit aisé de monter au trône ?

CREON.

Seigneur, permettez que je parle à mon tour, & quand vous m'aurez ouy, jugez-moy vous méme.

OEDIPE.

Tu es trop eloquent, & je ne suis pas disposé à t'entendre, il suffit que tu es mon plus cruel ennemy.

CREON.

Ecoutez, je vous prie, ce que j'ay à vous dire.

OEDIPE.

Ne me dis pas au moins que

tu n'es pas un perfide.
CREON.
Si vous penſez qu'une opiniâtreté aveugle ſoit fort bonne, vous vous trompez.
OEDIPE.
Si tu penſes qu'un homme qui conſpire contre ſon beau frere & contre ſon Roy, ne doit pas être puny, tu te trompes.
CREON.
Vous avez raiſon Seigneur, mais faites-moy voir, je vous prie, comment j'ay conſpiré contre vous.
OEDIPE.
N'eſt-ce pas toy qui m'as conſeillé d'envoyer chercher ce venerable Prophete?
CREON.
Ouy, & je vous donnerois encore le même conſeil.
OEDIPE.
Combien de tems y a-t'il à peu prés que Lajus........

CREON.

A fait quoi? Car je ne vous entends point.

OEDIPE.

A été malheureusement assa-siné?

CREON.

Il y a déja plusieurs années, qu'il ne seroit pourtant pas mal-aisé de compter.

OEDIPE.

Ce Prophete se mêloit-il a-lors de cet art?

CREON.

Ouy, il passoit même pour fort habille & étoit fort consi-deré.

OEDIPE.

Ne luy avez-vous jamais en-tendu parler de moy dans ce tems-là?

CREON.

Jamais.

OEDIPE.

Ne l'avez-vous jamais inter-

rogé sur la mort de Lajus?
CREON.
fort souvent; mais il ne nous a jamais parlé de vous.
OEDIPE.
Pourquoy donc ne disoit-il pas alors ce qu'il dit aujourd'huy?
CREON.
Je ne say, & je n'ayme point à parler des choses que je ne say pas.
OEDIPE.
Mais tu n'ignores pas au moins ce qui est venu de toy & tu ferois fort bien de me l'avoüer.
CREON.
Vous avoüer? quoy? Je ne refuseray jamais de dire ce que je say.
OEDIPE.
Que si le Prophete n'avoit été gagné par tes artifices jamais il n'auroit dit que Lajus a été tué de ma main.

CREON.

Si le Prophete l'a dit, vous le savez, & c'est à vous même à m'apprendre ce que vous voulez savoir de moy.

OEDIPE.

Je te diray tout ce que tu me demanderas ; mais tu ne trouveras jamais que je sois le meurtrier de Lajus.

CREON.

Seigneur, n'est-il pas vray que vous avez épousé ma sœur ?

OEDIPE.

Ce n'est pas une chose que je puisse nier.

CREON.

N'est-il pas vray que vous partagez avec elle la supreme puissance ?

OEDIPE.

Ouy, elle a un pouvoir absolu sur moy & je ne luy refuse rien de ce qu'elle souhaitte.

CREON.

N'eſt-il pas vray encore qu'aprés vous & elle je tiens le premier rang?

OEDIPE.

Et c'eſt ce qui fait encore plus paroître ta perfidie.

CREON.

Vous changerez de ſentiment, Seigneur, ſi vous me donnez le tems de parler. Penſez vous qu'il y ait un homme au monde qui preferât d'être Roy avec toutes les frayeurs & les craintes qui accompagnent la Royauté, à vivre dans le ſein du repos, avec toute la ſureté de l'état d'un particulier, qui, ſous un autre nom poſſederoit la même puiſſance? Pour moy ce n'eſt pas le nom de Roy que j'ambitionne, mais d'en faire les actions, & ce doit être-là l'ambition de tout homme ſage. Preſentement ſans être exposé au moindre danger, je reçois de vous tous les biens & toutes les graces que je puis souhaiter, & si j'étois Roy moy-même je serois obligé de faire une infinité de choses malgré moy. Comment donc la Royauté avec tous ses dangers pourroit-elle me paroître plus douce & plus desirable qu'une puissance sans envie ? Je ne suis pas encore assez imprudent, ny assez insensé pour preferer un éclat dangereux à un état solide. Je plais à tout le monde ; tout le monde me fait la Cour ; ceux qui veulent approcher de vôtre trône, ne peuvent en approcher que par moy ; c'est par mes mains que passent toutes les graces que vous faites; comment donc seroit-il possible que je voulusse changer de condition ? on ne monte pas tout d'un coup à ce degré de folie ; mais enfin non-seulement je n'ay jamais eu cette pensée, mais je ne l'aurois pas soufferte à un autre, & pour en être entierement convaincu, vous n'avez, Seigneur, qu'à aller vous-même à l'Oracle, pour sçavoir si je ne vous ay pas rapporté fidellement tout ce qu'il m'a répondu ; & si vous decouvrez que j'aye fait aucun complot avec le Prophete, vous ne serez pas le seul qui me condamnerez à la mort, mon suffrage suivra le vôtre. Mais, je vous prie, ne me condamnez point en secret, car s'il n'est pas juste de prendre legerement des mechans pour des gens de bien, il l'est encore moins de prendre temerairement des gens de bien pour des mechans ; & je vous dis que de se priver d'un ami fidele, c'est se priver de sa propre vie, qui est ce que l'on a de plus cher. Mais le tems vous eclaircira toutes choses. Il n'y a que luy qui puisse faire connoître les gens de bien, & un seul jour suffit pour faire connoître les mechans.

LE CHOEUR.

Seigneur, ce Prince vient de vous parler sagement. Quelque justes que soient les soins que vous prenez pour vous empêcher d'être precipité du trône, quand on est trop prompt à juger, on ne juge jamais sûrement.

OEDIPE.

Quand on est prompt à me dresser secretement des embuches, je dois être prompt à les éviter. Si je prends le party de me tenir en repos, il executera ses pernicieux desseins, & je ne pourray me deffendre.

CREON.

Que souhaittez vous donc ? voulez-vous me chasser de vos frontieres ?

OEDIPE.

Ce n'est pas ton exil que je demande, mais ta mort.

CREON.

Il faut que vous fassiez voir auparavant quel est mon crime.

OEDIPE.

Tu parles en homme resolu de ne me pas obeir.

CREON.

C'est par ceque vous êtes injuste?

OEDIPE.

Je prends mes sûretez.

CREON.

Je dois prendre aussi les miennes.

OEDIPE.

On doit obeïr à son Roy.

CREON.

Quand il se sert legitimement de sa puissance.

OEDIPE.

O Thebes! Thebes!

CREON.

Il m'est permis comme à vous de crier Thebes ! Thebes !

LE CHOEUR.

Cessez Princes ; voicy Jocaste qui arrive fort à propos, il faut quelle appaise vôtre colere & qu'elle termine tous vos differens.

SCENE III.

JOCASTE, OEDIPE, CREON, LE CHOEUR, SUITE DE JOCASTE.

JOCASTE.

Malheureux Princes, pourquoy vous amusez-vous à vous quereller si mal à propos ? N'avez-vous point de honte de penser à vos interêts particuliers, pendant que le Royaume est sur le penchant de son entiere ruine ? rentrez dans le Palais, Seigneur, & vous Creon retirez-vous, & par vos dissentions, n'allez pas porter à des extremitez facheuses des maux si legers.

CREON.

Madame, le Roy me traitte avec la derniere injustice ; car il pretend ou m'envoyer en exil ou me livrer à une mort honteuse.

OEDIPE.

Il est vray, Madame, & c'est parce que j'ay découvert une conspiration qu'il tramoit contre moy.

CREON.

Que tous les malheurs m'arrivent & je prie les Dieux de me faire sentir les effets des plus affreuses imprecations, si j'ay jamais eu cette pensée.

JOCASTE.

Seigneur, au nom des Dieux rendez-vous à ce qu'il a dit, ayez ce respect pour les Dieux qu'il a jurez, & si j'osois, Seigneur, je vous prierois d'avoir cet égard pour moy & pour tout ce peuple.

LE CHOEUR.

Je vous en conjure, Seigneur, recevez les prieres de la Reine; ecoutez vôtre prudence, laissez-vous flechir.

OEDIPE.

Que voulez-vous que je fasse?

LE CHOEUR.

Que vous ajoûtiez foy à un Prince qui n'a jamais été un étourdi, & qui vient de se lier par les sermens les plus horribles.

OEDIPE.

Savez-vous bien ce que vous me demandez?

LE CHOEUR.

LE CHOEUR.

Ouy Seigneur.

EDIPE.

Qu'eſt-ce donc ? Parlez ?

LE CHOEUR.

Que ſans la derniere evidence, vous ne condamniez jamais un ami ſur tout aprés des ſermens comme ceux que Creon a faits.

OEDIPE.

Sachez que de me faire cette demande, c'eſt vouloir que je perde la vie, ou que je ſois chaſſé de mes Etats.

LE CHOEUR.

Non, j'en atteſte le plus grand des Dieux, ce ſoleil pere de la lumiere, & témoin de toutes nos actions ; que je puiſſe mourir ſans amis, ſans Dieux, de la mort la plus affreuſe, ſi j'ay jamais eu cette penſée ; mais mon ame eſt accablée de triſteſſe de voir perir miſerable

ment ma patrie, & je ne puis
souffrir que les maux qui l'accablent soient encore aggravez
par ceux qui luy viendront de
vos dissentions.

OEDIPE.

Qu'il s'éloigne donc de mes
yeux, quand j'en devrois mourir, ou être chassé du thrône,
je luy fais grace ; mais ce n'est
pas pour l'amour de luy, c'est
pour l'amour de vous que je
luy pardonne ; en quelque lieu
qu'il soit, il sera toûjours l'objet de mon aversion.

CREON.

Que vous êtes terrible quand
vous cedez ! Que seroit-ce, si
vous poussiez jusques au bout
vôtre colere ? Les naturels comme le vôtre sont toujours insupportables à eux-mêmes.

OEDIPE.

M'importuneras-tu encore,
& ne partiras-tu point ?

CREON.

Je pars. Seigneur, vous ne m'avez jamais connu, mais ce peuple me rend justice.

LE CHOEUR.

Madame, pourquoy differez-vous d'emmener le Roy.

JOCASTE.

Je l'emmeneray quand j'aurai appris la cause de ce desordre.

LE CHOEUR.

Ils ont eu ensemble des paroles sur des raports fort incertains ; On se pique souvent sur des soupçons trés injustes.

JOCASTE.

Cela est-il venu de l'un & de l'autre ?

LE CHOEUR.

Ouy Madame.

JOCASTE.

Quelles paroles ont-ils donc eu?

LE CHOEUR.

C'est assez Madame, c'est assez dans les maux qui nous pressent. Les Princes n'ont pas poussé la chose plus loin & cela suffit.

OEDIPE.

Vous voyez qu'avec toute vôtre sagesse vous trahissez pourtant mes interêts & vous remplissez mon cœur de tristesse.

LE CHOEUR.

Seigneur, je l'ay souvent dit, & je le redis encore, il faudroit que je fusse bien insensé & que j'eusse conceu des desseins bien temeraires si j'étois capable de vous abandonner, vous qui, comme un vent favorable, êtes venu sauver cette Ville du naufrage. Faites-nous encore sentir, s'il est possible, les mêmes effets de vôtre protection.

JOCASTE.

Au nom des Dieux Seigneur, dites-moy pour quel sujet vous êtes entré dans une si furieuse colere?

EDIPE.

Je vous le diray, Madame, car j'ay pour vous tout le respect & toute la consideration que je dois avoir. Je viens de découvrir un complot horrible que Creon faisoit contre moy.

JOCASTE

Expliquez-moy son crime, Seigneur, si vous en avez des indices bien sûrs.

OEDIPE.

Il dit que je suis le meurtrier de Lajus.

JOCASTE.

Le dit-il de luy-même, ou l'a-il entendu dire à quelque autre?

OEDIPE.

Il a suborné un fourbe de

Prophete dont il se sert pour semer ce bruit, & il ne tient pas à luy que tout le peuple ne le dise.

JOCASTE.

Seigneur ne pensez plus à ce que le Prophete a dit de vous. Ecoutez-moy seulement je vous en prie, & sachez que les hommes n'ont nullement l'art de prophetiser ; je vais vous en donner en deux mots des preuves bien evidentes: L'Oracle predit autrefois à Lajus, je ne dis pas que cet Oracle vint d'Apollon, il venoit sans doute de quelqu'un de ses Prêtres, il luy predit qu'il seroit tué par un de ses fils qui naîtroit de luy & de moy; Cependant le bruit general est, qu'il fut assassiné par des voleurs dans un chemin qui se partage en trois routes. Peu de jours aprés cet Oracle, il nous

DE SOPHOCLE.

naquit un fils, & Lajus luy faisant percer les pieds au dessus du talon pour les lier ensemble, l'envoya exposer sur une montagne inaccessible, & là vous voyez bien qu'Apollon ne le fit pas devenir le meurtrier de son pere, & que les craintes de Lajus furent inutiles, puisqu'il n'est pas mort par la main de ce fils. C'étoient pourtant les predictions de l'Oracle, c'est pourquoy je vous prie de ne vous en plus mettre en peine; quand Dieu veut mettre quelque chose en evidence, il fait bien trouver les moyens d'y reussir.

OEDIPE.

Que ce que je viens d'entendre plonge mon ame dans de cruelles inquietudes ! quel trouble cela excite dans mon esprit !

JOCASTE.

D'où naissent ces inquietudes, Seigneur, & d'où vient ce trouble ?

OEDIPE.

Il me semble que vous m'avez dit que Lajus fut tué dans un chemin qui se partage en trois routes.

JOCASTE.

Ce bruit courut alors & il court encore.

OEDIPE.

En quel lieu du monde est-donc cet endroit où il fut tué ?

JOCASTE.

Dans la Phocide, dans un lieu où aboutissent le chemin qui mene à Delphes & celuy qui mene a Daulis.

OEDIPE.

Et dans quel tems, se passa cette action ?

JOCASTE.

JOCASTE.

Peu de tems avant que vous montassiez sur le thrône.

OEDIPE.

Grand Jupiter, qu'avez-vous resolu de faire de moi ?

JOCASTE.

Seigneur, qu'est-ce donc qui vous agite ?

OEDIPE.

Ne me le demandez-pas, dites-moi seulement, je vous prie, & la taille & l'âge de Lajus,

JOCASTE.

Il estoit grand, ses cheveux commençoient à blanchir, & je puis dire, Seigneur, qu'il avoit beaucoup de vôtre air.

OEDIPE.

Ah malheureux ! Sans y penser je viens de m'assujettir moi-même aux plus épouvantables de toutes les imprecations.

G

JOCASTE.

Comment, Seigneur ? je n'ose vous regarder.

OEDIPE.

Je crains mortellement que le Prophete n'ait été trop éclairé, & j'en serai plus assuré, si vous me répondez encore à une chose.

JOCASTE.

De quelque horreur que je sois saisie, je vous dirai, Seigneur, tout ce que je sai.

OEDIPE.

Lajus ne menoit-il que peu de gens à ce voyage, ou avoit-il une nombreuse suite, comme les Rois ont d'ordinaire ?

JOCASTE.

Ils n'estoient que cinq en tout, le Herault étoit même compris dans ce nombre, & Lajus n'avoit qu'un Char.

OEDIPE.

Helas ! mon malheur n'est

que trop certain ! Qui est-ce qui vous porta cette nouvelle ?

JOCASTE.

Un Domestique de Lajus, le seul qui se sauva de ce danger.

OEDIPE.

Est-il encore dans le Palais ?

JOCASTE.

Non, Seigneur ; aprés qu'il eut perdu son Maître vous voyant occuper sa place, il me pria instamment de l'envoyer à la campagne & de l'établir sur mes Troupeaux, afin qu'il n'eût pas la douleur de vivre dans cette ville. Je lui accordai sa demande ; les services qu'il nous avoit rendus meritoient d'être encore mieux recompensez.

OEDIPE.

Pourroit-on le faire venir tout à l'heure ?

JOCASTE.

Il est prés d'ici : mais pourquoi le demandez-vous ?

OEDIPE.

Je crains d'en avoir trop dit, c'est pourquoi je voudrois le voir.

JOCASTE.

Il va venir, mais j'espere, Seigneur, que vous ne me jugerez pas indigne de vostre confidence, & que vous voudrez bien ne me pas cacher le sujet de vos chagrins.

OEDIPE.

Non, Madame, aprés les obligations que je vous ay, je ne vous cacherai pas mes craintes; à qui pourrois-je plûtôt qu'à vous découvrir les secrets de mon cœur dans le cruel état où je me vois? Je suis fils de Polybe Roy de Corinthe, & de la Reine Merope; j'étois donc regardé comme l'unique esperance du Royaume, lorsqu'il m'arriva une avanture, qui bien que surprenante, ne meritoit pas pourtant tout l'empreſſement que j'eus pour l'éclaircir; un homme plein de vin me reprocha un jour à table que j'étois un fils ſuppoſé; outré de cette injure j'eus beaucoup de peine à me retenir ce jour-là; mais le lendemain j'allai trouver le Roy & la Reyne, & je les interrogeai ſur ma naiſſance; ils furent tous deux tres-fâchez du reproche qu'on m'avoit fait. Quoi-que je les aimaſſe avec beaucoup de tendreſſe, cette injure, qui eſtoit devenuë publique, ne laiſſa pas de me demeurer ſur le cœur, & de me donner des ſoupçons. Je partis donc à leur inſû pour aller à Delphes. Apollon ne daigna pas répondre préciſément à ma demande; mais il

G iij

me dit les choses les plus affreuses & les plus épouvantables dont on ait jamais ouï parler ; que j'épouserois infailliblement ma propre mere ; que je ferois voir aux hommes une race malheureuse, qui les rempliroit d'horreur, & que je serois le meurtrier de mon pere. Effrayé de cette réponse, j'évitai de retourner à Corinthe ; Je pris un autre chemin en me conduisant par les astres, & je tâchai de trouver un païs où je fusse assuré de ne pouvoir jamais executer tous les crimes dont l'oracle m'avoit menacé. En marchant j'arrivai dans ce même lieu, où vous dites que le Roy Lajus fut tué. Je ne vous cacherai, Madame, aucune particularité de l'action: quand je fus justement dans l'endroit, où le chemin se partage en trois routes, là un Herault, & un homme monté sur un Char traîné par de beaux chevaux, se trouverent devant moi. Le Cocher & le Maître voulurent me faire retirer par force ; piqué de cét affront, je frappai le Cocher : le Maître me voyant approcher, me donna deux coups sur le milieu de la tête ; je le punis bien-tôt de cette audace, car d'un seul coup je le renversai de son char ; Il tomba mort à mes pieds, & ensuite je tuai ceux qui l'accompagnoient. S'il se trouve donc que cét étranger, que j'ai tué, ait quelque rapport avec Lajus, y a-t-il au monde un homme plus malheureux que moi, & qui soit plus haï des Dieux ? Il n'est plus permis ni aux Etrangers ni aux Thebains de me recevoir dans leurs maisons, ni de me parler, ils sont tous obligez de me poursuivre ; & c'est de ma bouche que sont sorties ces funestes imprecations. J'ay souïllé la couche de celuy que j'ay tué de mes propres mains. Ne suis-je pas un scelerat ? Ne fais-je pas horreur à tout le monde ? Je suis forcé de quitter ce Royaume, & dans ma fuite, il faut que j'évite ma patrie, & que je me prive pour jamais de la vûë de mes parens, ou que j'aille m'exposer à épouser ma mere, & à plonger mes mains dans le sang de Polybe, de ce cher pere, qui m'a donné la naissance, & qui m'a élevé avec tant de soin. Ne peut-on pas dire avec justice que ce sont-là les coups d'une cruelle destinée, qui s'opiniâtre à me persecuter ? Non, non, grands Dieux, que je ne voye jamais ce funeste jour, &

que je sois exterminé de dessus la terre avant que je puisse me rendre coupable d'un crime si noir.

LE CHOEUR.

Seigneur, nous sommes touchez de vos malheurs, mais jusqu'à ce que vous ayez tout appris de l'homme, que l'on fait venir, vous devez conserver quelque esperance.

OEDIPE.

Je n'en conserve aussi que jusques à ce que je luy aye parlé.

JOCASTE.

Et quand vous luy aurez parlé, que vous en reviendra-t-il, Seigneur ?

OEDIPE.

Je vais vous le dire, s'il tient le même langage que vous, je serai délivré de toutes mes craintes.

JOCASTE.

Que vous ay-je donc dit, Seigneur ?

OEDIPE.

Vous m'avez dit que cét homme vous avoit rapporté que des voleurs avoient tué Lajus ; s'il continuë à dire la même chose, ce n'est pas moi qui ay fait ce meurtre : car un homme seul ne sauroit passer pour plusieurs : que si au contraire il dit que Lajus fut tué par un seul homme, il ne l'a jamais esté par d'autres que par moi.

JOCASTE.

Soyez bien persuadé, Seigneur, qu'il l'a dit, il ne sauroit changer presentement, ni parler d'une autre maniere, toute la ville l'a entendu comme moi ; mais quand il tiendroit un autre langage, le meurtre de Lajus ne pourroit pourtant pas tomber sur vous, puisqu'Apollon lui-même avoit declaré qu'il devoit être tué par son fils. Cependant, comme vous voyez, ce n'est pas cét enfant qui l'a tué, puisque ce pauvre malheureux mourut avant luy, c'est pourquoi je n'aurois non plus de foi pour ce dernier Oracle que pour le premier.

OEDIPE.

Tout ce que vous dites est fort bien, Madame ; je vous prie pourtant d'ordonner qu'on fasse venir promptement cét homme, ne negligez rien pour cela.

JOCASTE.

Je m'envais y envoyer, entrons dans le Palais, il n'y a rien que je ne fasse pour vous plaire.

Fin du troisiéme Acte.

INTERMEDE.

LE CHOEUR.

STROPHE I.

QUE les Dieux me donnent d'heureuses destinées pendant que je conserverai la sainteté dans mes paroles & dans mes actions, selon les regles qui nous ont été prescrites par les Loix qui sont descenduës du Ciel, & dont l'Olympe seul est le pere : car ce n'est pas la race mortelle des hommes qui les a engendrées, aussi n'est-il pas en leur pouvoir de les ensevelir dans l'oubli. Il y a dans les Loix un Dieu puissant qui triomphe de nôtre injustice, & qui ne vieillit jamais.

ANTISTROPHE I.

L'Insolence est la mere de la Tyrannie, l'Insolence, quand elle a entassé crimes sur crimes, & qu'elle est parvenuë à son dernier comble, degenere en une fatale necessité, & precipite les hommes dans des abîmes épouvantables. Alors toute leur fortune les abandonne; Ils tombent de ce faîte de grandeur, où leur injustice les avoit élevés. Je prie les Dieux de redonner à cette ville le bonheur dont la victoire d'OEdipe la faisoit jouïr, car je ne cesserai jamais de me mettre sous la protection des Dieux.

STROPHE II.

Si quélqu'un est assez insolent pour insulter les Dieux ou par ses actions ou par ses paroles, sans craindre leur justice & sans aucun respect pour leurs temples, que des maux sans nombre viennent fondre sur luy pour le punir de ce malheureux orgueil, puisqu'il aime l'injustice, qu'il s'abandonne à l'impieté, & qu'il n'empêche pas ses mains de commettre des sacrileges. Qui est l'homme qui voudra desormais repousser les traits de ses passions & combattre contre son propre cœur, si les mauvaises actions sont recompensées? Pourquoy mener moi-même des danses en l'honneur des Dieux?

ANTISTROPHE II.

Je ne vais plus adorer Apollon dans l'auguste Temple de Delphes qui occupe le milieu de la terre, je ne vais plus lui offrir mon encens dans le temple de Lycie. Je renonce pour jamais aux Assemblées que l'on fait à la celebre Olympie, si les oracles d'Apollon ne sont justifiez à la face de tous les hommes. Grand Jupiter qui gouvernez toutes choses, & dont l'Empire n'a point de fin, s'il est vrai que vous soyez attentif aux actions des hommes, faites nous connoître que vous voyez ce qui se passe, & que vous m'avez entendu. On ne fait plus aucun compte des oracles qui ont été rendus sur la mort de Lajus; Apollon n'est plus honoré, & le culte des Dieux est abandonné de tout le monde.

Fin du troisiéme Intermede.

ACTE IV.

SCENE PREMIERE.

JOCASTE, LE CHOEUR,
Suite de JOCASTE.

JOCASTE.

THEBAINS qui veillez pour la conservation de ce Royaume, je sors du Palais avec ces Couronnes dans mes mains pour aller aux Temples des Dieux leur offrir de l'encens, car OEdipe a l'esprit agité de mille pensées, qui le plongent dans une tristesse affreuse, & il ne juge pas des oracles qu'on rend aujourd'huy, par ceux qu'on a rendus autrefois, comme feroit un homme sage, mais il

écoute

écoute avec une entiere soûmission tous ceux qui lui annoncent des choses terribles, & qui le jettent dans de mortelles frayeurs, & c'est en vain que je veux lui donner des conseils: c'est pourquoi, Dieu Apollon, qui êtes adoré dans ce Temple, car c'est par vous que je commencerai, je viens vous supplier par des sacrifices & par des prieres de donner quelque remede aux maux qui nous pressent : nous sommes tous consternez de voir ce Prince dans le même accablement d'esprit, où l'on voit un Pilote qui ne peut plus défendre son vaisseau contre la fureur des vents.

SCENE II.

UN PASTEUR DE CO-
RINTHE, LE CHOEUR,
JOCASTE.

LE PASTEUR.

THEBAINS pourrois-je savoir de vous où est le Palais d'OEdipe, ou plûtôt pourriez-vous me dire, où je trouveray le Roy?

LE CHOEUR.

Vous le trouverez dans ce Palais & voilà la Reyne son épouse.

LE PASTEUR.

Puisse-t-elle être toûjours heureuse dans sa famille, & que rien ne vienne jamais troubler une si belle union.

JOCASTE.

Genereux étranger, puissiez-vous aussi être toûjours heureux, pour les bons souhaits que vous faites en ma faveur; mais dites-moi le sujet qui vous amene, & quelle nouvelle vous venez nous apprendre ?

LE PASTEUR.

Je viens vous apprendre une nouvelle fort avantageuse pour le Roy, & pour toute vôtre maison.

JOCASTE.

Qu'est-ce donc, & d'où venez-vous ?

LE PASTEUR.

Je viens de Corinthe, & ce que je vais vous dire, Madame, vous donnera assurement de la joïe; mais il vous donnera aussi de la tristesse.

JOCASTE.

Qui a-t-il qui puisse produire en moi deux effets si contraires ?

LE PASTEUR.

On disoit à Corinthe que tous les Habitans de l'Isthme

avoient resolu de faire OEdipe leur Roy.

JOCASTE.

Et quoy ! Polybe n'est-il pas encore sur le Thrône ?

LE COURIER.

Non, Madame, il est mort.

JOCASTE.

Que dites-vous ? Polybe est mort ?

LE COURIER.

Je me soûmets, Madame, à perdre la vie, si je ne vous dis la verité.

JOCASTE *à ses femmes.*

Allez vîte, allez donner cette nouvelle à OEdipe. Oracles des Dieux, qu'êtes-vous donc devenus? OEdipe a quitté sa patrie de peur de tuer son pere, & voilà son pere qui meurt dans son lit ; la Parque seule a tranché ses jours, & non pas OEdipe.

SCENE TROISIE'ME.

OEDIPE, JOCASTE, LE PASTEUR, LE CHOEUR.

QUE souhaitez-vous, Madame, & pourquoy m'obligez-vous à sortir?
JOCASTE.
Seigneur, écoutez cét étranger, & sur ce qu'il va vous dire, voyez quel fondement on doit faire sur vos pretendus Oracles.
OEDIPE.
Qui est donc cét étranger? d'où vient-il?
JOCASTE.
Il vient de Corinthe & vous apporte les nouvelles de la mort de vôtre pere.
OEDIPE.
Qu'avez-vous à me dire? Parlez vous-même.

H iij

LE PASTEUR.

Seigneur, s'il est permis de commencer par une nouvelle si triste, j'ai à vous dire que Polybe est mort.

OEDIPE.

A-t-il esté tué en trahison, ou est-il mort de maladie?

LE PASTEUR.

Il faut peu de chose pour mettre les vieillards dans le tombeau.

OEDIPE.

Il est donc mort de maladie?

LE PASTEUR.

Ouï, Seigneur, & de vieillesse.

OEDIPE.

Helas! Madame, qui voudra desormais consulter les Oracles d'Apollon? qui voudra se donner la peine d'écouter la voix des oyseaux qui volent au milieu des airs, aprés ce qu'ils m'avoient predit que je tuerois mon propre pere ? Le voilà cependant dans le tombeau, sans qu'on puisse me reprocher sa mort, à moins qu'on ne veuille dire qu'il est mort de regret de ne me plus voir: car ainsi ce seroit moi qui l'aurois tué. Polybe s'en va dans les enfers, & emporte avec lui l'accomplissement de tous ces Oracles, qui ne meritent plus que du mépris.

JOCASTE.
N'est-ce pas ce que je vous disois?

OEDIPE.
Il est vrai, Madame, mais j'étois saisi de frayeur.

JOCASTE.
N'allez donc plus vous embarrasser l'esprit de toutes ces choses.

OEDIPE.
N'ay-je pas encore à craindre

d'aller fouïller la couche de celle qui m'a mis au monde.

JOCASTE.

Qu'avez-vous à craindre, Seigneur, quand tout réüssit selon vos souhaits, & que vous voyez manifeſtement que l'on ne peut avoir aucune connoiſſance certaine de l'avenir. Le plus grand bonheur des hommes, c'eſt de joüir de la vie fans ſe tourmenter. N'apprehendez donc point, Seigneur, de commettre cét inceſte dont vous étes menacé. Combien de gens avant vous ſe ſont imaginez en ſonge coucher avec leur mere ? Il faut ſe mettre au deſſus de ces illuſions, ſi l'on veut vivre en repos.

OEDIPE.

Vous auriez raiſon, Madame, ſi ma mere n'étoit pas encore en vie ; mais tant qu'elle vivra, quoi-que vous puiſſiez dire,

dire, je ne puis cesser de craindre.

JOCASTE.

Est-ce que la mort de vôtre pere ne vous fait pas ouvrir les yeux & ne vous rassure pas pour le reste ?

OEDIPE.

Il est vrai, Madame, elle devroit me rassurer. Cependant puisque ma mere vit, j'ai toujours sujet de craindre.

LE PASTEUR.

Qu'elle-est donc cette femme qui vous jette dans toutes ces craintes ?

OEDIPE.

C'est Merope femme de Polybe.

LE PASTEUR.

Et qu'est-ce que vous craignez, Seigneur ?

OEDIPE.

L'accomplissement d'une prediction épouvantable.

I

LE PASTEUR.

Quelle est cette prédiction, Seigneur? vous est-il permis de me la dire ?

OEDIPE.

Apollon me prédit autrefois que j'épouserois un jour ma propre mere & que mon pere mourroit de ma main, c'est pourquoi il y a fort longtems que je vis éloigné de Corinthe. Cet éloignement, comme vous voyez, ne m'a pas été malheureux ; cependant c'est une grande douceur que de voir ses parens.

LE PASTEUR.

Est-ce donc là ce qui vous a éxilé de Corinthe ?

OEDIPE.

Oui, & la peur de devenir le meurtrier de mon pere.

LE PASTEUR.

Je puis aisément vous délivrer de toutes ces craintes.

OEDIPE.
Si cela est, il n'y a point de recompense que vous ne deviez attendre de moy.
LE PASTEUR.
Je ne suis venu, Seigneur, qu'afin que quand vous serez de retour à Corinthe, je puisse meriter de vous quelque grace & vivre heureux sous vôtre protection.
OEDIPE.
Mais je n'iray jamais dans un lieu où je pourray trouver ma mere.
LE PASTEUR.
Il paroît bien que vous ne vous connoissez pas vous-mê-me......
OEDIPE.
Comment donc? Au nom des Dieux, expliquez moi cet enigme.
LE PASTEUR.
Si c'est là le sujet qui vous

empêche de retourner chez vous......

OEDIPE.

Je tremble qu'Apollon ne se trouve trop veritable.

LE PASTEUR.

Et si vous avez peur de commettre un inceste.

OEDIPE.

Et c'est cela même, voila le sujet de toutes mes frayeurs.

LE PASTEUR.

Mais savez vous, Seigneur, que vous vous allarmés pour rien?

OEDIPE.

Comment m'allarmerois-je pour rien si je suis leur fils?

LE PASTEUR.

Polybe n'étoit pas vôtre pere.

OEDIPE.

Que dites vous? Polybe n'étoit pas mon pere?

LE PASTEUR.

Non, Seigneur.

OEDIPE.

Polybe n'étoit pas mon pere ?

LE PASTEUR.

Non asseurement, Seigneur.....

OEDIPE.

Pourquoi donc m'appelloit-il son fils ?

LE PASTEUR.

C'est moy-même qui vous donnai à lui.

OEDIPE.

Il auroit aimé avec tant de tendresse un enfant que vous lui auriez donné ?

LE PASTEUR.

Se voyant sans enfans il fut ravi de vous donner toute son affection.

OEDIPE.

Et vous, m'aviez vous achepté ou étois-je vôtre fils ?

LE PASTEUR.

Je vous avois trouvé sur le sommet du Citheron.

OEDIPE.
Qu'eſt-ce qui vous amenoit dans ces lieux deſerts?

LE PASTEUR.
J'avois ſoin de quelques troupeaux.

OEDIPE.
Vous étiez donc Paſteur?

LE PASTEUR.
Ouy, Seigneur, & ce fut moi qui vous ſauvai la vie.

OEDIPE.
En quel état me trouvâtes vous alors?

LE PASTEUR.
Vos talons percez peuvent encore vous l'apprendre.

OEDIPE.
Malheureux que je ſuis! de quel ancien mal me parlez vous?

LE PASTEUR.
Je vous dis, Seigneur, que des couroies paſſoient au travers de vos talons.

OEDIPE.

J'ai donc été l'opprobre de ma maison si tôt que j'ai veu le jour?

LE PASTEUR.

Et c'est cela même qui vous a donné le nom que vous portez.

OEDIPE.

Eh au nom des Dieux, dites-moi d'où vint donc cette malediction ? fut-ce de mon pere ou de ma mere ?

LE PASTEUR.

Je ne sais, mais celui de qui je vous receus pourra vous le dire.

OEDIPE.

Est-ce que vous me receutes de quelque autre, & ne m'aviez vous pas trouvé ?

LE PASTEUR.

Non, ce fut un autre Pasteur qui vous donna à moi.

OEDIPE.

Qui étoit-il ce pasteur ? pourriez vous me le dire ?

LE PASTEUR.

On disoit que c'étoit un des pasteurs de Lajus.

OEDIPE.

Quoi ? de Lajus qui étoit assis sur ce memê thrône où je suis ?

LE PASTEUR

Ouy, Seigneur, de lui-même.

OEDIPE.

Ce pasteur vit-il encore, & pourrois-je le voir ?

LE PASTEUR.

Ces gens qui sont du païs pourront sans doute vous le dire.

OEDIPE, *au Chœur.*

Y-à-t'il parmi vous quelqu'un qui connoisse le pasteur dont cet homme parle, & qui l'ait veu ou aux champs ou à la ville ? parlez, car c'est une affaire qu'il faut éclaircir.

LE CHOEUR.

Je crois, Seigneur, que le pasteur dont cet étranger parle est le même que vous avez envoyé chercher : Cependant voilà la Reine qui peut vous le dire mieux que nous.

OEDIPE.

Madame, l'homme que nous avons envoyé chercher est-ce celui dont cet étranger parle ?

JOCASTE.

Qui est-il celui dont il parle ? Ne vous en mettez point en peine, & oubliez tout ce qu'on vous a dit si legerement.

OEDIPE.

Me preserve le Ciel, aprés toutes les lumieres que l'on me donne, de negliger d'éclaircir ma naissance.

JOCASTE.

Au nom des Dieux,

si vous aimez vôtre repos n'entrez point dans tous ces éclaircissemens, c'est assez que je sois malheureuse.

OEDIPE.

N'aprehendez rien ; quand il seroit vray que je fusse fils & petit fils d'esclave l'afront ne retomberoit jamais sur vous.

JOCASTE.

Cependant croyez-moy, je vous en conjure, cessez de faire cette recherche.

OEDIPE.

Je ne saurois m'en empêcher, il faut que je sache qui je suis.

JOCASTE.

J'ay de fort bonnes raisons pour vous donner ce conseil ; croyez-moy, c'est le meilleur party que vous puissiez prendre.

OEDIPE.

Et c'eſt ce que vous dites, qui augmente mes inquietudes & qui excite ma curioſité.

JOCASTE.

Ah ! malheureux ! puiſſiez vous jamais ne ſavoir qui vous êtes !

OEDIPE.

Qui eſt-ce qui ira chercher ce paſteur ? laiſſez la Reyne s'enorgueillir de l'éclat de ſa naiſſance.

JOCASTE.

Ah malheureux ! car c'eſt la ſeule choſe que je puis te dire, & c'eſt pour la dernier fois que je te la dis.

SCENE IV.

LE CHOEUR. OEDIPE. LE PASTEUR de Corinthe.

LE CHOEUR.

Quelle noire tristesse oblige la Reine à se retirer ? je crains que ce silence n'aboutisse enfin à quelque chose de funeste.

OEDIPE.

Qu'elle fasse ce qu'elle voudra ; pour moy quelque basse que puisse être ma naissance je veux en être informé ; les femmes sont toujours orgueilleuses, elle craint sans doute de me voir sortir d'une famille obscure, & moy je veux bien me déclarer fils de la Fortune, & je ne rougiray jamais de ses faveurs : C'est ma veritable mere, & mes seuls parens, ce sont les Ans qui de la bassesse où j'étois m'ont porté à ce faîte de grandeur où je me vois maintenant. Ma naissance ne changeroit pas quand je cesserois de m'en éclaircir.

LE CHOEUR.

STROPHE

Si je puis juger de l'avenir & si je ne me trompe dans mes conjectures, Citheron, le jour de demain ne se passera pas que vous ne nous fassiez connoître la patrie, & la mere d'OEdipe, & que nous ne menions des dances en vôtre honneur, pour vous rendre graces du plaisir que vous aurez fait à nos Princes. O Phebus faites que ma prediction ait un heureux succez.

ANTISTROPHE.

Et vous, Prince, de quel des Dieux êtes vous donc Fils ? quelle Nymphe vous a eu de Pan dieu des Montagnes ? êtes vous le fruit des amours d'Apollon ? Car Apollon se plaît aussi sur les montagnes & dans les forests. Est-ce Mercure, le Dieu de Cyllene, ou Bachus, qui se tient aussi sur les sommets des Montagnes qui vous ont eu de quelqu'une des Nymphes qu'ils ayment ?

OEDIPE.

Si je puis bien juger d'un homme que je n'ay jamais vu, Il me semble, Viellards, que je vois venir le pasteur que nous attendons depuis si longtems, car voila à peu prés un homme de l'âge de cet étranger, & les gens qui le menent sont les mêmes que j'avois envoyé le chercher. Vous devez le connoître mieux

que moi, car sans doute vous l'avez veu plusieurs fois.
LE CHOEUR.
Je le connois assurement, & pour un pasteur c'étoit un des plus fidelles serviteurs de Lajus.
OEDIPE.
Vous, qui venez de Corinthe, est-ce là l'homme dont vous m'avez parlé?
LE PASTEUR.
C'est luy-même.

SCENE V.

OEDIPE, LE PASTEUR *de Corinthe*, PHORBAS, LE CHOEUR.

OEDIPE.

Approchez Vieillard, répondez à ce que je vais vous de

mander, vous êtiez autrefois à Lajus ? PHORBAS.

J'étois un de ses esclaves, né dans sa maison.

OEDIPE.

Quel étoit vôtre employ ?

PHORBAS.

J'avois soin de ses troupeaux.

OEDIPE.

Dans quel lieu les meniez vous ordinairement ?

PHORBAS.

Sur le mont Citheron, car c'étoit le lieu le plus commode & le plus proche.

OEDIPE.

N'y avez vous jamais veu cet homme là ?

PHORBAS.

Quel homme ?

OEDIPE.

Celui qui est devant vos yeux ne lui avez vous jamais parlé ?

PHORBAS.

Je ne me souviens pas de l'a-
voir

voir veu de ma vie.
LE PASTEUR.
N'en soyez pas surpris, Seigneur, je vais toute à l'heure le faire souvenir des choses dont il a perdu la memoire, car je say fort bien qu'il me connoît ; il menoit deux troupeaux sur le Cytheron, je n'en menois qu'un, & nous passions ensemble les trois saisons de l'année depuis le commencement du Printems jusqu'à la fin de l'Automne, & quand l'Hiver approchoit je menois mon troupeau dans ma bergerie, & il menoit les siens dans celle de Lajus ; Ce que je dis est-il vray ou ne l'est-il pas ?
PHORBAS.
Cela est vray, je m'en souviens, quoi qu'il y ait fort longtems.
LE PASTEUR
Mais dites moy, vous souve-

nez vous encore que vous me donnâtes un certain enfant afin que je l'élevasse comme s'il étoit à moy ?

PHORBAS.

Que voulez vous dire ? & pourquoy me faites vous cette question ?

LE PASTEUR

Mon amy, voila cet enfant que vous m'avez donné.

PHORBAS.

Que les Dieux t'exterminent, Te tairas-tu malheureux ?

OEDIPE.

He pourquoi le maltraiter ? c'est toy qui merites qu'on te maltraite.

PHORBAS.

Comment l'ay-je mérité, Seigneur ?

OEDIPE.

En ne voulant rien dire de l'enfant dont il te demande des nouvelles.

PHORBAS
Il ne sait ce qu'il dit, & il vous amuse inutilement.

OEDIPE.
Si tu ne veux pas parler de bon gré, on saura te faire parler par force.

PHORBAS.
Ah, Seigneur, au nom des Dieux, ne faites pas cet affront à ma vieillesse.

OEDIPE.
Qu'on luy lie les mains.

PHORBAS.
Malheureux que je suis ! qu'allez vous faire ? & que voulez-vous savoir ?

OEDIPE.
Donnas-tu à cet homme l'enfant dont-il te parle ?

PHORBAS
Ouy, je le luy donnay : plût aux Dieux que ce jour la eût été le dernier de ma vie.

OEDIPE
Ne souhaite point tant la mort, tu la trouveras bien vîte si tu ne me dis la verité.

PHORBAS.
Je la trouverai bien plus vîte si je vous la dis.

OEDIPE.
Cet homme ne cherche qu'à nous faire perdre le tems.

PHORBAS.
Point du tout, Seigneur, je vous ay déja dit que je luy donnay cet enfant.

OEDIPE.
D'où l'avois-tu eu ? étoit-il à toy ? ou l'avois-tu reçeu d'un autre ?

PHORBAS
Il n'étoit pas à moy, Seigneur, on me l'avoit donné.

OEDIPE.
Qui est-ce qui te l'avoit donné ? & dans quelle maison l'avoit-on pris ?

PHORBAS.

Seigneur, au nom des Dieux, ne m'en demandés pas davantage.

OEDIPE.

Tu es perdu si je te le demande une seconde fois.

PHORBAS.

On l'avoit pris dans le palais de Lajus.

OEDIPE.

Etoit-ce son fils, ou un de ses esclaves ?

PHORBAS.

Helas ! me voila enfin reduit à la cruelle necessité de parler.

OEDIPE.

Et moy, me voila reduit à la cruelle necessité de t'entendre : cependant parle.

PHORBAS.

On disoit qu'il étoit son fils : la Reyne pourra mieux que moy vous dire ce qui en est.

OEDIPE

Ce fut donc elle qui te le donna ?

PHORBAS.

Ouy, Seigneur.

OEDIPE.

Que vouloit-elle que tu en fisses ?

PHORBAS.

Que je le fisse mourir.

OEDIPE.

La malheureuse ! quoy son propre fils ! & pourquoy ?

PHORBAS.

Pour éviter certains malheurs, qu'on luy avoit predits.

OEDIPE.

Quels malheurs ?

PHORBAS.

On disoit que cet enfant feroit mourir ceux qui l'avoient mis au monde.

OEDIPE.

Comment donc le laissas-tu entre les mains de ce vieillard,

PHORBAS.

J'en eus pitié & je crus que cet étranger le porteroit dans quelque terre éloignée : c'est luy qui en vous sauvant la vie vous a precipité dans tous ces maux, car si vous êtes celuy dont il parle, vous êtes, Seigneur, l'homme du monde le plus malheureux.

OEDIPE.

Helas ! helas ! voila donc les Oracles accomplis. Soleil qui éclairez les hommes, je vous vois pour la derniere fois ; je me trouve en même tems le fils de ceux dont je ne devois jamais être le fils. J'epouse la personne que la Nature me deffendoit d'épouser, & je tue de ma propre main ceux qui m'ont donné la vie.

Fin du quatriéme Acte.

INTERMEDE.

LE CHOEUR.

Race mortelle des hommes, que je fais peu d'état de vôtre félicité : ce n'est qu'un vain fantôme, qui naist de l'opinion, & qui paroît & s'évanouït dans le même moment. Vôtre cruelle destinée, OEdipe, m'apprend à ne trouver personne d'heureux dans le monde ; vous étiez parvenu au comble de la grandeur ; tout réussissoit selon vos souhaits ; vous aviez fait perir le Monstre qui ravageoit cette terre, & délivré par la tous les Thebains, de la mort qui les menaçoit ; de nôtre liberateur vous étiez devenu nôtre Roy ; nous vous honorions tous comme un Dieu ; & aujourd'hui
peut-on

peut-on voir au monde un homme plus malheureux que vous ? personne a-t'il jamais éprouvé un changement si terrible ? & la Fortune ennemie a-t'elle jamais précipité quelqu'un dans un si grand abysme de maux ? Oedipe, de qui la gloire a rempli la terre, l'épouse de vôtre pere est devenuë la vôtre. Comment est-il possible que le même lict vous ait receu tant d'années sans vous reconnoître ? le Tems seul, qui voit toutes choses, vous à découvert ; il nous fait voir des nopces incestueuses, & un pere dont les enfans sont les propres freres. O Fils de Lajus, plût à Dieu que je ne vous eusse jamais connu ; je suis dans une affliction que je ne saurois exprimer par toutes mes plaintes ; pour tout dire en un mot, OEdipe, c'est

L

vous qui aprés avoir donné la lumiere à mes yeux mourans, les replongez dans les épaisses tenebres qui les couvrent.

ACTE V.

SCENE PREMIERE.

UN ESCUYER, LE CHOEUR.

L'ESCUYER.

Ieillards, qui êtes toûjours les plus honorez dans Thebes, quelles nouvelles allez vous apprendre ! quel terrible spectacle allez vous voir ! & quelle douleur va être la vôtre si vous prenez encore quelque interêt dans les malheurs des descendans de Labdacus ! je ne crois pas que les eaux du Danube ni toutes celles du Phase pussent jamais laver les

tâches de cette maison ; vous allez voir de vos propres yeux les maux qu'on vient d'y commettre de propos déliberé ; les plus sensibles de tous les malheurs sont ceux que l'on paroît s'attirer volontairement soy-même.

LE CHOEUR.

Apres toutes les choses horribles que nous venons d'apprendre, que pouvez vous encore nous dire ?

L'ESCUYER.

Jocaste n'est plus.

LE CHOEUR.

Ah malheurese Princesse ! quelle main a tranché ses jours ?

L'ESCUYER.

C'est sa propre main : Pour vous bien peindre toute l'horreur de ce qui vient de se passer dans ce Palais, il faudroit pouvoir exposer à vos yeux ce funeste spectacle ; cependant je ne laisseray pas de vous le representer autant qu'il me sera possible. Quand cette malheureuse Reyne, dans les noires fureurs où vous l'avez veuë est entrée dans le Palais, elle va sans s'arrêter dans sa chambre nuptiale, en s'arrachant les cheveux, & aprés avoir fermé la porte, elle appelle Lajus, elle luy parle de ce fils abominable qui avoit été son meurtrier, & qui avoit deshonoré sa couche ; elle s'adresse ensuite à ce lict où son mary luy avoit engendré un second mary, & où son propre fils étoit devenu le pere & le frere de ses enfans : Aprés cela je ne say pas comment elle a terminé ses jours, car OEdipe est venu en criant, & nous a empêché de voir la suite des malheurs de cette Princesse. Nous étions tous occupez à observer les demarches du Roy, qui vouloit que nous luy donnassions des armes, & qui nous demandoit où il pourroit trouver sa femme qui n'étoit pas sa femme, & sa mere qu'il ne pouvoit regarder comme sa mere. Nous n'avions garde de faire ce qu'il demandoit de nous, mais quelque Dieu ennemy, secondant sa fureur, la conduit dans le lieu où étoit cette Princesse ; il approche, en faisant des cris épouvantables, il enfonce la porte, il entre ; alors nous voyons la Reyne attachée à un funeste cordon dont elle s'étoit servie pour finir ses jours. A cet aspect le Roy rugit comme un Lion furieux, il coupe ce fatal cordon, & fait tomber à terre le corps de cette Princesse infortunée ; mais voicy ce qui est encore plus horrible, il se jette sur ce corps, il arrache l'agraphe de ses habits, il en enfonce plusieurs fois les pointes dans ses yeux en criant qu'il vouloit pour jamais se priver de la lumiere pour ne plus voir les maux qu'il avoit causez, & afin que plongé dans des tenebres éternelles, il ne puisse plus connoître ni distinguer les objets qui se presenteront à luy. En repetant incessament ces paroles, il acheve de se crever les yeux, qu'il ouvre le plus qu'il luy est possible afin de les mieux offrir à ses coups ; ses prunelles déchirées luy ensanglantent tout le visage, & on en voit sortir deux ruisseaux d'eau & de sang, qui coulant ensemble font un mélange afreux que l'on n'oseroit regarder. Voila ce que j'avois à vous aprendre des maux du Roy & de la Reyne. Jusques icy leur bonheur avoit été veritablement grand, mais en ce jour, les soupirs, les larmes, la mort, l'infamie, le desespoir ont succedé à ce bonheur, & tout ce qu'on peut concevoir de plus funeste, est audessous de leur infortune.

LE CHOEUR.

En quel état est donc à present ce malheureux Prince ? à-t'il quelques momens d'intervalle ?

L'ESCUYER.

Il crie que l'on ouvre les portes, & que l'on monstre aux Thebains, ce parricide, qui de sa propre mere à fait..... Il dit sur cela des choses abominables, que je noserois raporter. Il ajoûte qu'il va se bannir de ce Royaume, & que les imprecations qu'il a prononcées contre lui-même ne luy permettent pas de demeurer plus long-tems dans ce Palais. En l'état où il est, il a besoin de secours & de quelqu'un qui le conduise ; ses maux sont si grands qu'il ne peut plus les supporter, vous en jugerez vous même, la porte s'ouvre, & vous allez voir un spectacle qui toucheroit de pitié ses plus cruels ennemis.

SCENE II.

LE CHOEUR, OEDIPE,
suite d'OEdipe.

LE CHOEUR.

Ffreuse calamité ! dont les hommes ne sauroient même soutenir la veuë ! spectacle le plus horrible que l'on puisse jamais voir ! quelle fureur vous a saisi, malheureux Prince ? quel Dieu a versé sur vôtre tête ce deluge de maux ? ah malheureux ; mais je n'oserois vous regarder, quelque forte passion que j'aye de vous voir, de vous parler, & de vous entendre, vous me faites horreur.

OEDIPE.

Helas, helas, malheureux ; helas ; où vais-je ? malheureux ; où suis-je ? où se vont perdre mes paroles ? Fortune qu'estes vous devenuë ?

LE CHOEUR.

Elle s'est retirée & a fait place à des malheurs épouvantables, qu'on n'oseroit ni voir ni entendre.

OEDIPE.

Epaisses tenebres, affreuse obscurité qui couvrez mes yeux, nuage noir, abominable, & que rien ne pourra jamais dissiper ; helas, helas ; je suis en proye à des douleurs horribles, qui ne viennent pas tant des fureurs que je viens d'exercer sur moy, que du souvenir de mes crimes.

LE CHOEUR.

Dans l'état où vous êtes, Seigneur, vos plaintes ne sont que trop justes.

OEDIPE.

Ah vous êtes les seuls amis qui me restent dans mon infortune ; vous voulez bien encore avoir soin de cet aveugle ; helas malgré les tenebres qui m'environnent, je vous reconnois, j'entens vôtre voix.

LE CHOEUR.

Qu'avez vous fait, Seigneur ? comment avez vous eu le courage de vous arracher ainsi les yeux ? quel demon vous a prêté la main?

OEDIPE.

C'est Apollon, mes amis, c'est Apollon qui est la cause de tous mes maux; personne ne ma prêté la main, moy-même je me suis privé de la lumiere ; pourquoi aurois-je conservé des yeux pour ne voir sur la terre que des objects de tristesse & d'horreur ?

LE CHOEUR.

Ce que vous dîtes, Seigneur, n'est que trop vray.

OEDIPE.

Qu'y-à-t'il dans le monde dont je puisse souffrir la veuë ? qu'y-à-t'il que je puisse voir ou aimer ? est-il rien que je puisse entendre ? mes amis, éloignez moy d'icy, emmenez ce monstre chargé des imprecations les plus execrables, pour tout dire enfin, cet objet de toute la colere des Dieux.

LE CHOEUR.

Seigneur, la raison que vous conservez dans vos maux vous rend aussi malheureux que vos maux mêmes ; plût aux Dieux que je ne vous eusse jamais connu.

OEDIPE.

Que celuy qui délia ces fatales couroyes, qui m'arracha des bras de la mort, & qui me sauva la vie puisse perir malheureusement ; sa pitié m'a été funeste ; si je fusse mort que j'aurois épargné de maux & à moy & à mes amis !

LE CHOEUR.

Plût aux Dieux qu'il ne vous eût pas secouru.

OEDIPE.

Je n'aurois pas tué mon pere, & les hommes ne m'auroient pas veu épouser celle qui m'a donné le jour, au lieu que presentement je me trouve un malheureux, sorty d'une race abominable, un parricide, un monstre né d'une femme incestueuse dont je me voy le fils & le mary ; Enfin les plus grands & les plus horribles de tous les malheurs sont tombez sur OEdipe.

LE CHOEUR.

Seigneur, je ne puis aprouver l'action que vous venez de commettre, & vous auriez été plus heureux de n'être plus que de traîner ainsi sans yeux une vie languissante & malheureuse.

OEDIPE.

Ne me dites pas que j'aye mal fait de me priver de la lumiere & ne me donnez pas d'autres conseils. De quels yeux pourrois-je regarder dans les enfers mon pere & ma mere, dont la mort est l'ouvrage de mes crimes ; ce que je viens de faire pour m'en punir est pire que la mort même : mais peut-être que la veuë de mes enfans m'auroit été agreable, il ni a ni enfans ni patrie ni palais ni temple ni statuë des Dieux, que j'eusse peu regarder ; puisque c'est moy qui ay été si malheureusement nourri dans Thebes, je me suis interdit toutes ces choses en prononçant moy-même ce funeste arrêt, & en ordonnant à tout le monde de poursuivre & de chasser cet impie, ce scelerat que les Dieux avoient déclaré la cause de toutes les calamitez publiques, &, pour tout renfermer en un mot, ce fils de Lajus. Et aprés avoir moy-même découvert ma honte, j'aurois pu jouir tranquillement de cette veuë ? ah si l'on pouvoit aussi se priver de l'ouye, je ferois ce double sacrifice à mon desespoir, & pour fermer encore cette porte à la connoissance des maux dont je suis environné, je ferois bien-tôt aussi sourd qu'aveugle ; il est doux de se retrancher quelque sentiment dans des maux si ter-

ribles ? Ah Citheron pourquoy me receûtes vous ? ou pourquoy aprés m'avoir receu ne me laiſſâtes vous pas perir, afin que je ne puſſe jamais faire voir aux hommes d'où j'étois ſorti? O Polybe ! ô Corinthe ! ô Palais qui dominez ſur deux mers & qui paſſiez fauſſement pour ma patrie, vous avez élevé ſous une figure humaine un monſtre qui eſt l'opprobre de la Nature! Chemin qui vous partagez en trois routes, foreſt épaiſſe, buiſſon, ſentier étroit, qui avez beu le ſang de mon pere, que j'ay verſé de mes propres mains, vous ſouvenez-vous encore de moy ? & ſavez-vous que le crime que vous m'avez veu commettre, n'approche pas des abominations que j'ay commiſes depuis ? O noces, fatales noces, vous m'avez engendré, & aprés m'avoir engendré vous avez
fait

fait rentrer le sang qui m'a donné la vie, vous l'avez fait rentrer dans les mêmes flancs où vous m'avez formé, & par là vous avez produit des peres, des freres, des fils, des marys, des femmes, des meres, & tout ce que les hommes peuvent concevoir de plus abominable & de plus afreux : mais on doit avoir horreur de prononcer même des choses si execrables. Au nom des Dieux, je vous en conjure, cachez moy, tuez moy, jettez moy dans les abysmes de la mer, que je ne sois plus veu sur la terre ; venez, daignez approcher de ce malheureux, rendez-luy ce dernier service, ne craignez rien, les maux que je souffre ne peuvent arriver qu'à moy.

Il s'adresse au Chœur.

LE CHOEUR.

Seigneur, voila Creon qui vient fort à propos pour ce que

vous demandez ; il peut mieux que nous, vous donner les secours qui vous sont necessaires, car aprés vos malheurs, c'est luy seul qui doit avoir soin de ce Royaume.

OEDIPE.

Helas, quel discours puis-je luy tenir ? quel secours en puis-je attendre, aprés les injustes soupçons que j'ay eus de luy ?

SCENE III.

CREON, OEDIPE, LE CHOEUR.

CREON.

SEigneur, je ne viens point insulter à vos maux ni vous faire des reproches. Et vous, Thebains, si vous n'êtes pas touchez des malheurs qui arrivent aux hommes, respectez au moins cette vive lumiere du Soleil, qui éclaire la terre, & qui nous a monstré la victime qui devoit être chargée de tous nos maux : cette victime que la terre ne peut recevoir, qui ne peut jamais avoir aucune part à la pluye celeste dont nous sommes arrosez aux pieds des autels, & à qui le sacré flambeau du jour ne sauroit prêter sa lumiere. Allez promptement, allez l'enfermer dans ce palais ; il n'y a que nos parens qui doivent être les témoins des maux qui nous accablent.

OEDIPE.

Au nom des Dieux, puisque vous avez trompé mon attente, & que vous êtes si bon à un homme qui est si méchant, accordez-moy la grace que j'ay à vous demander ; c'est plus pour vous que pour moy que je la demande.

CREON.
Que souhaittez vous ?
OEDIPE.
Chassez-moy de vos frontieres, & envoyez-moy dans des lieux où je ne puisse être veu de personne.
CREON.
Je l'aurois déja fait, Seigneur, si je n'avois voulu auparavant consulter les Dieux pour savoir ce que je dois faire.
OEDIPE.
Mais les Dieux ne se sont-ils pas expliquez assez clairement, & n'ont-ils pas dit qu'il falloit exterminer cet impie, ce parricide?
CREON.
Il est vray, mais dans l'état où nous sommes nous ne devons rien faire sans les avoir consultez.
OEDIPE.
Irez-vous consulter les Dieux

pour un malheureux comme moy ?

CREON.

Eh, ce sont vos malheurs qui nous aprennent qu'elle foi nous devons ajoûter à leurs Oracles.

OEDIPE.

Prince, je vous recommande, & je vous conjure de faire enterrer cette malheureuse Princesse qui a fini ses jours dans ce Palais, ce soin là vous regarde ; pour moy, je ne puis plus habiter ces funestes lieux ; souffrez que j'aille errer dans les montagnes, sur les sommets du Citheron, que mes parens m'avoient choisi pour tombeau, permettez que j'aye encore la satisfaction d'aller mourir dans ces mêmes lieux où ils avoient ordonné que je cesserois de vivre. Je say pourtant fort bien que ni maladie ni aucun autre accident ne peut avoir la force de trancher mes jours, car autrement aurois-je trouué la vie dans les bras de la mort si je n'étois reservé pour les maux les plus terribles: maisque la Fortune ennemie acheve d'exercer sur moy toute sa fureur. Je ne vous prie point d'avoir soin de mes fils, ils sont hommes & en quelque lieu qu'ils soient leur courage sera toujours pour eux une resource asseurée, mais pour mes filles, pour ces pauvres malheureuses, qui ont été élevées avec tant de soin & tant de tendresse, & qui sont accoûtumées à goûter toutes les douceurs que peut donner l'éclat d'une haute naissance, permettez que je vous prie d'en avoir soin, faites les venir, que e les tienne entre mes bras & que je puisse pleurer sur elles.

les malheurs où elles sont envelopées : allez genereux Prince, en ambrassant ces malheureuses Princesses, je croirai les voir encore : mais quel bruit frappe mes oreilles ? n'entends-je pas mes cheres filles qui versent des larmes ? & Creon touché de ma misere m'a-t'il déja accordé la consolation que je luy ay demandée ?

CREON.

Ouy, Seigneur, j'ay voulu vous procurer le seul plaisir que vous puissiez avoir, & que vous avez tant souhaitté.

OEDIPE.

Puissiez vous être toûjours heureux, & qu'un Dieu plus favorable daigne toujours vous accompagner. Où êtes vous, mes enfans, approchez, venez entre les bras d'un pere qui est vôtre frere ; d'un pere qui s'est arraché les yeux pour ne vous plus voir, d'un pere qui, tout innocent qu'il est, se trouve en même tems incestueux & parricide. Je pleure sur vous mes enfans quand je pense à la vie malheureuse que vous allez mener : dans quelles assemblées pourrez vous paroître ? à quelles Fêtes oserez vous vous montrer ? sortirez-vous jamais sans trouver mille sujets de tristesse & sans être obligées de revenir chez vous le visage baigné de pleurs ? quand vous serez en âge d'être mariées, qui est-ce qui voudra vous épouser? qui sera celui qui voudra perdre ses enfans & les charger de l'opprobre de nôtre famille ? que manque t'il à vos malheurs? vôtre pere a tué son pere ; il a épousé sa propre mere ; il vous a engendrées dans les mêmes flancs où il a été porté ; voila les reproches que l'on vous

vous fera tous les jours, & aprés cela vous trouverez des maris ? Non non, mes enfans, il faut vous resoudre à passer vôtre vie dans un éternelle solitude. Fils de Menecée, puisque vous êtes seul leur pere, car leur mere & moy nous ne sommes plus, ne les méprisez point dans le pitoyable ètat où elles sont, pauvres, sans mary, sans retraitte, & abandonnées de tout le monde ; ne souffrez pas qu'elles soient envelopées dans la punition qui est duë à des crimes ausquels elles n'ont point de part ; ayez pitié de leur misere & de leur jeunesse ; elles n'ont d'espoir qu'en vous ; donnez-moy vôtre main pour marque que vous exaucez mes prieres. Et vous, mes enfans, si vous êtiez en âge de raison, j'aurois icy bien des choses à vous ordonner, mais en l'ètat où vous êtes, priez seulement les Dieux pour moy qu'ils ne me laissent pas toujours vivre. Et pour vous, contentez vous de leur demander que vos jours soient moins malheureux que les miens.   CREON.

C'est assez verser de larmes, Seigneur, entrez dans le Palais.
OEDIPE.
Il faut vous obeir, quelque repugnance que j'y aye.
CREON.
Toutes choses ont leur tems.
OEDIPE.
Accordez-moy donc la grace que je vous demande.
CREON.
Qu'elle grace ?
OEDIPE.
Je vous l'ay déja dit, que vous me fassiez promptement sortir de ce Royaume.
CREON.
Vous me demandez une cho-

ce qui dépend des Dieux.
OEDIPE.
Mais je suis l'homme du monde que les Dieux haïssent le plus.
CREON.
Vous serez donc bien-tôt satisfait.
OEDIPE.
Me l'asseurez-vous ?
CREON.
Je ne dis jamais que ce que je pense.
OEDIPE.
Emmenez moy donc quand il vous plaira.
CREON.
Marchez ; mais quittés ces enfans.
OEDIPE.
Ah ! au nom des Dieux, ne me les arrachez pas.
CREON.
Ne vous obstinez point à les retenir, vous savez combien

tout ce que vous avez voulu vous a toûjours été funeste.

LE CHOEUR.

Habitans de Thebes, voyla cet OEdipe, qui par sa sagesse expliquoit les Enigmes, à la valeur de qui tout cedoit &, qui ne devoit sa grandeur qu'à son esprit & à son courage ; voyez dans quelles affreuses calamitez il est precipité : & en considerant cette fin malheureuse, aprenez à ne trouver personne d'heureux dans le monde, avant que de lui avoir veu finir heureusement son dernier jour.

FIN.

REMARQUES
SUR
L'OEDIPE de SOPHOCLE

Sur la premiere Scene du premier Acte.

P. 3. **M**ES *Enfans, jeune posterité de l'ancien Cadmus.*] Le grand Prestre de Jupiter suivi de beaucoup d'autres Prestres, & de l'élite de la jeunesse Thebaïne, est prosterné devant l'Autel qu'on avoit élevé à Oedipe, au milieu de la place devant son Palais; les cris & les gemissemens de ces Enfans & de ces Viellards obligent ce Prince à sortir pour en savoir le sujet; & c'est ce qui fait l'ouverture de la Scene. Ainsi cette action est de celles qui commencent par l'assemblée du pleuple, avant qu'on voye paroître les principaux Acteurs. Ces actions sont plus rares que celles où les Acteurs paroisisent les premiers. Il n'y en a que deux exemples dans Eschyle, & un dans Euripide on peut voir la rem. 5.sur le xij. Chapitre de la Poëtique d'Aristote. OEdipe sortant de son Palais voit donc ces Enfans & ces Vieillards, & comme les enfans attirent plus naturellement la compassion, c'est à eux qu'il s'adresse en les appellant *mes Enfans.* Il y a là beaucoup de bienseance, & par ce premier mot Sophocle fait connoître une partie du caractere d'OEdipe, qui a de la bonté pour ses sujets, & qui les traite en pere. Il est bon de remarquer aussi que dans cette piece le tragique n'est pas reculé jusqu'à la catastrophe; mais qu'il commence dés le premier vers.

Jeune posterité de l'ancien Cadmus.] Cela est ajouté pour augmenter la compassion ; car il n'y a rien de plus touchant que de voir la posterité d'un si grand Prince, perir si miserablemant. Cadmus avoit bâti Thebes, deux cens ans ou environ avant la mort d'OEdipe, & il y a mil ans entre Cadmus & Sophocle.

Avec ces branches qui sont les mar-

ques des suppliants.] Quand les Anciens alloient adorer dans les temples, ou prier quelqu'un, ils portoient à la main des rameaux environnés de petites bandelettes de laine, & ils s'en faisoient quelquefois des couronnes ; cela les rendoit comme sacrés, & personne n'auroit ozé, en cet état, leur faire la moindre violence. Il n'y avoit pas d'arbre destiné particulierement à cet usage, on choisissoit celui qui étoit consacré au Dieu sous la protection duquel on se mettoit. On prenoit par exemple l'olivier quand c'estoit Minerve, & le laurier quand c'estoit Apollon ; c'est pourquoi Homere dit du Prestre Chryses, qu'il portoit à la main des rameaux d'Apollon.

στέμματ' ἔχων ἐν χερσὶν ἑκηβόλου Ἀπόλλωνος.

Les Juifs avoient une feste où ils portoient tous des branches selon l'ordre qui leur en avoit été donné : Ils en portoient aussi dans toutes les occasions de rejoüissance publique ; dans le premier Liv. des Machabées

Chap. XIII. *& intraverunt in eam cum laude & ramis palmarum.* Il y a donc bien de l'apparence que cette coutume étoit passée d'eux aux Grecs, qui celebroient même une fête particuliere qu'ils appelloient ὁ φρύεια, à cause des branches & des rameaux qu'on y portoit.

P. 4. Toute la Ville est pleine de fumée d'encens, elle retentit par tout de gemissemens & de prieres.] Non seulement ces Enfans & ces Vieillards sont assemblés dans cette place, mais on voit au loin des troupes de gens qui sacrifient, & qui chantent des hymnes. On ne sauroit voir une plus belle ouverture de Scene, ni un plus grand appareil : cela doit donner une assez grande idée d'un Theâtre où l'on pouvoit representer des pieces de cette nature, & de la dépense qu'on faisoit en ces occasions. Aussi les Anciens ont-ils parlé des sommes prodigieuses que les representations de cette piece coûtoient aux Atheniens.

Je n'ay envoyé personne vous demander le sujet de vôtre affliction, je suis venu l'apprendre moi-même.] C'est pour fonder la vrai-semblance de la sortie d'OEdipe; car on ne sauroit prendre trop de précaution quand on fait sortir les Roys de leur Palais. Oedipe auroit fort bien pû envoyer savoir d'où venoit le bruit qu'il entendoit; mais ce Prince ne sortant point, voila qui est fait, il n'y a point de Tragedie. Il faut donc trouver dans son caractere une raison naturelle pour le faire sortir. Cette raison est, d'un costé, sa curiosité, & de l'autre, l'amour qu'il a pour son peuple. Il dit lui-même ce qui l'a obligé de sortir, & cela fait un tres bon effet dans sa bouche. Les Rois & les Reines sortiront par tout de mesme quand on leur en donnera les mêmes pretextes & les mêmes raisons.

Moi Oedipe si celebre dans tout le monde.] Sophocle fait ici deux choses; il satisfait à l'impatience du spectateur qui souhaite de savoir le nom de celui qui parle, & il commence à découvrir une partie du caractére d'OEdipe, qui est son orgueil.

Mais vous, Veillard, parlés; car il n'est pas juste que ces jeunes gens par-

lent devant un homme de vôtre âge.] Il faut bien remarquer cette difposition. Sophocle a mis dans cette place les Enfans, & les facrificateurs. Les Enfans pour exciter la pitié, & les Sacrificateurs pour expliquer le fujet qui les amene; car comment les premiers auroient-ils pû faire la defcription de l'Etat de Thebes ? il n'y a ni vrai-femblance, ni bien-feance à faire parler ainfi des Enfans.

Eſt-ce le mal que vous ſouffrés, ou la crainte des maux à venir.] Cela eſt dit en deux mots en grec δέι παντες η ξέξαντες. Car c'eſt ainſi qu'il faut lire, & non pas ξέρξαντες qui ne ſauroit faire ici aucun ſens. ξέξαντες, vient de ξέχω qui ſignifie ſouvent, *ſouffrir*. πάντα ξέρμεν, dit S. Paul, *nous ſouffrons toutes choſes*.

P. 5. *Oedipe qui tenés ce Royaume fous vos loix.*] C'étoit là la maniere ancienne de parler aux Rois même, en les nommant par leur nom.

Ceux-là ſortent à peine de l'Enfance; Ceux-ci que vous voyez accablés ſous le poids des ans, ce font les principaux Sacrificateurs de tous nos Temples, & moi je ſuis le grand Prêtre de

sur l'OEdipe de Sophocle. 155

Jupiter.] Je me suis declaré contre la remarque du Scholiaste grec qui pretend que le grand Prêtre de Jupiter est seul ici avec cette troupe d'Enfans. Ce sentiment est ouvertement dementi par la suite ; car à la fin de l'Acte, aprés que les Enfans s'en sont allés pour faire assembler le peuple, les Vieillards restent & composent le Chœur. Ce Commentateur a mal conçû la disposition de cette Scene.

Le reste du peuple est dispersé dans les places au tour des deux Temples de Pallas.] Pallas avoit deux Temples dans Thebes, l'un sous le nom de *Minerva Onca* d'un mot Phœnicien que quelques-uns expliquent *grande*. Eschyle l'a fait invoquer sous ce nom dans ses sept chefs contre Thebes.

ἐν μάχαισί τε μάχαι.
ῥ ἄνασσ' Ὄγκα.

Reine Onca qui triomphés dans les combats. Et l'autre Temple étoit sous le nom de *Minerve Ismeniene*, à cause du Fleuve Ismenus qui passe à Thebes.

Et près de l'Autel prophetique d'If-menus.] Il y a dans le grec, *Et près de la cendre prophetique d'Ifmenus.* Il y avoit fur les bords de l'Ifmenus un Temple d'Apollon, où l'on ne predifoit l'avenir que par le feu ; c'eſt à dire qu'on ne confultoit que la flamme & la maniere dont le feu bruloit fur l'Autel.

P.6. Si nous sommes ici aux pieds de vos Autels, ce n'eſt pas que nous vous prenions pour un Dieu.] Il y a ici une bienfeance qu'on ne fauroit affez loüer ; ç'auroit été une impieté & un facrilege, que le grand Prêtre de Jupiter, & les Sacrificateurs des autres Dieux, euſſent quitté leurs Temples & leurs Autels pour aller rendre les honneurs divins à OEdipe, comme fi dans ces calamités horribles, ils pouvoient attendre plus de fecours d'un homme que de leurs Dieux. C'étoit un pernicieux exemple à donner aux peuples. Sophocle évite tous ces inconveniens en faifant parler ainfi ce grand Prêtre.

Mais nous nous adreſſons à vous comme au plus grand de tous les hommes.] Voila une adreſſe bien merveilleuſe pour augmenter le tragique de cette piece. Sophocle trouve un moyen tres naturel de faire admirer la fortune éclatante d'OEdipe. C'est le plus grand de tous les hommes ; tous ses sujets le regardent comme leur liberateur ; on voit là un Autel que ses sujets lui ont élevé à cause de sa grande sagesse, & ce même homme tombe ensuite par sa faute, dans les plus épouvantables de tous les malheurs, ce sont des coups de Maître, que ceux qui travaillent pour le Theâtre, ne sauroient trop étudier.

C'est vous qui en arrivant en cette ville, nous affranchîtes du cruel tribut que nous estions obligés de payer au Sphinx.] En expliquant le sujet qui les oblige de s'adresser à luy, ils expliquent une des principales particularitez de l'histoire d'OEdipe qui épousa Jocaste, & fut Roi de Thebes pour avoir expliqué seulement l'enigme du Sphinx.

Dans cette terrible occasion vous ne reçûtes aucun secours que des Dieux qui vous inspirerent.] Sophocle attribuë ici aux Dieux le bon esprit d'Oedipe, cela me paroît remarquable.

C'est pourquoi nous vous regardons

avec Justice.] Le grec dit plus fortement, *nous disons & nous sentons que vous estes, &c.* Il ne se contente pas de dire, *nous disons*, Car la flaterie peut faire donner aux Tyrans les plus grands titres ; mais il ajoûte, *nous sentons*, ce qui marque la disposition interieure de l'ame & une veritable persuasion.

P. 7. Soit en consultant les Dieux, ou en prenant quelque conseil des hommes.] Sophocle renferme dans ce seul vers, les deux seuls appuis, & les deux seules resources des Princes & des Etats, Dieu & le conseil des hommes sages ; ou plutôt ces deux n'en font qu'une ; car la sagesse des Ministres est un don de Dieu. Le grand Prêtre autorise par ces paroles ce qu'il vient de faire en quittant son Temple pour venir implorer la protection d'OEdipe.

Car je vois que les Sages trouvent souvent des resources seures, même dans les grands maux.] OEdipe avoit déja trouvé par sa sagesse un remede à leurs malheurs, en expliquant l'enigme du Sphinx ; c'est pourquoi le grand Prêtre dit, *je vois*; il n'y a rien de plus fensé, ny de plus touchant que tout ce difcours.

P. 8. Et que fans hommes les fortereffes & les Vaiffeaux font entierement inutiles.] C'eſt ce que Demoſtene dit aprés Sophocle. *Les Villes, ce font les hommes & non pas les murs.*

Enfans malheureux.] OEdipe s'adreſſe toûjours aux Enfans, & parce qu'ils faifoient le plus grand nombre, & parce qu'ils attirent particulierement la pitié.

Mais ce que vous fouffrés, n'eſt rien auprés de ce que je fouffre; chacun de vous ne fent que fon mal; & mon ame eſt tout à la fois accablée par fa douleur, par la vôtre, & par celle de tout mon peuple.] C'eſt une belle defcription d'un bon Prince. Il faut remarquer comme Sophocle embellit ce caractere, en confervant le fond qu'il a voulu lui donner; Car on va voir que toutes les vertus dont il l'embellit, ne détruifent pas les vices qui font fes principaux traits, & voila de quelle maniere Sophocle a fçû faire les hommes femblables, en les faifant meilleurs, comme Ariſtote s'explique dans fa poëtique.

Ne croyez pas que vos cris m'ayent éveillé.] Sophocle explique ici adroitement le tems ou commence sa piece. C'est aprés le lever du Soleil.

J'ay déja versé des torrens de larmes.] Aujourd'hui beaucoup de gens ne peuvent souffrir ces larmes que les Anciens font souvent verser à leurs Heros; ils trouvent qu'il n'y a rien de plus risible, qu'un Heros qui pleure; mais cela vient de la foiblesse de leur jugement, & du peu de connoissance qu'ils ont de la nature; quand Homere a fait pleurer Achile & Virgile Enée, ils savoient fort bien que ces larmes ne pouvoient les deshonnorer, & qu'il y a des occasions où les Heros peuvent pleurer, & où ils le doivent même. Alexandre & Cesar ont pleuré & tout ce qu'il y a de plus grand parmi les hommes.

P. 9. J'ay envoyé le fils de Menecée Creon mon beaufrere au Temple d'Apollon.] OEdipe avoit eu recours aux Dieux, avant que le grand Prêtre lui en eust donné le conseil; cela étoit necessaire pour la beauté du caractere; c'est ainsi qu'Homere en use à l'égard d'Agamemnon, & cela étoit

étoit encore plus necessaire pour fonder le retour de Creon qui va paroître tout à l'heure.

Quand il sera revenu, je veux passer pour le plus méchant de tous les hommes, si je n'execute tout ce que le Dieu aura ordonné.] OEdipe commence à declarer ici ce fond d'orgueil, de temerité & de presomption qui est dans son caractere.

Vous venés, Seigneur, de parler de Creon fort à propos, ces Enfans m'apprennent son arrivée.] Le grand Prêtre qui étoit tourné du côté d'OEdipe, ne pouvoit voir ce qui se passoit derriere lui, mais les Enfans qui étoient à genoux autour de l'Autel, le voyoient fort bien. C'est pourquoi ils l'avertissent de l'arrivée de Creon. Car il ne faut pas s'imaginer que Sophocle ait fait découvrir Creon par ces Enfans, parce qu'ils ont de meilleurs yeux que les Vieillards.

P. 10. *Autrement nous ne le verrions pas couronné de Lauriers.*] Ceux qui revenoient de Delphes, & qui avoient reçu une réponse favorable, portoient d'ordinaire une couronne de laurier, eux & toute leur suite;

comme cela paroist par la premiere Scene du Plutus d'Aristophane, où un valet dit à son Maître, *vous ne me battrés pas au moins pendant que j'auray cette couronne sur la tête.*

REMARQUES

Sur la seconde Scene du premier Acte.

P. 11. *JE vous apporte une fort bonne réponse Seigneur, car j'ay à vous dire que tous nos malheurs finiront si nous éloignons de nous ce qui les attire.*] Creon dit ici en termes couverts le sens de l'Oracle, qu'il explique plus ouvertement dans les vers 97. & 98.

P. 12. *Parlez devant tout le monde, je ne suis pas si fort en peine pour moi-même, que je le suis pour ce pauvre peuple.*] La bonté que Sophocle donne à OEdipe lui fournit un pretexte tres specieux de rendre public le raport que Creon doit faire de l'Oracle qu'il a reçû ; car tout doit estre exposé aux yeux du Spectateur, & par là on voit avec quelle vrai-semblance, ou plutôt avec quelle necessité ce Poëte fait donner à toutes les parties de son action, cette *visibilité* qui leur est necessaire, & sans laquelle la Tragedie ne sauroit subsister. Si ce raport étoit fait dans le Palais, il n'y auroit plus de Tragedie.

Apollon nous ordonne ouvertement.] Il dit *ouvertement*, afin que le Roi ne tire pas de l'obscurité de l'Oracle un pretexte de le negliger.

P. 14. *Fut-ce dans sa maison, à la Campagne, ou dans quelque terre étrangere que Lajus fut tué.*] Voici l'unique deffaut du sujet de cette Tragedie ; c'est l'incident qu'Aristote appelle sans raison ; car il est sans raison qu'Œdipe ait été marié si long temps avec Jocaste, sans avoir sçû de quelle maniere Lajus avoit été tué ; & sans avoir fait une recherche exacte de ce meurtre ; mais Aristote remarque fort bien que Sophocle a corrigé autant qu'il étoit possible ce deffaut, en ce qu'il l'a mis hors de l'action qui fait le veritable sujet de sa piece ; c'est une chose déja faite, & qui a precedé le jour de l'action; le Poëte n'est responsable que des incidens qui entrent dans la composition de son sujet, & non pas de ceux qui le precedent ou qui le suivent; c'est pourquoi Aristote établit dans le Chap. XVI. de sa Poëtique, cette regle tres judicieuse, *Il faut absolument que dans tous les incidens qui composent la fable, il n'y ait rien qui soit sans raison, ou si cela est impossible, on doit faire en sorte, que ce qui est sans raison se trouve toûjours hors de la Tragedie, comme Sophocle l'a sagement observé dans son Oedipe.* Il repete la même chose dans le Chap. XXV. *Il doit aussi tâcher de ne rien mettre dans son sujet qui n'ait sa raison, & si cela est entierement impossible, il faut que ce qu'il y aura de déraisonnable soit hors du sujet, comme dans l'OEdipe, l'ignorance où est ce Prince de la maniere dont Lajus a été tué.*

P. 15. *Il dit que des voleurs l'ayant attaqué, il fut accablé sous le nombre.*] Cela n'étoit pas vrai, OEdipe étoit seul quand il tua Lajus; mais si ce Domestique eust dit la verité, le nœud de cette piece feroit trop court & trop peu embaraffé, & la recherche trop aifée à faire. Voila pourquoi Sophocle a recours à ce menfonge qui eft tres vrai-femblable ; car ce Valet pouvoit fort bien avoir dit cela exprés pour fauver l'honneur de fon Maître, & pour excufer fa fuite.

Comment des voleurs auroient-ils entrepris une action fi hardie, fi on ne les avoit apoftez d'ici.] OEdipe entre en quelque foupçon que Creon avoit fait tuer Lajus pour regner en fa place.

P. 16. Mais moy je le decouvriray.] OEdipe develope peu à peu fon caractere qui eft la curiofité, la violence & la prefomption. Il croyoit qu'il n'y avoit rien d'impoffible à fon efprit ; cette prefomption le porte à dire une verité qu'il ne connoiffoit pas ; car en effet il découvre feul ce crime, mais c'eft pour fon malheur.

Que j'expierai cette terre & que je juftifierai l'Oracle du Dieu.] Il le fera auffi, mais d'une maniere bien differente de celle dont il l'entendoit. Tout ce difcours eft tres tragique & fait un fort grand plaifir au Spectateur.

P. 17. Ce n'eſt point pour des amis & des alliez.] Il croyoit ne pourſuivre que les meurtriers du mari de ſa femme, & il pourſuit le meurtrier de ſon pere, & ce meutrier c'eſt lui-même.

En travaillant donc à ſa vengeance, je pourvois en même temps à ma ſeureté.] Ce ſera tout le contraire, & c'eſt ce qui touche le ſpectateur.

En prenant dans vos mains ces branches ſacrées.] Car ils les avoient poſées au pied de l'Autel ſelon la coutume.

REMARQUES

Sur le premier Intermede, ou le premier Chœur.

ON a vû dans les remarques ſur la Poëtique d'Ariſtote que la Tragedie étant la repreſentation d'une action publique & viſible, & qui est faite par des personnages illustres & de la plus grande élevation, il n'est ni vrai-semblable ni possible que cette action se passe en public sans qu'il y ait beaucoup de gens autres que les Acteurs, qui y soient interessez & dont la fortune dépende de celle de ces premiers personnages ; & voila les gens qui composent le Chœur. Ils sont spectateurs de l'action, mais spectateurs interessés, & qui font tellement partie du tout, que sans Chœur il n'y a plus de Tragedie. La principalle fonction du Chœur est de marquer par ses chants les intervalles de Actes pendant que les Acteurs que la necessité de l'action a fait sortir de la Scene, sour absens. La question est de savoir ici, qui sont ceux qui composent le Chœur de cette piece. Le Scholiaste grec pretend que dans le moment que le grand Prêtre s'en va avec cette troupe d'Enfans, il arrive un certain nombre d'Habitans de Thebes qui font le Chœur ; mais cette opinion ne me paroît nullement soûtenable : car d'où ces Vieillards savent-ils l'Oracle que Creon vient de raporter, s'ils ne sont que d'arriver fur le Theatre ? D'ailleurs ce n'eſt pas la coûtume du Chœur de ſe mettre à chanter en arrivant, la vrai-ſemblance veut qu'il prenne auparavant poſſeſſion du Theatre & qu'il ſoit inſtruit de ce qui vient de ſe paſſer, afin qu'il puiſſe y faire les reflexions convenables, & qu'il parle de ce qu'il a à craindre ou a eſperer. Sophocle a fait tout ce qu'il devoit pour prévenir cette erreur ; car il a expliqué tres clairement tous ceux qui ſont ſur la Scene, il a fait voir d'un côté une troupe d'Enfans avec le grand Prêtre de Jupiter à leur tête, & de l'autre les Sacrificateurs des autres temples ; le grand Prêtre de Jupiter ſe retire aprés avoir fait ce qui étoit de ſon miniſtere, car il n'étoit pas de la dignité du grand Prêtre de n'être qu'un perſonnage du Chœur, & il emmene avec lui ces Enfans qui ne pouvoient pas non plus compoſer le Chœur ; car un Chœur d'Enfans ne convient nullement à une Tragedie, parce qu'ils n'ont ni l'experience, ni la capacité neceſſaire pour en faire les fonctions ; non ſeulement les Anciens, n'ont jamais fait

fait un Chœur d'Enfans ; mais ils n'ont même jamais fait parler des Enfans sur le Theatre. Ceux qui paroissent sur cette Scene, sont des Acteurs muets, & Sophocle les met sous la conduite du grand Prêtre qui parle pour eux. Il ne reste donc que les Sacrificateurs des autres Temples qui font ici le Chœur pendant que les principaux Citoyens s'assemblent & se joignent à eux. On va voir comment le Chœur sert à la continuité de l'action, & comment il ne dit rien qui ne convienne au sujet de la piece. Creon vient de raporter un Oracle ; il s'agit de savoir ce qu'il signifie & de trouver les moyens de l'accomplir ; c'est par là que le Chœur commence ses reflexions, & il implore ensuite le secours des Dieux en faisant une peinture admirable de la peste qui les consumoit. On ne persuadera jamais à des gens de bon goût, que nos violons remplissent mieux les intervalles des Actes, qu'un Chœur comme celui-ci ; mais il a été assés parlé de cette erreur dans les Remarques sur la Poëtique d'Aristote. J'ajouterai seulement ici que sans Chœur on ne réussira jamais à bien conduire ce sujet comme Sophocle y a réussi ; les actions qui commencent par l'assemblée du Peuple, avant que les principaux personnages paroissent, ne sauroient subsister sans Chœur, & c'est ce qui a privé nôtre Theatre de ces sortes d'actions qui sont les plus surprenantes & les plus touchantes par consequent. Pour sentir cette verité on n'a qu'à comparer l'ouverture de Scene de cette piece avec celle de Monsieur Corneille, celle de Sophocle est plus tragique sans comparaison.

P. 18. Divin Oracle de Jupiter.] Il appelle l'Oracle d'Apollon *Oracle de Iupiter*, parce qu'Apollon n'est que l'Interprete des volontés de ce Dieu & qu'il ne fait qu'annoncer l'ordre de sa providence.

Qui du superbe Temple de Pytho.] Il y a dans le grec, qui *du riche Temple de Pytho*, & il appelle ce Temple *riche* à cause des grands dons qu'on y avoit faits, ou parce que le lieu d'où sortoit l'Oracle, étoit bâty de mille euilles d'or dont Cresus avoit fait present.

P. 19. *Dites le moy divin Oracle, fils immortel de la douce Espérance.*] L'Oracle est appellé premierement *immortel* parce que les veritez sont éternelles, & que les paroles de Dieu ne passent jamais ; & il est appellé *fils de l'Espérance* parce que c'est l'Espérance seule qui porte les hommes à avoir recours à la Divinité.

Si vous avez déja eu la bonté d'éloigner de nous les maux qui nous devoroient.] Car c'étoit ces mêmes Dieux qui les avoient délivrés du Sphinx, en inspirant Oedipe comme Sophocle là déja dit.

P. 22. *Et je le conjure de venir à nôtre secours avec ses torches allumées.*] Les Anciens donnoient des torches à Bacchus, soit pour faire souvenir qu'il étoit né parmi les feux, sa mere ayant été consumée par les foudres de Jupiter, soit pour marquer les effets du vin. On avoit institué à Bacchus sous le nom de *Bacchus le porte flambeau*, Baccho λαμπτῆρι une fête appellée *la Fête des flambeaux* λαμπτηρεία ἑορτή. Le Chœur appelle ici Bacchus avec ses torches parce que le vin & le feu sont des preservatifs contre la peste.

REMARQUES
SUR LA PREMIERE SCENE
De l'Acte II.

P. 23. M*Oy qui n'avois jamais entendu parler de ce meurtre, & qui ne puis être soubçonné d'y avoir aucune part.*] Il veut faire entendre qu'étant étranger, il est le seul qu'on ne puisse soubçonner d'avoir commis ce crime, au lieu qu'il n'y a pas un Thebain sur lequel ce soupçon ne puisse tomber; mais plus il se croit innocent, plus on est surpris qu'il se trouve enfin seul coupable.

Je n'entreprendrois pas la recherche de ce crime si je n'en avois déja des indices seurs.] Il dit cela pour obliger le coupable à se déclarer. Tout ce discours d'OEdipe répond fort bien à son caractere. Il se lie par des imprecations qu'il ne devoit pas prononcer si legerement, sur tout après l'Oracle qu'il avoit reçû & qui lui avoit predit qu'il tueroit son pere.

P. 24. Puisque je suis donc presentement du nombre de vos Citoyens.] Il les fait toûjours souvenir qu'il étoit étranger, & en même temps, il les flatte en ne prenant que le titre de Citoyen.

Je deffends à tous mes sujets.] Il n'y a rien de plus terrible, ni de plus pitoiable que toutes ces imprecations qu'OEdipe prononce contre lui même sans le sçavoir.

P. 25. Et de luy faire aucune part des eaux sacrées.] Avant le sacrifice, tous ceux qui y participoient, lavoient ensemble leurs mains avec l'eau lustrale, & quand le sacrifice étoit achevé, on prenoit sur l'Autel un tison ardent, qu'on trempoit dans la même eau, & on s'en servoit pour en répandre sur toute l'Assemblée que l'on achevoit de purifier par ce moyen. C'étoit une excommunication parmi les Grecs que d'être privé de participer à cette eau lustrale, comme chez les Romains quand on interdisoit le feu & l'eau.

Je prie donc les Dieux de tout mon cœur que celui qui a commis ce crime.] OEdipe prononce ces maledictions avec trop de violence & d'emportement, & par-là il découvre admirablement son caractere. Il n'y a rien de plus tragique que tout ce discours. Les Anciens étoient persuadés que rien ne détournoit l'effet des maledictions, & qu'on ne pouvoit les expier par aucun sacrifice. On peut voir ce qui a été remarqué sur ce mot d'Horace liv. 5. od. v. *dira detestatio nulla expiatur victima.*
Je laisse à penser la terreur & la compassion que ces imprecations prononcées par OEdipe faisoient sur l'esprit d'un Peuple qui en avoit tant d'horreur.

P. 26. *Si son fils vivoit encore il m'appelleroit son pere.*] Qu'elle terreur & quelle compassion cela n'excite-t-il pas dans l'esprit d'un Spectateur qui sait que ce fils n'est pas mort & que c'est lui-même ; mais Sophocle fait encore entendre par ces mots que Jocaste n'avoit point d'autres enfans de Lajus ; s'il y avoit eu des filles déja grandes, il auroit fallu les faire paroître, ce qui n'auroit pas été goûté d'un Peuple aussi delicat que les Atheniens ; car de quels yeux une fille de Lajus auroit-elle pû regarder Oedipe, qui auroit été en même temps son frere & le mari de sa mere ? M. Corneille n'a pas connu cette sagesse de Sophocle, où il n'a pas jugé à propos de l'imiter ; bien loin de supprimer des enfans de Lajus & de Jocaste, s'il y en avoit eu. il leur a donné une fille qu'il applle Dircé, & dont il fait que Thesée est amoureux.

Toutes ces raisons m'obligent d'entreprendre la vengeance de ce Prince comme pour mon propre pere.] Le Scholiaste remarque que ces pensées, & ces expressions ne sont pas assez graves n'y assés nobles pour la Tragedie, mais qu'elles sont tres propres à toucher les Spectateurs. Il ajoûte qu'Euripide en est plein, & que Sophocle ne s'en sert que rarement & lors qu'il s'agit de faire une impression tres-forte. Mais je ne sai pas surquoi il fonde ce sentiment ; car je ne vois rien ici qui soit indigne de la Tragedie, qui n'est nullement ennemie de la simplicité.

P. 27. Seigneur en me soumettant à toutes vos imprecations] Le Chœur fait dans le cours des Actes le personnage d'un Acteur, & c'est le Coryphée qui parle pour toute la troupe, comme cela a été expliqué au long dans la Poëtique.

P. 28. Car sur l'avis que Creon m'en a donné] C'est ce qui fonde dans la suite les soubçons qu'Oedipe conçoit contre Creon ; il ne doit pas y avoir dans une piece la moindre particularité dont le Poëte ne jette les fondemens, & dont il n'explique la cause.

REMARQUES

SUR LA SECONDE SCENE

Du second Acte.

P. 31. Helas, helas que la science est souvent malheureuse.] Tiresias craint avec raison d'at-

sur l'OEdipe de Sophocle. 177
tirer l'indignation du Roi, soit qu'il parle où qu'il se taise ; il dit ces paroles à demy bas & en se tournant du côté des Spectateurs.

P. 32. *Vos malheurs seront plus supportables si vous suivez mon conseil.*] Il y a dans le grec, *Vous supporterez plus aisement vôtre fortune & moy la mienne*, & il veut dire qu'il s'en trouvera mieux & lui aussi, mais cela n'a pas de grace en nôtre langue, & je l'ay mis comme nous le mettrions aujourd'hui.

P. 33. *Je ne saurai rien ? le plus méchant de tous les hommes.*] Voycy les violences & l'emportement d'OEdipe. Tout ce que Tiresias luy dit, ne fait qu'irriter sa curiosité.

P. 35. *Vous avez raison, & moi je vous declare que vous vous estes lié vous-même par les imprecations que vous avez prononcées.*] Tiresias lui parle tres-ouvertement, cependant il demeure incredule & aveugle, & cela est tres vrai-semblable ; car OEdipe prend ces paroles de Tiresias ou pour un effet de sa colere, ou pour les suites d'un complot fait avec Creon, cela est conduit avec une adresse merveilleuse. On ne sera pas étonné de la liberté avec laquelle Tiresias parle à OEdipe, si l'on se souvient de la liberté avec laquelle les Prophetes parloient autrefois aux Rois d'Israël & de Juda.

P. 36. *Qui t'a enseigné cette verité? ce n'est pas par ton art que tu l'as apprise.*] OEdipe lui reproche en paroles couvertes que c'est Creon qui l'a suborné pour semer cette imposture.

C'est vous, car vous m'avez forcé de parler malgré moi.] Car cette verité que Tiresias savoit, auroit été comme nulle, si OEdipe ne l'avoit forcé de la declarer. Une chose cachée, est presque comme si elle n'étoit pas.

Ne m'avez vous pas assez entendu, & venez-vous ici me tenter.] Tireresias croit qu'OEdipe ne lui veut faire redire ce qu'il a dit, que pour voir s'il dira toûjours la même chose, & s'il ne variera point.

P. 38. *Je n'apprehende pas de mourir de vôtre main, Apollon est ma sauvegarde, il vangeroit cherement ma mort.*] Tiresias fait par là deux choses, il rend raison de la liberté avec laquelle il parle au Roi, & il se met sous la protection du peuple qui l'écoute.

P. 39. Richesse, Royauté, Sagesse qui surpassez tous les Arts, & qui estes le souverain bien des hommes.] OEdipe fait éclater ici les soubçons qu'il a contre Creon, & tout cela est conduit avec beaucoup de vrai-semblance.

Car dis moy malheureux, comment seroit-il possible que tu fusses un devin lors que ce pays estoit desolé par un monstre horrible.] OEdipe ne pouvoit jamais mieux éluder les veritez que lui dit Tiresias, ny rendre ce Prophete plus suspect ou d'ignorance ou de mensonge, qu'en faisant voir par un exemple tres plausible, qu'il n'étoit pas Prophete, puisqu'il n'avoit pas expliqué l'énigme du Sphinx, cela fonde en mesme temps l'incredulité & l'aveuglement de ce Prince, qui se méconnoît toûjours malgré toutes les lumieres qu'on lui donne.

P. 40. Seigneur il paroît trop de colere dans ce que Tiresias a dit &

dans tout ce que vous lui avez repondu. C'étoit une des fonctions du Chœur, d'appaiser ceux qui étoient en colere, comme Horace l'a expliqué dans son Art Poëtique.

Ille bonis faveatque & concilietur amicis,
Et regat iratos.

Qu'il protege toûjours les gens de bien, qu'il soûtienne les interests de ses amis, & qu'il tâche d'appaiser ceux qui sont en colere.

P. 41. *Quoi que vous soyez Roi, je ne laisse pas d'être en droit de vous répondre.*] C'est pour excuser la liberté avec laquelle il parle au Roi.

P. 42. *Qui vont vous mettre vous même au nombre de vos enfans.*] Car il étoit le frere des Enfans qu'il avoit eus de sa mere.

P. 44. *Je vous dis donc que l'homme que vous cherchez pour le meurtre de Lajus est ici.*] Tiresias dit tout ce qui doit arriver dans la suite; mais il le dit d'une maniere obscure & énigmatique, afin que le denouement ne soit pas si tôt connu,

& par là Sophocle donne au caracte-re de Tiresias tout ce qu'il doit avoir, & il embarrasse davantage le nœud de la Fable.

REMARQUES SUR L'INTERMEDE

Du second Acte.

P. 45. *STrophe.*] Les mots *Strophe & Antistrophe*, marquent le mouvement que le Chœur faisoit en chantant ; quand il chantoit la Strophe, il se tournoit de la droite à la gauche, & quand il chantoit l'Antistrophe, il se tournoit de la gauche à la droite. Je croi que le Chœur étoit partagé en deux bandes, comme chez les Hebreux ; la Troupe qui étoit à la droite commençoit, & s'avançoit vers la gauche jusqu'à la moitié du Theâtre, c'étoit la Strophe. Quand elle avoit fini, la gauche répondoit en s'avançant vers la droite, & c'étoit l'Antistrophe.

Qui est donc celui que le Divin Oracle de Delphes.] Le Chœur vient d'entendre tout ce que Tiresias a dit d'OEdipe ; Il est donc violemment combatu entre la soumission qu'il doit avoir pour le Prophete, & la bonne opinion qu'il à de son Roy ; mais comme il est entierement dans les interests de ce Prince, il se declare en sa faveur. Voila la matiere de ce second Intermede qui convient parfaitement au sujet, & qui sert à la continuité de l'action autant que tout le reste.

P. 46. *Car le fils de Jupiter armé de ses feux & de ses éclairs.*) C'est Apollon qui ordonne de chercher le meurtrier de Lajus, & de le punir, & il est impossible que ce malheureux se cache devant un Dieu qui est environné de tant de lumiere.

Les Parques impitoyables, & que l'on ne trompe jamais, le poursuivent.] Les Parques, c'est à dire les destinées qui ne font qu'executer & mettre en évidence ce que Dieu a resolu, & voicy le jour terrible ou ce malheureux doit estre puni de ses crimes.

sur l'Œdipe de Sophocle. 183

Ce malheureux fuit au travers des Forêts & des Montagnes; Il cherche les antres & le creux des rochers.) Le Chœur aime à se flatter pour l'amour d'Œdipe, & il fait tout ce qu'il peut pour se persuader que ce n'est pas ce Prince qui a tué Lajus; mais dit-on, comment le Chœur peut-il en douter apiés que Tiresias a parlé si ouvertement, & qu'il a dit à Œdipe, *C'est vous-même*, Tiresias n'a parlé ainsi à ce Prince, qu'apiés avoir été accusé lui même, & par là il s'est rendu justement suspect. Le Chœur explique d'ailleurs toutes les raisons qu'il a de ne pas ajouter foi à une accusation si atroce, & il est tres bien fondé à croire que le criminel n'a pas attendu dans le Royaume la rigueur des loix, & qu'il s'est condamné lui-même à un exil selon la coutume.

P. 47. Mais les Oracles des Dieux sont toûjours immortels & inevitables.) Cette verité s'accomplira sur Œdipe, contre l'attente du Chœur, & c'est ce qu'il y a de terrible.

Le sage Prophete vient ici nous troubler par ses fâcheuses explications que je n'ose ni croire, ni rejetter.] Il n'ose les croire à cause de la grande opinion qu'il a d'Œdipe, dont il connoît la sagesse, & il n'ose les rejetter parce que Tiresias en est l'Autheur, & que c'est le plus seur & le plus éclairé de tous les Prophetes.

Mon esprit est balancé entre la crainte & l'esperance.] Il craint à cause de la grande habileté de Tiresias qui n'a jamais dit que la verité, & il espere à cause de la sagesse d'Œdipe qui lui paroît incapable de commettre un crime.

Je n'ay pourtant jamais oüi dire qu'il y eust eu aucun different entre le Roi Lajus & le fils de Polybe.) Il cherche à se determiner par une circonstance tirée du passé & qui paroît tres vrai-semblable; c'est que Lajus & Œdipe, qu'il croit toûjours le fils de Polybe Roy de Corinthe, n'avoient jamais rien eu à demêler. Œdipe n'auroit pas tué Lajus sans quelque raison apparente.

Cependant Jupiter & Apollon sont sages, ils connoissent toutes les actions des hommes.) Pour ne pas se rendre criminel envers Apollon & Jupiter;

ter ; voici l'expedient que trouve le Chœur, il dit qu'il eſt certain que les Dieux ne ſe trompent jamais, mais que les hommes ſe trompent ſouvent. Les Prophetes peuvent eſtre plus éclairés que les autres hommes, mais leur ſcience eſt toûjours incertaine, & ſouvent leurs Oracles ſont plutôt des conjectures qu'ils tirent par la force de leur eſprit, que des veritès certaines & infaillibles.

REMARQUES

SUR LA PREMIERE SCENE

Du troiſiéme Acte.

P. 49. T*Hebains je vient vers vous, car je ne puis ſupporter la terrible nouvelle qu'on vient de m'apprendre.*) Le caractere de Creon eſt entierement oppoſé à celui d'OEdipe ; il eſt plein de ſageſſe & de moderation, & bien loin de vouloir approfondir par une curioſité déreglée ce qui eſt caché, il ne dit pas tout ce qu'il fait, & de peur d'être foubçonné d'agir par intereft, il fe repofe fur les Dieux du foin d'accomplir & de verifier leurs Oracles.

Si dans un temps de calamité comme celui-ci, il croit que j'ay confpiré contre lui.] Il veut dire qu'il faut être le plus méchant & le plus infenfé de tous les hommes, pour penfer à commettre une fi grande injuftice dans un temps de pefte ; c'eft à dire, lors qu'on eft menacé d'une promte mort.

P. 50. *A-t-il peu de fens raffis & avec une contenance affeurée.*] Comme le Chœur vient de dire qu'il ne fait pas quelle étoit la penfée du Roy, Creon pour la deviner, tâche de découvrir en quel état il étoit quand il a proferé contre lui cette calomnie; car les gens fages ont le regard fixe & la contenance affeurée, & ceux qui font hors de leur bon fens ont les yeux égarez, & leur trouble paroît dans leur gefte & dans leur démarche.

REMARQUES

SUR LA SECONDE SCENE

Du troisiéme Acte.

P. 51. *AS-tu remarqué en moi de la lâcheté ou de la folie, que tu ayes entrepris un si hardi dessein.*] Car voila les deux causes les plus ordinaires des conspirations que l'on a faites contre les Princes, la folie qui les a portés à commettre des injustices ; & la lâcheté qui les a fait méprisér, & qui a persuadé qu'il n'y avoit rien de plus aisé que de les détruire ; c'est ce que mille exemples ont justifié. On a qu'à voir le V. Livre des Politiques d'Aristote.

P. 52. *N'est-ce pas la plus folle de toutes les entreprises que d'aspirer à la Royauté sans troupes & sans amis.*) OEdipe croit que Creon n'a conspiré contre lui, qu'en faisant semer par Tiresias de faux discours pour le faire chasser du Trône. Mais que savoit-il si en même tems il n'avoit pas gagné des Troupes & pratiqué des amis? OEdipe est imprudent à son ordinaire.

P. 53. *N'est-ce pas toy qui m'as conseillé d'envoyer chercher ce venerable Prophete.*) C'est pourquoi il a dit au commencement qu'il avoit envoyé chercher Tiresias par l'avis de Creon.

P. 54. *Ce Prophete se mesloit-il alors de cet Art?*] OEdipe pour juger de la verité de ce que Tiresias lui a dit, veut savoir s'il a toûjours tenu le même langage.

P. 55. *Fort souvent, mais il ne nous a jamais parlé de vous.*) Tiresias n'avoit garde de parler de lui, le voyant sur le Trône.

P. 56. *Si le Prophete l'a dit, vous le savez.*) Creon ne doute pas que cela ne soit, puisque le Prophete l'a dit.

P. 57. *Seigneur, n'est-il pas vrai que vous avez épousé ma sœur.*) Creon laisse là ce que dit le Prophete & ne songe qu'à se justifier.

P. 58. *On ne monte pas tout d'un coup à ce degré de folie.*) Cela est certain ; tout homme qui est capable d'une telle extravagance, ne commence pas à se declarer par-là : Il est impossible qu'il n'ait déja fait d'autres folies qui ont dû le faire connoître.

P. 59. *Et je vous dis que de se priver d'un ami fidelle, c'est se priver de sa propre vie, qui est ce que l'on a de plus cher ?*] Puisqu'il n'y a que l'amitié qui puisse rendre la vie heureuse, Il n'y a rien de plus cher, ni de si precieux qu'un ami, c'est une verité constante.

P. 60. *Il n'y a que lui qui puisse faire connoître les gens de bien, & un seul jour suffit pour faire connoître les méchans.*] C'est un principe admirable ; Toute la vie est necessaire pour former l'homme de bien ; car pour avoir fait ni vingt, ni cent actions honnêtes, on ne merite pas ce beau titre. Il faut que toutes les actions le soient, les actions reïterées le forment & la derniere l'acheve. Il n'en est pas de même des méchans, une seule mauvaise action les fait assez connoître ; il n'en faut pas davantage pour en bien juger.

P. 61. *Quand il se sert legitimement de sa puissance.*] Celui qui parle, c'est le frere de la Reine, c'est celui à qui le Roiaume appartenoit legitimement aprés la mort de Lajus, ainſi il pouvoit dire ce qui 'auroit paru trop hardi dans la bouche d'un particulier, quoi que ce fuſt là le ſentiment general de tous les peuples & ſur tout des Atheniens. Il n'y a eu que la veritable Religion qui ait enſeigné aux hommes à obeïr non ſeulement aux bons Princes, mais aux plus injuſtes & à ceux qui abuſent de leur autorité; car il n'y a qu'elle qui ait donné l'idée de la veriteble juſtice. Aſſujettir les Rois à rendre raiſon de leurs actions, c'eſt la plus grande toutes les injuſtices ; car c'eſt faire des Rois, des ſujets, & des ſujets des Rois.

O Thebes, Thebes] OEdipe implore le ſecours des Thebains contre un Prince deſ-obeïſſant & rebelle.

P. 62. *Il m'eſt permis comme à vous de crier Thebes, Thebes.*] Creon reproche par là à OEdipe qu'il eſt étranger, & il lui fait entendre que pour lui, il eſt de la famille Royalle, & qu'ainſi les Thebains reſpecteront un Prince qui devroit leur commander.

REMARQUES
SUR LA TROISIEME SCENE
Du troisième Acte.

P. 63. Car il pretend m'envoyer en exil ou me livrer à une mort honteuse.] Il n'est pas vrai qu'Œdipe pretendist l'envoyer en exil, il vouloit le faire mourir ; mais Creon à plus d'égard ici à ce que le Roi pouvoit, qu'à ce qu'il vouloit faire. Les Thebains n'auroient jamais consenti à sa mort.

P. 65. Non, j'en atteste le plus grand des Dieux.] Le Chœur répond au reproche qu'Oedipe vient de lui faire en le regardant comme complice de la conspiration.

Le plus grand des Dieux, ce Soleil pere de la lumiere.] Il appelle le Soleil le plus grand des Dieux : parce qu'on le regardoit comme le Maître du monde sensible, & comme aydant le premier des Dieux à le gouverner.

Auſſi diſoit-on de lui que ſa puiſſance étoit égalle à celle de ſon pere, & Callimaque a dit en propres termes, *qu'il peut tout, parce qu'il eſt aſſis à la droite de Jupiter.*

Que je puiſſe mourir ſans amis, ſans Dieux, de la mort la plus affreuſe.] Il n'y a rien a ajoûter à cette imprecation. Le Chœur regarde comme une malediction horrible de mourir ſans amis. Cela eſt remarquable.

P. 66. *Les naturels comme le vôtre ſont inſuportables à eux-mêmes.*] Cela eſt ſi vrai que c'eſt ſon naturel ſeul qui eſt la cauſe de ſa perte; car ce ſont ſes violences, ſon opiniaſtreté, ſes ſoubçons qui lui attirent tous ſes malheurs. Sophocle ne laiſſe pas paſſer une occaſion de faire ſouvenir du caractere d'OEdipe.

P. 67. *Ils ont eu enſemble des paroles ſur des rapports fort incertains, on ſe pique ſouvent ſur des ſoubçons injuſtes.*] Le Chœur accuſe également les deux Princes, ou plutôt il les juſtifie tous deux également.

P. 70. *Seigneur ne penſez plus à ce que le Prophete a dit de vous.*] Jocaſte en voulant raſſeurer OEdipe contre

les

les discours de Tiresias, ne fait qu'augmenter son trouble; Il y a là une conduitte & une addresse qu'on ne sauroit trop admirer.

Je ne dis pas que cet oracle vint d'Apollon, il venoit sans doute de quelqu'un de ses Prêtres.] Elle ne veut pas accuser Apollon de mensonge &, elle se contente d'en accuser les Prêtres, cela suffit pour son dessein. Voila le chemin que tiennent ordinairement les Impies quand ils veulent combattre la Religion, & détruire des veritez qui les tourmentent ou qui les gênent.

P. 71. *Et là vous voyez bien qu'Apollon ne le fit pas devenir le meurtrier de son pere.*] Elle dit cela en se moquant de l'Oracle.

Quand Dieu veut mettre quelque chose en évidence, il sait bien les moiens d'y réussir.) Comme elle a accusé de mensonge & de fausseté l'Oracle qui fut rendu à Lajus, elle veut rendre aussi suspect celui que Creon venoit de rapporter; c'est pourquoi elle dit à Oedipe qu'il n'a qu'à se tenir en repos, sans se donner autrement la peine d'expliquer cet Oracle,

R

car s'il vient d'un homme il tombera de lui même, & s'il vient de Dieu, Dieu trouvera aisément le moien de se faire entendre en découvrant ce qui paroissoit si caché. Ce que Jocaste dit avec quelque sorte d'impieté, est admirable, car elle établit & confirme ce qu'elle voudroit détruire ou décrier.

P. 72. *Il me semble que vous m'avez dit que Lajus fut tué dans un chemin qui se partage en trois routes.*) Eschyle dans son OEdipe avoit marqué de même le lieu où Lajus avoit été tué, car il faisoit dire par le Pasteur.

— ἐπειδὴ τῆς ὁδοῦ τροχήλατον
Σχίσης κελεύθου τρίοδον, ἔνθα συμβολὰς
τριῶν κέλευθον πότνιάδων ἠμείβομεν

Nous marchions dans le grand chemin de Delphes, & quand nous fûmes dans le carrefour des trois Potniades, où le chemin se partage en trois routes, &c.

P. 74. *Ils n'étoient que cinq en tout, le Heraut étoit même compris dans ce nombre, & Lajus n'avoit qu'un char.*) Seneque trompé par les mœurs de son tems, & méprisant la simplicité des tems heroïques, a crû qu'une si petite escorte ne convenoit pas à un Roy : c'est pourquoi il a mieux aimé faire une impertinence que de suivre cette simplicité ; car il dit que Laÿs étoit parti avec une nombreuse suite, mais que presque tous ses Gardes s'étans égarés, il ne s'en trouva prés de lui qu'un trés-petit nombre.

 OEO : Frequens ne turba regium cinxit latus ?
IOC : Plures fefellit error ancipitis via,
 Paucos fidelis curribus junxit labor.

Voila une belle invention ! de faire égarer les Gardes dans un voyage de Thebes à Delphes, c'est à dire, dans un chemin aussi connu que celui de Paris à Versailles & presque aussi frequenté.

Non, Seigneur, aprés qu'il eut perdu son maitre, vous voyant occuper sa place.) Jocaste fait entendre sans le savoir que ce Domestique ne songea qu'à se retirer, pour n'avoir pas la douleur de voir sur le Trône celui qui avoit tué son maître.

P. 77. Lors qu'il m'arriva une a-vanture, qui bien que surprenante, ne meritoit pas pourtant tout l'empressement que j'eus pour l'éclaircir.] Je me suis éloigné icy du sentiment du Commentateur grec, qui a expliqué σπου-δῆς τῆς ἐμῆς οὐκ ἀξία, *des choses indigne de ma vertu.* Comme si Œdipe disoit que sa vertu lui étoit un garand de la fausseté du reproche qu'on lui avoit fait. Le sens que j'ai suivi me paroît plus naturel, & il explique mieux la lettre.

Quoi que je les aimasse avec beaucoup de tendresse, cette injure, qui étoit devenuë publique, ne laissa pas de me demeurer sur le cœur.] Œdipe veut dire que bien que l'amour qu'il avoit pour Polybe & pour Merope, le deust rasseurer, en lui persuadant que c'étoient ses véritables parens, car on sent rarement pour des étrangers une si grande tendresse, Il ne laissa pas, &c. Ce sentiment est fort naturel ; mais Œdipe prend pour l'effet de la naissance ce qui n'est que l'effet de la simple éducation.

P. 78. Je pris un autre chemin, en

me conduisant par les astres.] Les anciens cultivoient extremement l'Astronomie, & dans leurs voyages par terre, ils se conduisoient par les Astres, comme dans leurs voyages par mer.

P. 80. Et dans ma fuite, il faut que j'évite ma patrie, &c.] Tout ceci est conduit avec beaucoup de jugement & d'adresse ; OEdipe apprend qu'il a tué Lajus, mais il se croit toujours fils de Polybe & de Merope : s'il se trouve si malheureux pour avoir tué un Etranger & épousé sa veuve, que sera-ce quand il sçura que cet étranger est son pere, & qu'il a eu des enfans de sa propre mere ?

P. 83. C'est pourquoi je n'aurois non plus de foi pour ce dernier Oracle que pour le premier.] Puisque le premier Oracle d'Apollon, qui avoit predit que Lajus seroit tué par son propre fils, se trouve faux, Lajus aiant été tué par des voleurs ; le dernier, qui a prédit à OEdipe qu'il commettroit un inceste & un parricide, n'est pas plus à craindre, & l'on ne doit ajoûter non plus de foy à celui-ci qu'à celui-là. Voila le sens de ces paroles de Jocaste, qui bien loin de détruire les Oracles, ne fait que les confirmer, & qui prouve fort bien que toute la sagesse des hommes n'est que folie quand ils veulent opposer leurs raisonnemens aux decrets immuables de la providence.

REMARQUES

Sur l'Intermede du III. Acte.

LE Chœur, qui vient d'entendre de quelle maniere Jocaste a parlé des Oracles, & qui est choqué de cette impieté, témoigne dans cet Intermede la douleur qu'il a de tout ce que la Reyne a dit, fait connoître qu'il ne participe point à son injustice, & prie les Dieux de punir ceux qui refusent de reconnoître leur pouvoir ; & voila une des grandes utilitez du Chœur ; il sert à inspirer aux Peuples les sentimens qu'ils doivent avoir, & à leur faire connoître ce qu'il y a de vicieux ou de loüable dans les caracteres qu'on introduit. Si l'on retranchoit le Chœur, tout ce que la Reyne a dit, feroit d'un exemple pernicieux aux Peuples ; Ce Chœur est parfaitement beau.

P. 84. Pendant que je conserverai la sainteté dans mes paroles & dans mes actions.] Voila une grande instruction pour les Peuples ; si la sainteté n'éclate que dans les paroles ou dans les actions, elle est inutile & infructueuse : il faut qu'elle anime les unes & les autres.

Selon les regles qui nous ont été prescrites par les Loix, qui sont descenduës du Ciel.] Car la sainteté ne consiste qu'à obeïr aux Loix de Dieu, & à se conformer aux regles qu'il a établies.

Car ce n'est pas la race mortelle des hommes qui les a engendrés, aussi n'est il pas en leur pouvoir de les ensevelir dans l'oubli.] Voila un beau principe, les Loix des hommes peuvent-être changées ou détruites, parce qu'elles ont un principe caducque & mortel : mais les Loix de Dieu portent les marques de leur origine, elles s'accomplissent sans jamais perir.

Il y a dans les Loix un Dieu puis-

sant qui triomphe de nôtre injustice, & qui ne vieillit jamais.) Ce Dieu puissant c'est la verité.

P. 85. *L'insolence est la mere de la tyrannie.*) Le Chœur ne veut pas parler ouvertement contre Jocaste, parce que c'est la Reyne, & que rien ne peut dispenser les Peuples du respect qu'ils doivent à leurs Princes : Voila pourquoi il parle en general, & d'une maniere un peu obscure.

Et qu'elle est parvenuë à son dernier comble, degenere enfin à une fatale necessité.) Cette maxime contient une verité admirable : pendant que les hommes ne poussent pas l'injustice jusqu'à la derniere extremité, il y a encore pour eux quelque resource, leur Arrêt n'est pas prononcé, la patience de Dieu les invite à la repentance ; mais lors que leur injustice est parvenuë à son dernier comble, elle degenere en une fatale necessité, c'est à dire, que leur Arrêt est irrevocable, & qu'ils ne peuvent éviter les malheurs qu'ils ont meritez.

A'ors toute leur fortune les abandonne, ils tombent de ce faîste de gran-

sur l'OEdipe de Sophocle. 201
deur où leur injustice les avoit élevez.] Toutes ces veritez sont autant de Propheties qui vont s'accomplir sur OEdipe & sur Jocaste.

Je prie les Dieux de redonner à cette ville le bonheur dont la victoire d'OEdipe la faisoit jouir.) C'est pour prier les Dieux de détourner la veüe de l'impieté de Jocaste, de ne se souvenir que de la sagesse d'OEdipe, & de redonner à ce Royaume le bonheur dont ce Prince l'avoit fait joüir, en expliquant si heureusement l'Enigme du Sphinx. Cela ne pouvoit pas manquer de faire un trés grand effet sur l'esprit des spectateurs, informez que tous ces malheurs ne venoient que d'OEdipe.

Si quelqu'un est assez insolent pour insulter les Dieux, ou par ses actions ou par ses paroles.] Il prie les Dieux de ne pas enveloper les innocens avec les coupables en faisant tomber l'impieté de la Reyne sur tous les Thebains, mais il parle en general par respect pour cette Princesse.

P. 86. Pourquoi mener moi-même des dances en l'honneur de Dieux ?] Ce Chœur ne parle pas seulement des mouvemens & des danses qu'il faisoit dans les Intermedes de cette piece, mais des danses qu'il faisoit dans les Temples pour le culte des Dieux, car dans chaque Temple il y avoit un Prêtre destiné à servir de Coryphée.

Je ne vais plus adorer Apollon dans l'auguste Temple de Delphes.] Les Prêtres parlent ainsi, parce que toutes les années on deputoit de tous les Temples, des Prêtres pour aller porter des offrandes aux Temples d'Apollon, & pour assister aux celebres assemblées de la Grece.

Qui occupe le milieu de la terre.] Cette opinion que Delphes étoit le milieu, ou comme ils parloient, le *nombril* de la terre, étoit fondée sur une fable ancienne, qui disoit que Jupiter ayant un jour fait partir deux Aigles, l'une d'Orient, & l'autre d'Occident, ces deux Aigles se rencontrerent justement à Delphes, & que pour conserver la memoire de cette antiquité, on consacra dans le Temple deux Aigles d'or, avec un nombril aussi d'or, & envelopé de langes. Mais cette fable signifioit seulement que ce lieu occupoit le milieu de la Grece, car, comme Strabon là fort bien remarqué, Delphes est à peu prés au milieu de toute la Grece qui est au dedans & au dehors de l'Isthme.

Je ne vais plus lui offrir mon encens dans le Temple de Lycie.] Il y a dans le grec dans le Temple qui est *in Abis.* Les uns pretendent qu'*Aba* étoit dans la Lycie, & les autres que c'étoit une petite ville de la Phocide où Apollon avoit un Temple avant que celui de Delphes fut bâty.

P. 87. *Grand Jupiter qui gouvernez toutes choses.*] Il s'addresse à Jupiter, parce que c'est de lui que viennent les Oracles. *Car Apollon n'est que son interprete,* comme on l'a déja dit.

REMARQUES

Sur la premiere Scene de l'Acte IV.

THebains *qui veillez pour la conservation de ce Royaume.*) Il faut remarquer avec quelle vraisemblance, ou plûtôt avec quelle necessité

Sophocle fait toûjours paroître ses Acteurs en public, pour rendre son action visible. Jocaste sort de son Palais pour aller implorer l'assistance des Dieux dans tous les Temples. En sortant elle s'addresse au Chœur qu'elle appelle χώρας ἄνακτες, *Princes du Royaume*. Ce qui prouve que les enfans ne font pas le Chœur, & que ce sont les Prêtres qui le composent, c'est pourquoi la Reyne les appellent de ce nom ἄνακτες, qui ne marque pas seulement leur dignité, mais leur fonction, qui est de veiller pour le salut des peuples, & d'avoir soin d'eux.

Avec ces Couronnes dans mes mains.) Ce qu'il appelle ici *couronnes*, c'est ce qu'il a appellé dans le troisiéme vers, les rameaux ou les branches des suppliants ἱκτηρίας κλάδοισι.

Pour aller aux Temples des Dieux.) Il n'y a presentement ni assez de Dieux ni assez de Temples pour Jocaste, elle veut aller par tout. Sophocle peint ici fort bien le caractere d'une femme impie & superstitieuse.

Il ne juge pas des Oracles qu'on rend aujourd'hui, par ceux qu'on a rendus autrefois, comme feroit un homme sage.) Elle veut dire qu'Oedipe devroit faire cette reflexion, que puis que l'Oracle qui fut rendu autrefois à Lajus, s'est trouvé faux, ceux qu'il a receus lui-même, & toutes les explications que Tiresias donne au dernier, ne sont pas d'une autre nature, & qu'on n'y doit pas ajouter plus de foy. Cette Reyne persiste dans son incredulité & dans son impieté, dans le tems même que ses malheurs domestiques la forcent d'aller implorer le secours des Dieux, par des sacrifices & par des prieres.

P. 89. *Car c'est par vous que je commencerai.*) C'est à mon avis le sens de ces mots ἀρχίσος γὰρ εἶ qui ont fait tant de peine aux Interpretes, & qui signifient à la lettre, *car vous êtes voisin*. Jocaste sortoit pour aller dans tous les Temples, & elle commence par celui qui se presente le premier sur son passage.

REMARQUES

Sur la II. Scene du IV. Acte.

P. 91. *ON disoit à Corinthe que tous les Habitans de l'Isthme.*) Il commence par ce qu'il y a d'agreable dans ce qu'il vient annoncer.

Je me soumets, Madame, à perdre la vie si je ne vous dis la verité) Cette confirmation par serment est necessaire pour empêcher le spectateur de croire que c'est une supposition & un artifice de Jocaste, qui cherche par là à consoler OEdipe & à lui remettre l'esprit.

P. 92. *Oracles des Dieux, qu'êtes vous donc devenus ?*) Sur la mort de Polybe, qui passoit pour le pere d'OEdipe, Jocaste croit avoir droit de triompher des Oracles, mais tout ce qu'elle dit contre eux est une leçon merveilleuse que Sophocle donne aux hommes de respecter tout ce qui vient de Dieu, lors même qu'ils ne peuvent le comprendre, & qu'il paroît le plus opposé à ce qu'ils voient devant leurs yeux.

REMARQUES
Sur la III. Scene du IV. Acte.

P. 94. *Seigneur, s'il est permis de commencer par une nouvelle si triste.*) Bien loin que cette nouvelle fut triste, c'étoit la plus agreable qu'il pût recevoir dans l'état où il étoit.

A t'il été tué en trahison.) OEdipe fait cette question pour voir s'il ne pourra pas accorder en quelque façon l'évenement avec l'Oracle : car il croiroit trouver quelque chose de vrai dans cet Oracle, si Polybe avoit été assassiné.

Ouy, Seigneur & de vieillesse.) Il ajoûte, & de vieillesse, pour adoucir la nouvelle, & pour le consoler en quelque façon.

P. 95. *A moins qu'on ne veuille dire qu'il est mort de regret de ne me plus voir.*] OEdipe se moque de l'Oracle qui lui avoit predit qu'il tueroit son pere, & il cherche une explication ridicule, comme pour se mettre l'esprit entierement en repos.

Polybe s'en va dans les Enfers, & emporte avec lui l'accomplissement de tous ces Oracles.) Il croit que la mort de Polybe le met à couvert de tout, & c'est elle au contraire qui amene la reconnoissance, & qui fait découvrir la verité des Oracles qu'il croioit faux : mais ce passage est infiniment plus beau dans le grec que dans la traduction ; car OEdipe se sert d'un mot équivoque qui, avec le sens que j'ay marqué, en a un autre tout contraire, & explique toute la verité ; car il fait entendre que cette mort *réunit & concilie les Oracles.* Nôtre langue n'a point de terme qui presente ces deux sens.

P. 96. *Le plus grand bonheur des hommes c'est de jouir de la vie sans se tourmenter.*) Cette maxime, reduite dans ses justes bornes, est excellente, & OEdipe auroit été heureux s'il avoit sçu en profiter : mais Jocaste lui donne une étenduë qui la rend impie : car dans le sens de cette Princesse, *vivre sans se tourmenter*, c'est vivre sans aucun sentiment de religion, & avec un trés grand mépris pour tous les Oracles. Ce

caractere

caractere est trés bien suivi.

Combien de gens avant vous, se sont imaginez en songe coucher avec leur mere.) Jocaste traite de vision, & de songe cette imagination dont il est frapé, que l'Oracle lui a predit qu'il épouseroit sa mere, & elle lui veut faire entendre que cette crainte ne doit pas le rendre plus malheureux que l'ont été une infinité de gens qui en dormant ont eu les mêmes songes, & n'y ont plus pensé à leur reveil. Ce passage sert merveilleusement à exciter la terreur & la compassion ; car quelle horreur qu'OEdipe ait accompli veritablement, ce que les autres hommes n'ont jamais pensé qu'en songe.

P. 95. Cet éloignement comme vous voyez ne m'a pas été malheureux.] Ce petit mot fait un grand plaisir au Spectateur, qui voit que dans le moment même qu'OEdipe va être reconnu, il prend encore pour la seule cause de son bonheur le voyage de Thebes qui l'a rendu le plus malheureux homme du monde.

Cependant c'est une grande douceur que de voir ses parens] Plus OEdipe témoigne de tendresse pour ses parens, plus son état est terrible & pitoyable ; il n'a veu son pere & sa mere, que pour accomplir tout ce dont l'Oracle l'avoit menacé.

Je puis aisément, Seigneur, vous délivrer de toutes ces craintes.] La surprise que cause cet incident est admirable, car ce Pasteur, en pensant délivrer OEdipe de toutes ses craintes, le jette dans le plus horrible de tous les malheurs, & lui fait voir qu'il a executé tout ce qu'il craignoit. Aristote a eu raison de citer ce passage comme un exemple des plus surprenantes peripeties qui puissent arriver sur le theatre. *La Peripetie*, dit-il, dans le chap. XI. *est un changement de fortune en une fortune contraire, contre ce qu'on avoit attendu, & ce changement arrive ou vraisemblablement ou necessairement, comme dans l'OEdipe de Sophocle ; car celui qui vient pour lui annoncer une nouvelle agreable, & qui doit le délivrer des fraieurs où le jette l'inceste qu'il craint de commettre avec sa mere, fait tout le contraire en lui apprenant qui il est.*

P. 99. *Je ne suis venu, Seigneur, qu'affin que quand vous serez de retour à Corinthe, je puisse meriter de vous quelque grace, &c.*) Il veut dire qu'il ne refusera pas de lui donner un éclaircissement qui doit lui faire un si grand plaisir, puis qu'il n'est venu que pour meriter ses bienfaits, en lui donnant le premier, la nouvelle de la mort du Roy; mais il faut bien remarquer ici la conduitte de Sophocle, qui fait voir par cette réponse que ce n'est pas un Envoyé des Corinthiens. Si les Corinthiens avoient envoyé quelqu'un à OEdipe, ils auroient choisi un homme d'une plus grande consideration; ainsi il n'y auroit point eu de denoüement à la fable, car il n'y avoit que cet homme seul qui pût la denoüer, puis qu'il étoit le seul qui fût informé de la premiere avanture de ce Prince qu'il avoit sauvé lui-même, & qu'il ne connoît encore qu'à demi. Il faloit donc trouver un pretexte simple & naturel pour faire arriver si apropos un tel homme, & il n'y en avoit pas de meilleur que celui qu'il explique lui-même, en disant

S ij

qu'il vient pour avoir l'avantage d'annoncer le premier une bonne nouvelle à son Roy, & pour meriter par là quelque recompense ; Que l'on fasse de cet homme un homme important & non pas un berger, & qu'il vienne apporter quelque méchante nouvelle, cela change tout, & il n'y a plus de vrai-semblance. Mais dira-on, cet homme tombe ici des nuës pour developer un mistere, sans la decouverte duquel la fable ne pouvoit finir. La qualité du personnage, & le dessein qu'il a, rendent son arrivée trés-vraisemblable, & il n'étoit nullement necessaire de la preparer.

Il paroît bien que vous ne vous connoissez pas.] Il y a dans le grec, *mon fils, il paroît bien, &c.* Ce vieillard parle à Oedipe avec cette familiarité à cause de son grand âge, & parce qu'il le regardoit veritablement comme son fils, l'ayant sauvé des mains de celui qui avoit eu ordre de l'exposer. Mais cette familiarité d'un Pasteur avec un Roy, n'est pas supportable en nôtre langue.

P. 102. *Malheureux que je suis, de quel ancien mal me parlez vous.*)

OEdipe est frapé de cet indice que de tous les autres, car il voioit encore à ses talons la cicatrice de cet ancien mal : Cependant cela ne conclud pas encore, car il pouvoit avoir été exposé de la même maniere & n'être pourtant pas le fils de Lajus. C'est ce qui donne lieu à cette longue recherche, qui est admirable, & où il y a un art infini.

P. 103. *Et c'est cela même qui vous a donné le nom que vous portez.* Car OEdipe signifie proprement *qui a les pieds enflés.*

P. 105. *Je croi, Seigneur, que le Pasteur dont cet Etranger parle, est le même que vous avez envoié chercher.*] Le Chœur conjecture que c'est lui, sur ce que Jocaste a dit, que c'étoit un homme qui avoit toûjours été trés attaché à la maison de Lajus, & qui avoit rendu de grands services.

Qui est-il celui dont il parle ?) Jocaste connoît presentement toute la verité; mais elle voudroit qu'OEdipe ne l'approfondît pas davantage, car pour elle, elle a déja pris son parti.

Me preserve le Ciel, aprés toutes les lumieres que l'on me donne.) Voila cette curiosité téméraire & aveugle qui est la cause de ses malheurs.

P. 106. *N'apprehendez rien, quand il seroit vrai que je fusse fils & petit fils d'Esclave.*) Œdipe croit que Jocaste veut l'empêcher d'éclaircir sa naissance, de peur qu'il ne se trouve qu'elle a épousé un homme de neant, un esclave. Il faut bien remarquer avec qu'elle adresse Sophocle ménage cette reconnoissance pour faire durer plus longtems la terreur qu'elle excite. Œdipe voit qu'il est le meurtrier de Lajus, il reconnoît qu'il a été exposé sur le Citheron, cependant il doute encore de sa naissance, & il a quelque raison d'en douter : car il pouvoit fort bien avoir été exposé sans être le fils de Lajus, n'y aiant alors rien de plus ordinaire que ces avantures d'enfans exposez.

P. 107. *Ah malheureux ! car c'est la seule chose que je puis te dire, & c'est pour la dernière fois que je te la dis.*) Jocaste voyant que tout ce qu'on peut dire à Œdipe ne fait qu'irriter sa curiosité, va se donner la mort comme elle l'a résolu, & ne dit à Œdipe que ce peu de paroles qui sont les seules qu'elle pouvoit lui dire dans cet état. Sophocle connoît admirablement ce qu'il faut faire, & personne ne sait mieux garder toutes les bienséances ; Il y en a une ici qu'on ne sauroit assez admirer. Il faloit que Jocaste assistât à la reconnoissance d'Œdipe, cette reconnoissance ne pouvoit se faire sans elle, mais il ne faloit pas qu'elle attendît qu'il se fût reconnu, car après s'être reconnus tous deux, ils ne pouvoient & ne devoient plus se trouver ensemble : voila pourquoi Jocaste qui le reconnoît la premiere, le quitte en même tems, avant qu'il se soit reconnu. On admirera davantage cette sagesse de Sophocle, si l'on prend la peine de voir le méchant effet que produit le Dialogue de Jocaste & d'Œdipe, dans la Piece de Seneque. Il est impossible de le lire sans en être choqué. M. Corneille n'est pas tombé dans ce defaut de Seneque, mais il n'a pas non plus imité l'adresse du Poëte Grec, car Jocaste n'assiste pas à la reconnoissance d'Œdipe, & elle quitte le Theâtre avant que de l'avoir reconnu, ce qui fait perdre une fort grande beauté à sa piece.

REMARQUES

Sur la IV. Scene du IV. Acte.

P. 108. *ET moi je veux bien me déclarer fils de la Fortune.*) On appelloit *fils de la Fortune* tous ceux qui d'une naissance inconnuë, & obscure, s'étoient élevez & avoient rendu leur nom illustre. Horace, en parlant de lui-même.

Luserat in campo Fortuna filius.

Ce fils de la Fortune s'éxerça avec Mecenas dans le Champ de Mars. Sat. VI. liv. 11.

Je ne rougirai jamais de ses faveurs.) Il veut dire que son courage le rend digne des plus grandes faveurs de la Fortune. Il n'y a que les lâches qui doivent rougir de ses bienfaits.

P. 109 *Et mes seuls parens ce sont ls Ans.*) Il se considere comme le fils du Tems & de la Fortune, & il regarde les ans comme ses freres, qui ont eu soin de son élevation. Il y a beaucoup

sur l'OEdipe de Sophocle. 117
beaucoup de noblesse dans cette idée, mais elle seroit peut-être trop hardie, si OEdipe étoit de sang froid, & dans un état fort tranquille.

Ma naissance ne changeroit pas quand je cesserois de m'en éclaircir.) Cela est vrai, mais il l'auroit ignorée, & il auroit été moins malheureux. OEdipe fait ici ce que font tous les hommes, ils cherchent à excuser leurs passions lors même qu'elles leur sont le plus funestes, & ils n'oublient rien pour se persuader qu'ils ont raison de faire tout ce qu'ils font.

Si je puis juger de l'avenir, & si je ne me trompe dans mes conjectures.) Pendant qu'OEdipe attend le Pasteur qu'il a envoyé chercher, le Chœur qui est très porté à juger favorablement de ce qui le regarde, & à bien esperer pour lui, l'entretient de l'esperance qu'il a qu'on découvrira bientôt qu'il est né sur le Citheron même, & qu'il est fils de quelque divinité. Ce petit discours du Chœur est trés-bien placé, & fait un effet merveilleux, un moment avant l'entiere reconnoissance d'OEdipe. Il faut bien remarquer que le Chœur

T

fait une strophe & une antistrophe au milieu d'un acte, parce qu'il s'avance en corps au milieu du theatre vers l'autel où la statue d'Apollon, mais il parle & ne chante point.

P. 110, *Et vous Prince, de quel des Dieux êtes-vous donc fils ?*] Le Chœur espere qu'Œdipe se trouvera le fils de quelqu'un des Dieux qui aiment les montagnes. M. Racine a imité cet endroit dans son Athalie, où le Chœur dit en parlant de Joas.

Qui nous revelera ta naissance secrette,
Cher Enfant ? es-tu fils de quelque saint Prophete ?

Si je puis bien juger d'un homme que je n'ai jamais veu.) Œdipe ne l'avoit veu qu'un moment lors qu'il tua Lajus ; & Jocaste a fait entendre que depuis ce tems-là, cet homme avoit passé sa vie à la campagne, pour ne pas voir sur le Trône celui qui avoit tué le Roy.

Il me semble Vieillards.) Sophocle, explique ici nettement quels étoient les personnages qui composoient le

sur l'Oedipe de Sophocle. 215
Chœur Je m'étonne qu'on ait pû s'y tromper.

P. 113. *Et nous paſſions enſemble les trois ſaiſons de l'année, depuis le commencement du printems juſqu'à la fin de l'Automne.*] On ne peut pas douter que ce ne ſoit le ſens de ce paſſage, car ſi Sophocle n'avoit voulu dire que trois mois, il n'auroit jamais écrit τρεῖς ὅλους ἐμμένους χρόνους, mot à mot *trois tems entiers compoſez de mois.*

Juſqu'à la fin de l'Automne.) Il y a dans le Grec, *juſqu'à l'arcture*, mais Sophocle veut dire *juſqu'à l'arcture finiſſant*, c'eſt à dire, juſqu'à la fin de l'Automne : car cette ſaiſon commence vers le lever de cette conſtellation & finit environ au commencement de ſon coucher. Voici comme les Grecs comptoient les ſaiſons de l'année. C'eſt un paſſage d'Hippocrate, dans le III. Liv. *de Diæta, du regime : on partage l'année en quatre Saiſons, que tout le monde connoît; l'Hiver, ſe compte depuis le coucher des plaiades juſqu'à l'equinoxe du printemps. Le printemps, depuis cet equinoxe juſqu'au lever des pleiades.*

T ij

L'été, depuis le lever des plaiades jusqu'au lever de l'arcture, & l'automne depuis le lever de l'arcture jusqu'au coucher des pleiades.

Il n'étoit pas à moy, Seigneur, on me l'avoit donné.) On ne sauroit rien voir de mieux conduit ny de mieux ménagé que cette reconnoissance, ce berger tâchant toûjours de répondre aux questions d'OEdipe sans découvrir la verité.

P. 117. *Tu es perdu si je te le demande une seconde fois.*) Voila le caractere d'OEdipe, sa curiosité le porte à toutes sortes de violences & d'emportemens.

Et moi me voila reduit à la cruelle necessité de t'entendre, cependant parle.) Voici une reflexion que Plutarque fait sur ce passage, & qui marque qu'il en a connû toute la beauté. *La curiosité*, dit-il, dans le traité qui porte ce nom, *jette OEdipe dans les plus grands de tous les maux, car voulant savoir qui il étoit, parce qu'on lui avoit reproché qu'il étoit étranger, il alla consulter l'Oracle ; Il rencontra son pere Lajus qu'il tua sans le connoître : il épousa* ensuite sa propre mere, qui le fit Roy de Thebes, & lors qu'il sembloit le plus heureux, il voulut encore se chercher lui-même, quoi que sa femme fist tous ses efforts pour l'en empêcher ; & plus elle le conjuroit de n'en rien faire, plus il pressoit le vieillard qui savoit toute la verité, en le menaçant & en le contraignant par toutes sortes de voies, tant qu'enfin la chose étant déja assez éclaircie pour lui donner de violens soubçons, & le vieillard, qui se voyoit forcé de déclarer la derniere particularité, s'écriant, helas ! me voila enfin reduit à la cruelle necessité de parler ; OEdipe emporté par sa passion, & tout tremblant répond, & moi me voila reduit à la cruelle necessité de t'entendre ; cependant parle, tant le chatouillement de la curiosité est piquant & difficile à supporter ; comme un ulcere, qui plus on le gratte, plus il s'enflamme & plus il devient sanglant ; mais celui qui est délivré de cette maladie, & qui est d'un naturel doux, quand il a negligé d'apprendre quelque nouvelle fâcheuse, il doit dire, ô divin oubli des maux passez que tu es plein de sagesse !

P. 118. *On disoit que cet enfant fe-*
roit mourir ceux qui l'avoient mis au
monde.] L'Oracle avoit predit à OE-
dipe qu'il tueroit son pere, & qu'il
épouseroit sa mere, mais ce berger
parle en general, comme un homme
de ce caractere doit parler, & ce qu'il
dit ne laisse pas de se trouver vray ;
car dans un moment on vient annoncer la mort de Jocaste.

P. 119. *Je me trouve en même tems*
le fils de ceux dont je ne devois ja-
mais être le fils.] Ce langage simple
convient mieux à l'état où se trouve
OEdipe, qu'un langage plus recher-
ché.

J'épouse la personne que la Nature
me défendoit d'épouser.] Il y a dans le
grec, *j'épouse les personnes*, &c. Il
ne peut parler que de sa mere, mais
il met le pluriet pour le singulier,
pour rendre la chose plus atroce ; Il
dit de même ensuitte, *Et j'ai tué de*
ma propre main ceux qui m'ont donné
la vie. Un homme qui a la tête remplie de tant d'images affreuses, parle plus ordinairement par le pluriel.
Il faut bien remarquer que la reconnoissance n'est pas plutôt faite, que

du comble du bonheur, OEdipe tombe dans un abysme de miseres, & voila ce qui fait la plus belle de toutes les reconnoissances, quand la peripetie la suit immediatement, comme Aristote l'a decidé dans le Chap. XI. *La plus belle de toutes les reconnoissances, est celle qui se trouve avec la peripetie, comme dans l'OEdipe, &c. Car elle produit immanquablement ou la compassion ou la terreur, dont la Tragedie est l'imitation.* On peut voir là les remarques.

REMARQUES

Sur l'Intermede du IV. Acte.

P. 120 *CE n'est qu'un vain fantôme qui naist de l'opinion & qui paroît, & s'évanouît dans le même moment.*] C'est une belle peinture de la felicité des hommes. Ce n'est qu'un fantôme, la seule felicité réelle & veritable, c'est celle qui ne peut finir.

Comment est-il possible que le même

lict vous ait reçeu tant d'années sans vous reconnoître.] J'ay un peu adouci ce passage, Sophocle n'a voulu dire que ce que j'ai dit. C'est une chose si horrible de voir un fils dans le lict de son pere, qu'il semble que tout ce qu'il y a de plus insensible doit s'élever contre un inceste si odieux & si opposé à la Nature.

C'est vous qui aprés avoir donné la lumiere à mes yeux mourans, les replongez dans les épaisses tenebres qui les couvrent.] Le Chœur dit à OEdipe, qu'aprés les avoir retirez de la mort en expliquant l'enigme du Sphinx, il les fait retomber dans le même état par les affreuses calamitez où ils le voyent tombé. Ces malheurs sont plus dangereux pour eux que le Sphinx même ; ils ne peuvent les voir sans mourir. Le Chœur doit toûjours s'interesser aux malheurs des principaux personnages ; & par consequent les principaux personnages ne doivent pas être vicieux ; car si cela étoit, le Chœur ne pourroit s'interesser pour eux, sans s'interesser pour le crime. Il faut qu'ils soient d'une vertu commune,

& qu'ils ne péchent que par infirmité, vaincus par des passions dont ils n'auront pas été les maîtres. Si l'on introduit des caracteres vicieux, ce ne doit être que dans les seconds personnages.

REMARQUES

Sur la I. Scene de l'Acte V.

LE sujet de cette piece a deux parties. La premiere, c'est la reconnoissance d'OEdipe, car il faut que le meurtrier de Lajus soit reconnu, & la derniere c'est la punition de ce Prince. Pour obeïr à l'Oracle, & pour accomplir toutes les imprecations d'OEdipe, il faut que ce meurtrier soit puni, c'est le seul moyen de faire cesser la peste. La punition d'OEdipe est donc le sujet de ce dernier acte, & ce denoüement est parfaitement beau. Le spectateur ne peut qu'attendre avec impatience le parti que prendra Jocaste, & de quelle maniere OEdipe accomplira sur lui-même les maledictions qu'il a prononcées trop legerement contre le meurtrier de Lajus.

P. 123. Vieillards qui êtes toûjours les plus honnorez dans Thebes.] Sophocle remet toûjours devant les yeux le caractere de ceux qui composent le chœur ; en disant, *qui êtes les plus honnorez dans Thebes,* Il designe les Sacrificateurs & les Prêtres ; par là il loüe les Thebains du grand respect qu'ils avoient pour les Ministres de leur Religion, & il fait connoître que la peste dont ils sont affligez, n'est pas l'effet de leurs crimes.

Si vous prenez encore quelque interêt dans les malheurs des descendans de Labdacus.] C'est-à-dire, si vous vous interessez encore pour une famille où l'on vient de découvrir des choses si abominables, & si atroces. Labdacus étoit petit fils de Cadmus, & pere de Lajus.

Je ne croy pas que les eaux du Danube, ni toutes celles du Phase puissent jamais laver les taches de cette Maison.] Les Payens croyoient que l'eau de la mer, ou celle des rivieres avoit la vertu de laver toutes sortes de taches & de crimes ; c'est pourquoy ils se lavoient avec grand soin, quand ils se reconnoissoient soüillez. Dans Virgile Enée ne veut pas toucher à ses Dieux Penates, avant que d'avoir lavé dans l'eau pure le sang dont il étoit couvert,

Me bello e tanto digressum &
caede recenti,
Attrectare nefas, donec me flu-
mine vivo
Abluero.

S. Justin a remarqué dans Homere une espece de baptême, & Saint Augustin, contre les Donatistes, dit: *In multis Idolorum sacrilegis sacris baptizati homines perhibentur.* On dit que dans plusieurs sacrifices sacrileges qu'on fait aux Idoles, des hommes se font baptiser, c'est à-dire, laver. Et cette idée étoit venuë sans doute aux Payens, de la connoissance qu'ils avoient du deluge universel, par lequel Dieu avoit purgé le monde.

P. 124. *Les plus sensibles de tous les malheurs, sont ceux que l'on paroît s'attirer volontairement soy-mê-*

me.] Il y a des malheurs qui nous arrivent, sans que nous nous les attirions, & ce sont les malheurs qu'on appelle *Involontaires*. Nous pouvons trouver en nous assez de force pour les supporter ; tels sont les premiers malheurs d'Œdipe. Il y en a d'autres qu'on appelle *volontaires*, & que nous nous attirons comme à dessein, tels sont les derniers malheurs de ce Prince ; il s'opiniatre à se chercher lui-même, malgré les efforts de ceux qui lui donnent un meilleur conseil : il s'arrache les yeux, & se rend l'homme du monde le plus miserable. Sophocle dit que ces derniers malheurs sont plus insuportables que les premiers, & il a raison. Il n'y a rien de si sensible que le mal que l'on s'attire par sa faute ; car à la douleur se joint le reproche & le repentir, toûjours plus insuportables que la douleur même. Voilà en quoi Sophocle suit l'opinion commune ; mais comme en remontant plus haut, on trouve que tout est la suite & l'effet d'une providence reglée qui conduit le monde, & qui ne laisse rien arriver au hazard, ce Poëte pour se conformer à cette

sur l'ŒOdipe de Sophocle. 229
verité, sans blesser l'opinion du peuple, dit *que l'on paroît s'attirer volontairement soy même.* Cela merite d'être remarqué.

P. 126. *Qui vouloit que nous lui donnassions des armes.*] En Grece on ne portoit point d'armes dans les villes, & on n'étoit pas au milieu de ses citoyens, comme au milieu de ses ennemis. Seneque a fort mal fait de donner une épée à ŒEdipe.

Il arrache l'agraffe de ses habits.] L'ancien habit des femmes Grecques étoit l'habit Dorique ou Carien, qui s'attachoit avec des agraffes ; mais le mauvais usage qu'elles firent de ces agraffes en quelque rencontre, obligea les Grecs à leur faire prendre l'habit Jonien. On peut voir sur cela Herodote liv. 5.

P. 127. *Il en enfonce plusieurs fois les pointes dans ses yeux.*] M. Corneille dit sur cet endroit dans l'examen de son ŒEdipe, qu'il a reconnu que ce qui avoit passé pour merveilleux dans le siecle de Sophocle, pourroit sembler horrible au nôtre, & que cete éloquente, & curieuse description de la maniere dont ce malheureux Prince se creve les yeux, feroit soûlever la delicatesse de nos Dames dont le dégoût attire aisément celui de tout le reste de l'auditoire. Je ne suis pas de son avis. Si ce Prince se crevoit les yeux sur le theatre, il n'y a personne qui pût le voir ; mais tout le monde en écoute le recit avec avidité ; je puis dire même que naturellement on le souhaite, & que plus la chose est horrible, plus on seroit fâché de ne pas savoir de quelle maniere tout s'est passé. Comme cette même action bien peinte attacheroit nos yeux, quelque affreuse qu'elle puisse être, elle ne peut pas manquer de plaire, & d'attacher nôtre esprit, étant bien décrite; car il n'y a rien qui plaise tant aux hommes que l'imitation.

Il n'est point de serpent, ni de monstre odieux.

Despr. Art. Poet. Chât. II.

Qui par l'art imité, ne puisse plaire aux yeux.
D'un pinceau delicat l'artifice agreable,
Du plus affreux objet fait un objet aimable.
Ainsi pour nous charmer, la Tragedie en pleurs.

sur l'OEdipe de Sophocle.

D'OEdipe tout sanglant, fit parler les douleurs.

Chacun peut s'en convaincre par son propre sentiment beaucoup mieux que par tout ce qu'on pourroit lui dire.

P. 128. Qui de sa propre mere a fait.] Il y a ici une reticence fort sensible. Ceux qui ont expliqué simplement *le meurtrier de sa mere*, ont fait perdre à ce passage sa plus grande beauté.

Et que les imprecations qu'il a pronocées contre lui même, ne lui permettent pas de demeurer dans ce Palais.] C'est pour fonder la sortie de ce Prince, qu'il va faire paroître dans un moment. Cette sortie est non seulement vray-semblable, mais necessaire pour l'achevement de l'action.

REMARQUES.

Sur la II. Scene de l'Acte V.

P. 129. Affreuse calamité dont les hommes ne sauroient même soûtenir la vûë.] Le Chœur voyant Oedipe, tourne la vûe d'un autre côté pour ne pas le voir. Sophocle peint ici admirablement l'état affreux de ce malheureux Prince.

Quel Dieu a versé sur vôtre tête ce deluge de maux.] Le Grec dit mot à mot: *Quel Dieu se jettant sur vous, a ajoûté à vos malheurs, des maux plus grands que les plus grands maux.* Cela est beau dans la langue Grecque & ne reüssiroit nullement dans la nôtre.

P. 130. *Helas, helas, malheureux! helas, où vais-je?*] Il étoit tres-difficile, & tres-hazardeux de faire paroître Oedipe en l'état où il se trouve; mais Sophocle le fait avec un tres-grand succez, & il ne lui met dans la bouche que des paroles tres-convenables, & tres-touchantes. Il a choisi precisement tout ce qu'il devoit dire, & on l'a fait mal parler, quand on l'a fait parler autrement. On n'a qu'à voir tout ce qu'il dit dans Seneque. Il n'y a rien de plus utile que ces sortes de comparaisons.

Nuage noir, abominable, que rien ne pourra jamais dissiper.] Il n'y avoit rien

sur l'OEdipe de Sophocle. 233
rien qui parût si abominable aux anciens, que d'être privé de la lumiere, car ils croyoient qu'après avoir été aveugles dans cette vie, ils le seroient encore dans les Enfers ; c'est pourquoy il dit, *que rien ne pourra jamais dissiper.*

Je suis en proye à des douleurs horribles qui ne viennent pas tant des fureurs que je viens d'exercer sur moy, que du souvenir de mes crimes.] Je ne trouve rien de plus fort que ce qu'OEdipe dit ici d'une maniere tres simple. Qu'on y pense tant qu'on voudra, on n'ajoûtera rien à cette idée.

P. 132. *Seigneur la raison que vous conservez dans vos maux, vous rend aussi malheureux que vos maux mêmes.*] Il y a une grande verité dans ce sentiment ; la raison, qui est un si grand medecin en certains maux, est le plus cruel de tous les bourreaux en d'autres ; car elle ne sert qu'à faire voir & sentir tout ce qu'ils ont de plus affreux.

P. 135. *Puisque c'est moi qui ay été si malheureusement nourri dans Thebes.*] Il fait allusion aux propres termes de l'Oracle que Creon lui a rapporté dans la seconde scene du premier Acte, *Apollon vous ordonne ouvertement de chasser de ce Royaume, & de n'y pas souffrir un seul moment le monstre qui y est nourri, & qui est l'objet de sa colere.* Voilà le sens de ce passage, où le Scholiaste Grec s'embarrasse inutilement.

P. 136. *Ah Citheron pourquoy me reçûtes vous ?*] Il n'y a rien de plus naturel, ni en même tems de plus sublime que ces differentes images que fait OEdipe, en apostrophant tous les objets qui lui renouvellent le souvenir de ses malheurs, & de ses crimes. C'est sur ce passage que l'Empereur Marc Aurele fait cette reflexion dans son onziéme liure : *Les Tragedies ont été premierement introduites pour faire souvenir les hommes des accidens qui arrivent dans la vie ; pour les avertir qu'ils doivent necessairement arriver, & pour leur apprendre que les mêmes choses qui les divertissent sur la scene, ne doivent pas leur paroître insupportables sur le grand theâtre du monde : car tu vois bien* que telle doit être la catastrophe de toutes les pieces, & que ceux qui crient tant sur le theatre, ah Citheron, ne se délivrent pas de leurs maux.

Vous avez élevé sous une figure humaine, un monstre qui est l'opprobre de la nature.] Le Grec dit mot à mot: *Vous avez nourri sous une belle apparence un abcez de maux.* Sophocle a fait de cela le plus beau vers du monde; mais dans la traduction il a fallu prendre un autre tour, & dire la même chose en d'autres termes.

O nopces, fatales nopces, vous m'avez engendré.] Longin a mis dans tout son jour la beauté de ces vers dans le XIX. chapitre de son Traité du Sublime. Voici le passage entier de ce grand Critique, comme M. Despreaux l'a traduit; car quoyque ses vers puissent faire grand tort à ma prose, je ne saurois m'empêcher de les rapporter ici; il ne s'agit pas de faire paroître ma traduction, il s'agit de faire honneur à Sophocle. Il n'y a rien quelquefois de plus magnifique que les pluriels; car la multitude qu'ils renferment leur donne du son & de l'emphase. Tels sont ces pluriels qui sortent de la bouche d'OEdipe dans Sophocle.

> Hymen, funeste hymen, tu m'as
>   donné la vie ;
> Mais dans ces mêmes flancs où
>   je fus enfermé,
> Tu fais rentrer ce sang, dont tu
>   m'avois formé,
> Et par là tu produits & des fils,
>   & des peres,
> Des freres, des marys, des fem-
>   mes & des meres.
> Et tout ce que du sort la maligne
>   fureur,
> Fit jamais voir au jour & de hon-
>   te & d'horreur.

Tous ces differens noms ne veulent dire qu'une seule personne ; c'est à savoir OEdipe d'une part, & sa mere Jocaste de l'autre : cependant par le moyen de ce nombre ainsi repandu & multiplié en differens pluriels, il multiplie en quelque façon les infortunes d'OEdipe ; & en effet tous ces pluriels ainsi ramassez ensemble, nous font concevoir une bien plus grande idée des choses ; mais il faut bien prendre garde à ne faire cela que bien à propos, & dans les endroits où il faut amplifier, ou multiplier, ou exagerer, & dans la passion, c'est-à-dire, quand le sujet est susceptible d'une de ces choses ou de plusieurs ; car d'attacher par tout ces cymbales & ces sonnettes, cela sentiroit trop son Sophiste.

Mais on doit avoir horreur de prononcer même des choses si execrables.] Il y a mot à mot dans le Grec, *Mais on ne doit pas même prononcer des choses qu'il n'est pas beau de faire.* Il n'y a rien de plus simple que cette sentence, que Publius Syrus a exprimée dans ce vers,

Quod facere turpe est, dicere ne honestum puta.

Ne croy jamais qu'il soit honnête de dire ce qu'il est honteux de faire. Mais par cette sentence si simple, Sophocle encherit encore sur l'idée qu'il a déja donnée des malheurs d'OEdipe ; car puisque ce Prince est d'un caractere à avoir honte, même de prononcer les choses qu'il n'est pas beau de faire, quel doit être son desespoir de se trouver coupable de tant d'abominations?

Ne craignez rien, les maux que je souffre ne peuvent arriver qu'à moy.] Cecy est fondé sur la superstition des Anciens qui craignoient de toucher à un miserable dés qu'ils voyoient éclater sur luy la colere du Ciel. Dans une Tragedie Latine citée par Ciceron, Thyeste dit au Chœur.

Nolite hospites ad me adire, illico, istic,
Ne contagio mea bonis, umbrave obsit.
Tanta vis sceleris in corpore haret.

Mes amis n'approchez point de moy; arrêtez, de peur que mon attouchement ou mon ombre même ne vous soit funeste, tant les malheurs qui m'accablent ont répandu sur mon corps un venin subtil.

P. 138. *Car aprés vos malheurs c'est lui seul qui doit avoir soin de ce Royaume.*] Les fils d'Oedipe, Eteocle &

Polynice étoient absens, & Sophocle a eu raison de supposer cette absence ; car ils ne pouvoient être à Thebes sans paroître sur la scene, & il en auroit été fort embarassé ; quel personnage y pouvoient-ils faire ?

REMARQUES

Sur la III. Scene de l'Acte V.

Seigneur je ne viens point insulter à vos maux, ni vous faire des reproches.] Ce que Sophocle nous a fait connoître du caractere de Creon, nous a preparé à cette generosité qu'il exerce envers OEdipe. Voilà ce qu'Aristote appelle *des mœurs bonnes*, c'est-à-dire, qui sont bien marquées, & qui font connoître de quoy ce personnage est capable, & le party qu'il prendra. Cette bonté de mœurs se trouve dans tous les caracteres de Sophocle.

Et vous Thebains si vous n'êtes pas touchez des malheurs qui arrivent aux hommes, respectez au moins cette vive lumiere du Soleil.] Creon ne s'adresse pas ici au Chœur, mais au peuple qui étoit là assemblé. Si le peuple étoit auſſi touché qu'il le devroit des malheurs qui arrivent aux hommes, cela seul seroit capable de le retenir, & de le rendre ſage ; mais comme cela n'eſt pas, & qu'il perd même bientôt l'idée de ces maux dés qu'ils ne ſont plus expoſez à ſa vûë, Creon l'exhorte avec raiſon à remonter plus haut, & il lui remontre fort à propos, quel reſpect, & quelle ſoûmiſſion on doit avoir pour un Dieu dont les Oracles ſe trouvent ſi veritables. Voilà, de quelle maniere Sophocle parloit au peuple, & les ſentimens qu'il tâchoit de lui inſpirer.

P. 139. *Cette victime que la terre ne peut recevoir.*] Il faut remarquer cette expreſſion, Il met *la terre*, pour dire le Royaume de Thebes.

Qui ne peut jamais avoir aucune part à la pluye celeſte dont nous ſommes arroſez aux pieds des autels.] Cecy répond à l'Arrêt qu'il a prononcé dans la premiere Scene du ſecond Acte. *Je défends à tous mes ſujets de le ſouffrir dans leurs Temples, ni dans leurs ſacrifices, & de lui faire aucune part.*

sur l'Oedipe de Sophocle. 141
part des eaux sacrées. Ces eaux sacrées, c'est ce que Creon appelle ici avec raison, *une pluye celeste ou sacrée.* ὄμβρος ἱερὸς En effet dans les aspersions, ces eaux tombent comme une pluye sur ceux qui assistent au sacrifice; cela est beau, & n'avoit point été expliqué. Voici un passage d'Hippocrate, qui semble fait exprés pour mettre dans tout son jour la pensée de Sophocle. C'est dans le traité du mal caduc: *Car c'est Dieu seul,* dit-il, *qui nous purge, & nous purifie de toutes nos souillures, & de tous nos pechez. C'est lui qui est nôtre délivrance, & nous enfermons ou marquons d'une enceinte les Temples & les lieux qui lui sont consacrez, afin que personne n'y entre s'il n'est pur; c'est pourquoy en entrant nous sommes arrosez d'eau, non que ce lieu nous souille, mais pour nous purifier de nos anciens crimes, si nous en avons.*

Au nom des Dieux, puisque vous avez trompé mon attente, & que vous êtes si bon à un homme qui est si méchant.] Il y a ici une simplicité dont je suis charmé, & l'on ne peut rien voir de plus touchant, ni de plus

X

tendre. Qu'Œdipe parle à Creon d'une autre maniere, il parlera mal. Il l'avoit accusé du meurtre de Lajus; Il vouloit d'abord le faire mourir d'une mort honteuse, & en suite il s'étoit contenté de le bannir ; & presentement il se trouve lui-même le meurtrier ; c'est lui qui doit être banny ; & cependant Creon au lieu de faire executer sur lui cet Arrest, que l'Oracle avoit prononcé, & qu'il avoit confirmé lui-même, ordonne qu'on aille l'enfermer dans son Palais, afin qu'il n'y ait que ceux de sa maison qui soient témoins de sa misere. Voilà pourquoy Œdipe dit si simplement, *puisque vous êtes si bon à un homme qui est si méchant.*

P. 140. *Il est vray : mais dans l'état où nous sommes, nous ne devons rien faire sans les avoir consultez.*] Voici une bienséance qui me paroît merveilleuse. Apollon avoit ordonné de chasser de Thebes le monstre qui y étoit nourri, & qui étoit l'objet de sa colere; Ce monstre se trouve être Œdipe. Il sembloit donc qu'il n'y avoit qu'à obéir à l'Oracle, &

à bannir ce Prince promptement. Creon en juge d'une autre maniere. Ce meurtrier est le fils du Roy qu'il a tué, & il est Roi lui-même ; ces deux qualitez meritent de l'attention ; & avant que de se porter à aucune extremité contre une personne si sacrée, c'est le moins qu'on puisse faire que d'aller encore à l'Oracle pour savoir ce que les Dieux voudront ordonner. A cette premiere raison, on en peut joindre encore une autre ; c'est que si Creon avoit profité si-tôt de cette occasion, & qu'il eût chassé si promptement OEdipe, on auroit pû croire que l'avidité & l'impatience de regner, auroient eu autant, ou plus de part à cette prompte obéïssance, que la Religion ; ce qui auroit terni la beauté de ce caractere, & c'est ce que Sophocle a voulu éviter.

P. 141. Sur les sommets du Citheron que mes parens m'avoient choisi pour tombeau.] OEdipe croit diminuer quelque chose de l'atrocité de ses crimes, & faire quelque sorte de reparation à ses parens, en satisfaisant même aprés leur mort, à ce qu' ils avoient ordonné de lui dés sa naissance. Cela me paroît tres-naturel, & tres-passionné.

Je sai pourtant fort bien que ni maladie, ni aucun autre accident, ne peut avoir la force de trancher mes jours.] Il ajoûte cela sur ce qu'il vient de dire : *permettez que j'aye encore la satisfaction d'aller mourir, &c.* Il se trouve si malheureux, & la mort lui paroît un si grand bien, qu'il n'ose esperer que les Dieux permettent qu'elle vienne mettre fin à sa misere.

P. 143. *Où êtes vous mes enfans, approchez.*] Il n'y a rien de plus touchant que ce discours qu'Oedipe fait à ses filles. Sophocle se sert fort naturellement de cet Episode pour augmenter la compassion.

P. 144. *Dans quelles assemblées oserez-vous paroistre ? à quelles fêtes oserez-vous vous montrer ?*] Les Grecs étoient le peuple du monde, qui aimoit le plus les assemblées & les fêtes ; leur Religion ne consistoit même qu'en cela.

P. 145. *Il faut vous resoudre à passer vôtre vie dans une éternelle solitu-*

de.] En Grece c'étoit une espece d'opprobre pour les filles de ne pouvoir être mariées, & les Grecs avoient retenu cela des mœurs des Hebreux. La fille de Jephté, avant que d'accomplir le vœu de son pere, demande deux mois pour pleurer sa virginité.

Et vous mes enfans, si vous étiez en âge de raison] Sophocle a grand soin de nous faire entendre que ces filles d'Œdipe ne sont que des enfans ; si elles avoient été en âge de raison, & capables de parler & de répondre, il se seroit bien gardé de les faire paroître ; car elles feroient un tres-méchant effet. Que pourroient dire à Œdipe ses filles qui sont ses sœurs ? Cela seroit contre la bienséance, & il n'y a personne qui n'en fût blessé ; mais cet âge innocent, & le peu de sentiment qu'elles ont de leur misere, sauve l'indecence, & augmente infiniment la compassion.

P. 146. *Mais en l'état où vous êtes, priez seulement les Dieux qu'ils ne me laissent pas toûjours vivre.*] Ce passage, qui est tres-beau, étoit corrompu dans le texte : car ces paroles, οὗ καιρὸς ἀεὶ ζῶ, ne sont pas intelligibles, au moins pour moy, & ne font aucun sens raisonnable. J'ay corrigé οὐ καιρὸν ἀεὶ ζῆν. *Priez seulement pour moy que je ne vive pas toûjours.* OEdipe se trouve si malheureux qu'il craint que les Dieux ne le laissent toûjours vivre, comme il a déja dit, page 141. *Je sçay pourtant fort bien que ni maladie, ni aucun autre accident ne peut avoir la force de trancher mes jours.* Il regarde donc la mort comme la plus grande & la seule grace que les Dieux puissent lui faire, & il ordonne à ses filles de la leur demander pour lui. Cela est fort touchant. Les Traducteurs Latins se tirent d'affaires comme ils peuvent en mettant un mot Latin pour un mot Grec, sans se mettre autrement en peine du sens.

Toutes choses ont leur tems.] Il lui veut faire entendre qu'il ne doit pas s'opiniâtrer à pleurer plus long-tems ses malheurs devant tout le monde.

P. 147. *Me l'asseurez-vous ?*] Ces demandes reiterées marquent l'hor-

sur l'OEdipe de Sophocle. 247
reur qu'il a d'aller dans le palais de son pere qu'il a tué, & dans un lieu où il a eu des enfans de sa mere.

Ne vous obstinez point à les retenir, vous savez combien tout ce que vous avez voulu, vous a toûjours été funeste.] On doit tout craindre d'un naturel comme celui d'OEdipe : Creon apprehende donc avec raison, qu'en l'état où il est, un moment de desespoir ne le porte à ajoûter le meurtre ds ses enfans à ses autres crimes ; & en même tems Sophocle fait ressouvenir du veritable caractere de ce Prince qui s'est perdu par son opiniâtreté.

P. 148. *Habitans de Thebes voilà cet OEdipe.* [Ce que le Chœur dit icy, est proprement un Epilogue tel que celui que l'on ajoûte d'ordinaire à la fin des fables, & qui renferme le sens moral qu'on en doit tirer. Cet Epilogue n'étoit point chanté, comme Aristote nous l'apprend, dans le chap. XII. *l'Exode*, c'est-à-dire, le dernier acte, *est tout ce qui est dit après que le Chœur a cessé de chanter pour ne plus reprendre.* On peut voir là les remarques.

Et qui ne devoit sa grandeur qu'à son esprit, & à son courage.] Il faut remarquer ici que Sophocle ne vante que le courage, le bonheur, & l'esprit d'Œdipe. Toutes qualitez qui se trouvent également dans les bons, & dans les méchans, dans les hommes mêlez de vertus, & de vices, & qui ne sont ni méchans, ni bons.

Apprenez à ne trouver personne d'heureux dans le monde avant que de lui avoir vu finir heureusement son dernier jour.] C'est le mot que Solon dit à Crœsus : *Personne ne peut être appellé heureux avant sa mort.*

Fin des Remarques sur l'Œdipe.

L'ELECTRE
DE
SOPHOCLE.

PREFACE
SUR
L'ELECTRE.

Nous venons de voir une Tragedie simple qui est la plus parfaite espece de Tragedie, en ce que n'ayant qu'une seule catastrophe, elle estale necessairement les malheurs d'un personnage qui n'est ni bon, ni méchant, & qui s'est rendu malheureux par quelque grande faute; car voilà en quoy consiste la perfection. Passons presentement à une Tragedie de la seconde espece, c'est-à-dire, à une Tragedie double, qui a une double catastrophe, une catastrophe heureuse pour les bons, & funeste pour les méchans. Voici l'origine de cette seconde espece de Tragedie, qui est tres-inferieure à la premiere.

Les Poëtes s'etant apperçus qu'il y avoit toûjours des spectateurs trop foibles ou trop delicats, qui ne pouvoient souffrir les catastrophes funestes, chercherent à leur plaire par un autre chemin, & inventerent cette double catastrophe sur l'Odyssée d'Homere. Aristote a solidement prouvé dans sa Poëtique chapitre XIII. que le plaisir que donnent ces sortes de pieces, n'est pas à beaucoup prés si propre à la Tragedie qu'à la Comedie, parce qu'elles n'excitent ni la crainte ni la compassion. On peut voir là les remarques. Dans le dessein donc de faire voir une de ces pieces doubles, j'ay choisi l'Electre de Sophocle. Ce grand Poëte a fait quelques fautes dans la conduite de ce sujet : mais ces fautes pourront avoir leur utilité ; car on n'instruit pas moins les hommes en leur remetant devant les yeux les choses qu'il faut fuir, qu'en leur montrant celles qu'il faut suivre.

Quoy que cette Piece soit double, elle ne laisse pas d'être implexe, car elle a la reconnoissance & la peripetie, & c'est ce qui fait sa grande beauté.

Le but de Sophocle est de faire voir que quoy que Dieu differe la punition des méchans, il ne les laisse pourtant

PREFACE. 153

pas échaper à sa justice, & qu'il n'y a rien qu'il punisse avec plus de rigueur que les adulteres, les usurpations & les meurtres.

Je suis persuadé que le sujet de cette Piece paroîtra aujourd'huy trop horrible, & que l'on ne pourra souffrir un fils qui tuë sa mere, & une fille qui exhorte son frere à ce meurtre. En effet il y a une trop grande atrocité dans cette action. Les Atheniens même, qui étoient le peuple du monde qui haïssoit le plus les Roys, en ont été choquez, car nous voyons qu'Aristote enseigne de quelle maniere Sophocle devoit corriger cette atrocité sans rien changer à la fable. Ce Poëte en a diminué l'horreur autant qu'il a pu en relevant extremement les malheurs d'Electre, & en peignant des plus noires couleurs la cruauté & la barbarie de Clytemnestre, & d'Egysthe. D'ailleurs il a cru instruire par là plus efficacement les hommes de cette importante verité, que ceux qui commettent de grands crimes ne sont pas à couvert au milieu de leur famille, & que Dieu pour rendre leur bâtiment plus terrible & plus exem-

plaire, *les punit par la main même de leurs enfans : mais cela ne suffit peut-être pas pour le justifier. Le meurtre d'une mere par son fils est une chose trop atroce pour être, je ne dis pas, vuë, car cela ne pourroit s'excuser, mais entenduë. Au lieu d'exciter la terreur & la compassion, elle donne de l'horreur, ce qui passe le tragique. On ne doit l'apprendre que par un recit.*

A cela prés, cette Piece a toutes les beautez qu'elle étoit capable de recevoir. L'unité de tems & de lieu y est parfaitement observée ; l'action est publique & visible, & fait un seul tout entier & parfait ; Les mœurs y sont tres-bien marquées ; La diction en est tres-noble, & tres belle, & les sentimens merveilleux ; les reconnoissances y sont tres-bien menagées, & il n'y a point de piece double dont la peripetie ait plus de beauté. Enfin elle est pleine de surprises où il y a un art infini, & qui rendent le nœud & le dénouement admirables. Et c'est-ce que nous allons voir beaucoup mieux dans le détail. Eschyle a traité ce même sujet dans ses Cœphores, & Euripide dans son Electre. On peut voir avec beaucoup de plaisir & de profit le different chemin que chacun de ces trois Poëtes a pris ; car ces trois constitutions sont differentes. Celle de Sophocle me paroît la meilleure. Celle d'Euripide vient aprés, & celle d'Eschyle est la derniere ; car elle est presque sans art ; aussi de son tems cet art ne faisoit encore que de naître. Il y a pourtant beaucoup de noblesse & de grandeur dans plusieurs endroits. Sophocle en a pris quelques-uns, & imité d'autres, comme nous le verrons dans les Remarques.

Les deux défauts les plus considerables de la piece d'Eschyle, c'est que la reconnoissance se fait dans le premier Acte, & de la maniere la plus grossiere, & qu'on voit sur le Theatre, aprés la mort d'Egisthe, Clytemnestre qui prie son fils de ne pas la tuer. Cela est trop atroce pour le presenter aux yeux des spectateurs. Il y a plus d'art dans la disposition de la piece d'Euripide, elle attache extrèmement, mais elle a des défauts tres-considerables; Electre est reconnuë dans le premier Acte, & Oreste dans

Y iiij

le second. Ainsi toutes ces reconnoissances sont trop éloignées de la peripetie, ou du changement d'état, ce qui est un tres-grand vice. Le caractere d'Electre y est encore plus dur & plus outré que dans Eschyle & dans Sophocle; car elle dit qu'elle se sent capable de tuer sa mere de sa propre main. En effet elle l'attire dans le piege : elle est non seulement presente à sa mort ; mais elle encourage son frere, & elle met la main au poignard. Cela est d'autant plus atroce que Clytemenestre luy témoignoit de la bonté ; elle lui avoit sauvé la vie lorsqu'Egisthe vouloit la faire perir, & elle l'alloit voir sur la nouvelle de sa couche pour pleurer avec elle ses malheurs de mettre au monde des enfans si miserables. Le repentir qu'Electre témoigne aprés la mort de cette Princesse, ne sauve pas cette atrocité. Aprés l'action Castor & Pollux viennent dans une machine pour consoler Oreste & Electre; cette machine est absolument sans necessité, & la piece pourroit fort bien finir sans elle. Enfin les regrets qu'Oreste & Electre font en se separant, & les adieux qu'-

PREFACE. 257

ils se disent sont tres-froids, & Pylade fait là un tres-méchant pesonnage; car il ne répond rien lorsque les Dieux ordonnent qu'il épousera Eleftre; Il l'emmeine sans dire un seul mot; peu content sans doute d'avoir une femme de ce caractere. Il y a encore quelques autres défauts, comme la Satire que le Poëte fait contre la reconnoissance de la piece d'Eschyle. Mais tous ces défauts n'empêchent pas que cette Tragedie d'Euripide ne soit fort belle, & qu'on ne la lise avec plaisir; elle a même cet avantage sur celle de Sophocle, que les plaintes d'Eleftre, & les consolations du Chœur ne sont pas si longues, & que le lieu de la scene étant different, elle n'est pas obligée de presenter Eleftre aux spectateurs, pendant les trois premiers Intermedes. Avec tout cela Sophocle est encore plus au dessus d'Euripide, qu'Euripide n'est au dessus d'Eschyle; il dispose mieux sa fable: il fait mieux le nœud & le denouement, ses surprises sont plus merveilleuses & plus frequentes, enfin il excite mieux la terreur.

ACTEURS

ORESTE, Prince d'Argos, fils d'Agamemnon, & de Clytemnestre.
ELECTRE, sœur d'Oreste.
CHRYSOTHEMIS, sœur d'Oreste & d'Electre.
LE GOUVERNEUR d'Oreste.
PYLADE, ami d'Oreste.
SUITE D'ORESTE.
SUITE DE PYLADE.
EGISTHE, Roy de Mycenes, & mari de Clytemnestre.
CLYTEMNESTRE, femme d'Egyste.
SUITE D'EGYSTHE.
SUITE DE CLYTEMNESTRE.
LE CHOEUR qui est composé des principales Dames de Mycenes.

La Scene est à Mycenes devant la place du Palais qui est au bout de la ville du côté de Corinthe.

ELECTRE.

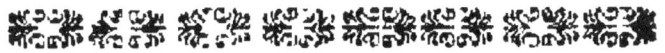

ACTE I.

SCENE PREMIERE.

LE GOUVERNEUR
D'ORESTE.
ORESTE ET PYLADE.
Suite de ces deux Princes.

LE GOUVERNEUR.

Ils du grand Agamemnon vainqueur de Troye, enfin vous voilà dans les lieux que vous fouhaitiez tant de voir. Cette ville qui paroît à vôtre droite, c'est l'ancienne ville d'Argos avec le bois sacré de la fille d'Inachus, que la jalousie de Junon rendit furieuse. Voilà la place du Lycée qui est consacrée à Apollon, & ce que vous voyez à vôtre gauche, c'est le celebre temple de Junon. La ville où nous arrivons, c'est la riche Mycenes ; & ce Palais, c'est le malheureux Palais des fils de Pelops, où l'on a vû tant de sanglantes catastrophes. Ce fut là que dans le moment que vous alliez suivre la cruelle destinée de vôtre pere, qu'on venoit d'égorger, la Princesse vôtre sœur vous remit entre mes mains, & que je vous sauvay d'une mort certaine. Depuis ce tems-là je vous ay élevé avec beaucoup de soin, afin que parvenu à l'âge où vous êtes, vous pussiez vanger la mort de vôtre pere, & punir vous-même ses meurtriers. Presentement donc, Oreste, & vous le plus fidele de tous les amis, genereux Pylade, consultons ensemble sans perdre un moment ce que nous devons faire : car le chant des oyseaux annonce déja le lever du Soleil, & le noir silence de la nuit s'évanouit avec les étoiles. Avant donc que personne sorte de sa maison, prenez ensemble vos mesures : nous voilà précisement dans une conjoncture qui ne souffre point de retardement, & qui demande une execution prompte.

ORESTE.

O le plus fidele, & le plus cher de ceux qui ont suivi ma fortune, vous me donnez tous les jours de nouvelles marques de vôtre attachement pour moi, & de vôtre tendresse. Comme un genereux coursier, bien que

parvenu à une extréme vieillesse, non seulement ne perd pas
courage dans les grandes occasions, mais rallume tout son
premier feu, vous de même
vous ne vous contentez pas de
nous exciter par vos conseils,
vous nous donnez encore l'e-
xemple ; c'est pourquoy je ne
feray pas difficulté de vous découvrir ce que j'ay pensé. E-
coutez-moy seulement avec attention, & redressez-moy si
vous trouvez quelque chose à
reprendre dans ce que je vais
vous dire. Quand j'allai à Delphes consulter l'Oracle pour
savoir de quelle maniere je devois tirer vangeance des meurtriers de mon pere, Apollon me
répondit que mon dessein étoit
juste, & que sans aucuns prepa-
ratifs, ni d'armes, ni de troupes, j'entreprisse de les faire
tomber sous mes coups par la

seule fraude, en leur cachant la main qui les frapperoit. Puisque nous avons donc reçu un Oracle si clair, dés que vous verrez le moment favorable, entrez dans le Palais, observez bien tout ce qui s'y passe, & quand vous aurez tout vû, venez nous en rendre compte; car à l'âge où vous étes, & aprés le long-tems qu'il y a qu'ils ne vous ont vû, ils ne vous reconnoîtront point, & ils ne pourront avoir de vous aucun soupçon, sur tout vous voyant dans cet équipage. Vous leur direz que vous étes de la Phocide, & que vous venez de la part d'un homme de Panope, d'un de leurs principaux hôtes & alliez, & que vous étes envoyé, pour leur apprendre la nouvelle de la mort d'Oreste, que vous leur confirmerez par vos sermens, & que vous ne manquerez pas de leur particulariser en leur disant qu'une mort violente la emporté au milieu des jeux Pythiques où il est tombé de son char ; voila ce que vous avez à dire. Pour nous dés que nous aurons fait nos libations sur le tombeau de mon pere, comme Apollon me l'a ordonné, & que nous lui aurons fait une offrande de mes cheveux, nous reviendrons avec l'urne d'airain que nous avons cachée prés d'icy sous des broussailles, & que nous porterons entre nos bras, afin qu'en cet état nous puissions plus facilement tromper ces assassins en leur confirmant l'agreable nouvelle de ma mort, & en leur faisant voir mon corps brûlé & reduit en cendres. Car au fond quel mal peut-il m'arriver de passer pour mort, si je fais voir par mes actions que je suis plein de vie,

&

& si je vais acquerir une gloire immortelle ? pour moy je suis persuadé qu'il n'y a point de presage funeste où l'on trouve tant d'utilité. Combien y a-t-il eu de Sages, qui aprés avoir été tenus pour morts pendant long-tems, sont revenus ensuite chez eux, & n'ont été que plus honorez de tout le monde. J'espere que j'auray le même bonheur, & qu'aprés avoir semé par tout le bruit de ma mort, je paroîtray tout d'un coup à mes ennemis, comme un astre qui les éblouira de sa lumiere. Mais, ô ma chere Patrie, & vous, ô Dieux qui presidez à cette terre, recevez-moy favorablement, & benissez mon entreprise ! Et vous, Palais de mes Ancêtres, puisque poussé justement par les Dieux je viens pour laver l'opprobre dont vous étes couvert ne souffrez pas que je m'en retourne sans gloire ; faites au contraire que rétabli dans ce Royaume je puisse vous redonner vôtre premier lustre. C'est assez parlé, vous, allez vous preparer à *à son Gouverneur.* executer ce que nous avons dit, tâchez de decouvrir ce qui se passe dans le Palais, nous nous retirons. Voici le tems favorable, c'est lui qui decide de toutes les affaires des hommes.

SCENE II.

ELECTRE, LE GOUVERNEUR, ORESTE, PYLADE.

ELECTRE *sortant du Palais.*

Helas! helas! malheureuse.

LE GOUVERNEUR.

Seigneur, il me semble que j'entends quelque esclave qui se plaint dans ce Palais.

ORESTE.

Ne seroit-ce point la malheureuse Electre? Voulez-vous que nous nous arrêtions, & que nous écoutions ses plaintes?

LE GOUVERNEUR.

Nullement, n'entreprenons rien avant que d'avoir executé l'ordre d'Apollon, commençons par là. Allez verser sur le tombeau de vôtre pere ces libations qui doivent nous procurer la victoire, & nous donner la force d'executer ce que nous avons resolu.

SCENE III.

ELECTRE *seule*.

Lumiere sacrée, & vous ciel qui environnez également la terre, combien de fois avez-vous entendu mes plaintes? combien de fois avez-vous entendu le bruit des coups dont je frape mon sein? Autant de fois que la nuit a vû dissiper ses ombres. Mais si-tôt que ces mêmes ombres reviennent chasser le jour, mon lit, mon triste lit est le seul témoin de mes douleurs, il voit seul les larmes que je verse sans cesse pour la mort de mon pere. Le cruel Dieu de la guerre, qui n'aime que le sang, l'avoit épargné dans une terre barbare, & ma mere & son infame Egysthe, à qui elle a honteusement fait part de sa couche, lui fendent la tête à coups de haches, comme on voit des bucherons à coups redoublez abbattre un chêne dans une forêt ; & personne, mon cher pere, personne n'a été touché d'une mort si pitoyable & si cruelle; moi seule j'en conserve une douleur qui ne finira jamais : Non je ne cesserai jamais mes gemissemens pendant que je verray briller sur ma tête les feux de la nuit, & que le sacré flambeau du jour me prêtera sa lumiere. Toûjours, comme la malheureuse fille de Pandion qui a perdu ses

Z iij

enfans, je feray entendre mes cris, & les portes de ce Palais sacre verront toûjours apprendre à tout le monde le sujet de mes douleurs, elles retentiront toûjours du bruit de mes plaintes. Palais de Pluton & de Proserpine ; Mercure qui avez le soin de conduire les ames dans les enfers ; venerable Deesse qui présidez aux imprécations, & vous, severes filles des Dieux, formidables Furies, qui voyez ceux que l'on tue injustement, & qui ne perdez pas de vûë les adulteres, venez, secourez-moi, vangez la mort de mon pere, & renvoyez-moi mon frere que j'attends depuis tant d'années : car je ne saurois seule porter le fardeau de ma douleur.

SCENE IV.
LE CHOEUR. ELECTRE.

LE CHOEUR

PRincesse, qui êtes née de la plus dénaturée de toutes les meres, Electre, pourquoy fondez-vous ainsi en larmes en pleurant toûjours un pere qui depuis si long-tems est tombé dans les embûches d'une femme impie, & qu'une main perfide a trahi ? Que celui qui a commis ce crime puisse perir malheureusement, s'il m'est permis de tenir ce langage.

ELECTRE.

Filles de Mycenes, vous venez pour me consoler dans mes maux, je say ce que vous pouvez me dire, tout ce que vous pouvez m'alleguer m'eſt connu : mais je ne cesserai jamais de pleurer mon cher pere: c'eſt pourquoy, mes compagnes, qui avez toûjours ſi bien répondu à l'amitié que j'ay pour vous, je vous en conjure, laiſſez-moy, que je me conſume en regrets.

LE CHOEUR.

Mais, Princeſſe, ni par vos regrets, ni par vos prieres vous ne ferez revenir vôtre pere de ce marais de Pluton qui eſt le rendez-vous general de tout le monde. En vous plaignant ſans ceſſe vous ne faites qu'irriter vos maux, & les rendre incurables. dans des choſes qui ſont ſans remede, pourquoy vous abandonnez-vous à une douleur que vous ne ſauriez ſupporter?

ELECTRE.

Il faut être entierement insensible pour oublier un pere qui est mort d'une si cruelle maniere. Pour moy je ne trouve de consolation qu'à imiter la plaintive Philomele qui annonce la venuë du jour en pleurant son cher Itys. Et vous, Niobe infortunée, je vous regarde veritablement comme une Deesse, & je vous porte envie de ce que changée en marbre, vous ne laissez pas de pleurer toûjours.

LE CHOEUR.

Vous n'étes pas la seule à qui ce malheur est arrivé, pourquoi vous affligez-vous plus que les autres enfans d'Agamemnon? vos sœurs Chrysothemis & Iphianasse ne se desesperent pas comme vous, & vôtre frere, qu'on éleve secretement, supporte son affliction.

ELECTRE.

Qu'Oreste est heureux ! Cette celebre terre de Mycenes le reverra dans un état digne de sa naissance, quand Jupiter favorable aura daigné conduire ici ses pas. Je l'attends sans cesse dans ce triste état où vous me voyez, abandonnée de tout le monde, sans consolation, sans appui, sans mari; toûjours baignée de mes larmes, & toûjours en proye à mes douleurs. Et lui, il a oublié les maux qu'il a soufferts, & ceux que je lui ay appris par mes lettres : car je ne reçois de luy que des nouvelles trompeuses ; il me mande toûjours qu'il a une impatience extrême de venir ; mais cette impatience le fait-elle hâter, & le voyons nous paroître ?

LE CHOEUR.

Prenez courage, Princesse, le grand Jupiter est dans le ciel, il voit tout, il gouverne tout. Remettez-lui toute vôtre colere, & contentez-vous de ne pas oublier vos ennemis. Car le Tems est un Dieu qui ne s'arrête jamais. Ni le jeune Prince qu'on éleve dans la Phocide, ne manquera de revenir, ni le Dieu des enfers ne manquera de vous vanger.

ELECTRE.

Cependant voilà une grande partie de ma vie qui est passée sans que je voye l'effet de ces esperances. Je ne puis plus les conserver ; je suis une malheureuse orpheline qui ne fais que languir sans trouver personne qui me protege. Je me trouve étrangere dans la maison de mon propre pere, je m'y voi dans un état indigne de ma naissance, avec ces méchans habits, & je manque de toutes choses.

LE CHOEUR.

Ah la malheureuse nouvelle que vous reçûtes du retour de vôtre pere ! Ah la funeste nuit où il coucha dans son Palais : car ce fut alors qu'il reçut ces coups mortels. La fraude imagina le dessein de cet horrible meurtre, & l'amour l'executa : mais la fraude & l'amour se preparerent à ce crime par un autre crime, soit que cela vienne des hommes, ou de quelque Dieu.

ELECTRE.

O le plus detestable de tous les jours qui ayent éclairé depuis ma naissance ! funeste nuit, cruel souper dont je ne puis soûtenir l'idée, abominable repas où mon pere fut assassiné par deux perfides ! mon cher pere, les coups que ces traîtres vous donnerent, porterent en même tems sur moi. Que le grand

Jupiter qui habite dans les cieux leur fasse souffrir la peine de leur perfidie, & qu'ils ne joüissent d'aucun plaisir aprés avoir commis un si horrible crime.

LE CHOEUR.

Prenez garde de ne point trop parler. Ne voyez-vous pas quels malheurs vous vous êtes attiré vous même, & ne sentez-vous pas que par vos impatiences, & en cherchant à susciter toûjours de nouvelles guerres dans le Palais, vous n'avez fait qu'aggraver vos maux? Il est dangereux de s'attaquer à ceux qui ont en main toute la puissance.

ELECTRE.
ELECTRE.

L'éxcez de mes maux ne me permet pas de me moderer: je sçay mes emportemens, je connois toutes mes violences, mais tant que je vivray, je ne cesseray jamais de faire ces imprécations. Y a t-il quelqu'un, je vous prie, y a-t-il quelqu'un, s'il conserve encore quelque raison qui puisse entreprendre de me consoler ? C'est pourquoy, mes amies, laissez-moy, ne cherchez point à soulager des douleurs qui doivent être éternelles. Non jamais on ne verra finir mes pleurs, & ces lieux retentiront toûjours de mes plaintes.

LE CHOEUR.

Mais je vous en avertis avec toute la tendresse qu'une bonne mere a pour ses enfans, ne vous attirez pas de nouveaux malheurs.

ELECTRE.

Eh dites-moy, quels nouveaux malheurs ay-je encore à craindre ? Quelle honte pour moy, si j'étois capable d'oublier mon pere ! Pourroit-on être assez dénaturé pour avoir ces sentimens ? Non, mon pere, n'ayez plus pour moy toute la tendresse que vous me conservez dans les enfers, & si j'ay encore quelque bien à esperer dans la vie, que je n'en puisse jamais joüir en repos, si je retiens jamais mes tristes regrets, & si je me deshonore jamais par une si lâche complaisance. Car *Elle se tourne vers le Chœur.* si ce malheureux Prince qui n'est plus que cendre & que poussiere, est miserablement abandonné, & que ses meurtriers ne soient pas punis de leurs crimes, il n'y a plus de pudeur sur la terre, ni de pieté parmi les mortels.

LE CHOEUR.

Princesse, c'est plus pour vos interêts que pour les miens, que je vous parle, si vous trouvez que je n'aye pas raison, vous n'avez qu'à vous satisfaire, nous ne vous abandonnerons jamais.

ELECTRE.

J'ay honte, mes compagnes, de vous paroître si foible, & de ne pouvoir pas mieux supporter mon affliction : mais je ne puis resister à la violence de mes maux, pardonnez-moy, je vous prie : où trouveriez-vous une Princesse, qui, pour peu qu'elle fut bien née, ne fit pas à ma place tout ce que je fais en voyant les malheurs de ma maison, ces malheurs qui bien loin de diminuer, ne font qu'augmenter jour & nuit. Tout ce qu'il y a de plus cruel m'est venu de la main de cette mere barbare ; je suis forcée de demeurer dans le propre Palais de mon pere avec ses meurtriers ; ses meurtriers sont mes maîtres ; & je suis reduite à recevoir tout

tout de leur main. Quels jours pensez vous que je passe quand je vois Egysthe assis sur le trône de mon pere, & revêtu des mêmes habits? Pourriez-vous vous imaginer ce que je sens quand je lui voi faire les sacrifices domestiques dans le même lieu où il l'a tué? & que pour comble d'opprobre je voi cet assassin dans un même lit avec ma mere, si je puis encore appeller ma mere, celle qui partage sa couche avec le meurtrier d'Agamemnon? Cette malheureuse est si aveuglée, qu'elle se voit tranquillement prés de ce traître sans craindre aucune des Furies. Et tous les ans quand elle voit arriver le jour où elle a tué ce Prince, comme si elle n'avoit qu'à rire, & qu'à triompher de ses crimes, elle mene ce jour là des danses, & fait des sacrifices aux Dieux Sauveurs pour celebrer plus dignement cette fête ; & moy qui suis le témoin de ces abominations, je ne fais que pleurer, que me consumer. En voyant ces execrables soupers, qu'ils appellent les soupers d'Agamemnon pour se rendre toûjours nouveau le plaisir qu'ils ont eu en l'immolant à leur rage, je me ronge en secret : car il ne m'est pas permis de faire éclater ma douleur autant que mon cœur auroit de plaisir à le faire, cette detestable femme s'élevant d'abord contre moy, & me chargeant de maledictions. Horrible objet de la haine des Dieux, me dit-elle, tu es la seule qui t'aperçois, & qui fais paroître icy que ton pere est mort; tu es la seule qui le pleures; puisses-tu perir malheureusement, & que jamais les Dieux infernaux ne mettent fin à tes plaintes. Voilà ses emportemens ordinaires ? mais lors qu'elle entend dire à quelqu'un qu'Oreste doit venir, alors entrant en fureur, elle vient crier prés de moy, N'es tu pas la cause de tout cecy? N'est-ce pas là ton ouvrage ? N'est-ce pas toy qui fus m'arracher Oreste des mains, & qui l'as fait élever dans une terre étrangere ? Prepare toy à être bien-tôt punie de cet attentat. Elle prononce cela avec une impudence mêlée de rage. Et cet indigne époux se tient là prés d'elle pour l'exciter contre moy ; ce lâche qui n'est qu'opprobre, & qui n'oseroit rien entreprendre, si quelque femme ne le soûtenoit. Et moy, en attendant toûjours qu'Oreste vienne mettre fin à mes maux, je me voi perir miserablement ; ce Prince en

differant toûjours de venir executer ce qu'il m'a promis, ruine
toutes mes esperances, & pour
le present, & pour l'avenir. Il
est donc bien difficile de se moderer dans l'état où je me trouve, & de ne pas murmurer contre les Dieux. Des maux si terribles changent nôtre naturel
& nous forcent malgré nous à
être méchans.

LE CHOEUR.

Mais osés-vous parler ainsi
pendant qu'Egisthe est dans le
Palais ? Seroit-il donc sorti ?

ELECTRE.

Ne croyez pas que si Egisthe
étoit dans le Palais, j'eusse
la liberté d'être ici ; il est sorti
de Mycenes.

LE CHOEUR.

Puisque cela est je parleray
aussi avec plus de confiance.

ELECTRE.

Vous le pouvez, car il est absent.

LE CHOEUR.

Je voudrois bien savoir quelles nouvelles vous avez d'Oreste ; doit il-bientôt venir, ou son voyage est-il differé ?

ELECTRE.

Il dit tous les jours qu'il viendra, mais il ne fait pas ce qu'il dit.

LE CHOEUR.

Tout homme qui entreprend quelque grande action consulte d'ordinaire, & délibere long-tems.

ELECTRE.

Mais moy consultai-je long-tems quand il fallut le sauver ?

LE CHOEUR.

Prenez courage, Princesse, il est trop genereux, il n'abandonnera pas ses amis.

ELECTRE.

J'en suis persuadée, sans cela je ne vivrois pas long-tems.

LE CHOEUR.

N'en dites pas davantage, Madame, je voi sortir du Palais vôtre sœur Chrysothemis qui porte dans ses mains les offrandes que l'on fait d'ordinaire aux morts.

SCENE CINQUIE'ME

CHRYSOTHEMIS, ELETRE, LE CHOEUR.

CHRYSOTHEMIS.

MA sœur, quels discours tenez-vous devant les portes de ce Palais ? Le tems ne vous apprendra-t-il donc jamais à ne pas chercher de vaines satisfactions en vous abandonnant à des douleurs inutiles ? Je ne suis pas moins sensible que vous à nos malheurs, & si mes forces répondoient à mes desirs, je leur ferois bien voir les sentimens que j'ay pour eux. Mais dans l'état où je suis je trouve plus à propos de moderer mon ressentiment, & de ne pas croire me vanger de mes ennemis, quand je ne leur fais aucun mal. Je voudrois que vous eussiez la même conduite, quoy que je sache bien que ce que vous faites est plus juste que ce que je fais : mais le seul moyen d'être libres, c'est d'obeïr en tout à ceux qui ont un empire absolu sur nous.

ELECTRE.

Quelle indignité qu'étant née du pere dont vous étes née, vous puissiez l'oublier, & avoir pour vôtre mere une si lâche complaisance : Car je voy bien que tous les conseils que vous me donnez sont autant d'instructions que vous avez reçuës d'elle, & que vous ne dites rien de vous même. C'est pourquoy choisissez, ou avoüez franchement que vous êtes d'un tres-méchant naturel, ou, si vous vous piquez de tendresse pour vôtre pere, tombez d'accord que vous vous êtes fort oubliée en cette occasion. Vous venez de me dire que si vos forces répondoient à vos desirs vous leur feriez bien voir les sentimens que vous avez pour eux ; cependant lorsque je fais tous mes efforts pour vanger nôtre pere, non seulement vous ne m'aidez pas ; mais vous tachez même de m'en détourner. N'est-ce pas ajoûter la lâcheté à tous vos autres maux ? Car dites-moy, je vous prie, ou apprenez-le prenez-le de moy, que gagnerois-je, en cessant de me plaindre ? Ne vis-je pas ? Il est vray que je vis malheureuse, mais enfin je vis, & cela me suffit ; je suis le fleau de ces perfides, & par là je fais tous les jours de nouveaux plaisirs à ce cher Prince, s'il est vray que chez les morts on soit encore sensible à quelque plaisir. Et vous, qui vous vantez de les haïr, vous ne les haïssez que dans vos discours, vos actions démentent vos paroles ; vous passez vôtre vie avec les meurtriers de vôtre pere. Pour moy je ne pourrois jamais me resoudre à me soûmettre ainsi quand on me donneroit toutes ces belles choses dont vous vous parez, & dont vous faites vos delices. Soyez servie icy en Reyne, vivez dans l'abondance, & dans les plaisirs, & que je n'aye d'autre nourriture que de ne pas faire des choses si mortifiantes. Je ne porte point d'envie à tous vos honneurs, & si vous faisiez bien, vous y renonceriez vous même. Voyez, je vous prie, quelle gloire vous acquerez, pouvant être appellée la fille du meilleur de tous les peres, & du plus grand homme qui fut jamais, vous faites enforte que l'on vous appelle la fille de la plus indigne des meres; car en trahissant ainsi vôtre pere, & tous vos amis, il est impossible que vous ne passiez pour lâche, & pour méchante dans l'esprit de tout le monde.

LE CHOEUR

Au nom des Dieux ne vous emportez point; vous pouvez profiter l'une & l'autre de ce que vous venez de dire ; vous si vous suivez les conseils qu'elle vous donne, & elle, si elle suit ceux que vous lui donnez.

CHRYSOTHEMIS.

Pour moy je suis accoûtumée à tous ses discours, & je ne lui en parlerois pas, si je ne voyois un malheur épouvantable qui va l'accabler, & qui l'empêchera de faire entendre ici ses plaintes.

ELECTRE.

Et quel est donc ce malheur épouvantable ? Si vous pouvez m'en trouver un plus grand que ceux où je suis, je ne vous resisteray pas davantage.

CHRYSOTHEMIS.

Je vai vous dire tout ce que je sai : si vous ne mettez fin à vos plaintes, on doit vous envoyer dans un lieu où vous ne verrez jamais la lumiere du Soleil ; on vous enfermera loin d'icy dans une chambre souterraine, où vous lamenterez tant qu'il vous plaira vos malheurs. C'est pourquoy pensez à vous, afin que quand le mal sera arrivé, vous ne puissiez vous plaindre que de vous même. Il est encore tems de l'éviter.

ELECTRE.

Est-ce donc là tout ce qu'ils ont resolu de faire ?

CHRYSOTH.

Oüy, dés qu'Egisthe sera revenu.

ELECTRE.

Ah ! qu'il revienne donc promptement.

CHRYSOTH.

Malheureuse, que souhaitez-vous ?

ELECTRE.

Qu'il revienne, s'il doit faire ce que vous m'avez dit.

CHRYSOTHEMIS.

Pourquoy faites-vous un souhait si cruel ? Avez-vous perdu le sens ?

ELECTRE.

Pour m'éloigner d'eux & de vous au plus vîte.

CHRYSOTHEMIS.

Ne pensez-vous point aux douceurs de la vie ?

ELECTRE.

Il est vray que celle que je mene est bien douce ! Elle merite bien qu'on vante ses douceurs !

CHRYSOTHEMIS.

Mais elle le seroit si vous suiviez mes conseils.

ELECTRE.

Ne me conseillez point de trahir mes amis.

CHRYSOTHEMIS.

Je ne vous conseille que de ceder à vos maîtres.

ELECTRE.

Cedez leur vous même tant que vous voudrez, ce n'eſt pas là mon caractere.

CHRYSOTH.

Il eſt beau pourtant de ne pas perir par ſa faute.

ELECTRE.

Periſſons, pourveu que mon pere ſoit vangé.

CHRYSOTHEMIS.

Croyez-moy, mon pere nous pardonnera toutes ces complaiſances.

ELECTRE.

Il n'y a que des lâches qui puissent approuver de tels discours.

CHRYSOTHEMIS.

Vous ne voulez donc pas suivre mes conseils ?

ELECTRE.

Non sans doute, à Dieu ne plaise que je sois assez dépourvûë de sens pour le faire.

CHRYSOTHEMIS.

Je vai donc où l'on m'a ordonné d'aller.

ELECTRE.

Où allez-vous ? & à qui voulez-vous offrir ces sacrifices ?

CHRYSOTHEMIS.

Ma mere m'envoye faire des libations à mon pere.

ELECTRE.

Comment dites-vous ? Quoy à l'homme du monde qu'elle haït le plus ?

CHRYSOTHEMIS.

A celui qu'elle a tué; car c'est ce que vous voulez dire.

ELECTRE.

Qui est-ce qui lui a donné ce conseil ? Qu'est-ce qui l'oblige à faire une chose si étrange?

CHRYSOTH.

Je croi que c'est la terreur que lui donne un songe qu'elle 'a eu cette nuit.

ELECTRE.

O Dieux de mon pere secourez-moy maintenant !

CHRYSOTH.

Comment cette terreur releve t-elle vos esperances ?

ELECTRE.

Quand vous m'aurez raconté le songe, je vous le diray.

CHRYSOTHEMIS.

Je ne puis vous en dire que fort peu de chose.

ELECTRE.

Parlez, car il ne faut souvent que peu de chose pour abbatre les hommes, ou pour les relever.

CHRYSOTHEMIS.

On dit qu'il lui a semblé cette nuit que nôtre pere étant revenu au monde, & ayant saisi le sceptre qu'il portoit autrefois, & qui est presentement entre les mains d'Egisthe, il l'a planté au milieu de son Palais, & que ce sceptre a produit sur l'heure un rameau qui de son ombre a couvert toute la terre de Mycenes. Voilà ce que j'ai entendu dire à un de ceux qui étoient presens ce matin, quand elle a raconté ce songe au soleil. Je n'en sai pas davantage, j'ajoûteray seulement que c'est la frayeur qu'elle en a qui l'oblige à m'envoyer faire ces libations. Au nom des Dieux je vous en conjure, laissez-vous flechir, ne vous perdez pas par vôtre imprudence. Si vous refusez presentement de suivre mes conseils, vous vous en repentirez bien-tôt, & il ne sera plus tems.

ELECTRE.

Mais moy, ma sœur, je vous conjure au nom de ces mêmes Dieux de ne point porter sur le tombeau de nôtre pere ce que vous tenez dans vos mains ; il n'est ni pieux, ni juste que vous alliez lui faire ces presens, & ces libations de la part de sa plus cruelle ennemie. Jettez les plûtôt aux vents, ou allez les enterrer dans quelque fosse profonde, afin que rien de tout cela ne puisse jamais approcher du tombeau de nôtre pere, & qu'on lui conserve à elle même dans les entrailles de la terre tout cet appareil pour le jour de sa mort. Car je vous prie, si ce n'étoit pas la plus insolente de toutes les femmes, oseroit-elle envoyer faire ces odieuses libations à celui qu'elle a tué, & croyez-vous que ce Prince reçût favorablement des presens qui lui viendroient de la même main qui l'a si lâchement assassiné, qui l'a mis en pieces, & qui pour se laver de ce meurtre, a bien eu le courage d'essuyer sur sa tête ses mains sanglantes ? Croyez-vous qu'elle aille lui offrir ces sacrifices pour autre chose que pour tâcher de détourner la peine qui est dûë à son crime ? Non, non. Renoncez donc, je vous prie à ce dessein, & vous coupant vous-même les boucles de vos cheveux, allez plûtôt lui faire cette offrande ; joignez y ce peu de cheveux qui me restent, & qui témoignent assez le malheureux état où je suis. Au lieu de bandeletes offrez lui aussi ma ceinture, qui n'est point enrichie d'ornemens d'or, & en embrassant son tombeau, priez le de sortir de la terre, & de venir nous aider contre ses ennemis; demandez lui qu'Oreste vienne fondre sur eux, & les terrasser, afin que dans la suite nous puissions lui faire des presens plus riches que ceux que nous lui offrons maintenant. Je suis persuadée, ma sœur, oüy je suis persuadée que le soin qu'il a de nous, l'a obligée de lui envoyer ce songe qui la remplit d'horreur. C'est pourquoy, ma sœur, joignez-vous à moy, travaillez pour vous, pour moy, & pour ce cher pere qui doit avoir emporté avec lui dans les enfers toute nôtre amour.

LE CHOEUR.

Ces sentimens d'Electre sont pleins de pieté, & si vous êtes prudente vous ferez ce qu'elle vous dit.

CHRYSOTHEMIS.

Je le ferai, nous ne devons pas être divisées sur une chose si juste : il faut au contraire éxecuter promptement ce qu'elle veut, mais je vous conjure au nom des Dieux, de me garder le secret, car si ma mere apprenoit ce que je vais faire, je suis persuadée que cette entreprise me seroit funeste, & qu'elle trouveroit bien-tôt les moiens de m'en punir.

Fin du premier Acte.

INTERMEDE.
LE CHOEUR.
STROPHE.

SI je ne me trompe dans mes predictions & si je ne suis pas depourveüe de toutes sortes de lumieres, voici la Deesse de la Vangeance, qui connoît toujours l'avenir; ses mains sont armées de force & de justice : elle vient, Princesse, vous la verrez bien-tôt ; l'agreable recit qu'on vous a fait du songe de la Reyne, me donne cette confiance : car il n'est pas possible que le Roy vôtre pere oublie les traitemens qu'il en a reçeüs, ni que la fatale hâche qui la mis en pieces d'une maniere si horrible & si indigne, ne s'éleve pas contr'elle.

ANTISTROPHE.

Je voi venir la Furie qui a le soin de vanger les meurtres, cette redoutable Deeſſe qui a cent pieds & cent mains, qui ſe cache dans les tenebres, & qui ne ſe laſſe jamais. Elle vient faire repentir ces malheureux, des nôces criminelles qu'ils ont faites, de ces nôces qui ne ſont point des nôces & qui on été precedées par un horrible aſſaſinat. C'eſt pourquoi je ſuis perſuadée que les auteurs & les complices de ce crime ne riront pas de ce ſonge, car les hommes ne doivent plus ajoûter de foi ni aux ſonges ni aux Oracles, ſi l'apparition que la Reyne a eüe cette nuit n'a pas ſon effet.

EPODE.

Ah malheureuſe courſe de Pelops, que vous avez cauſé

de maux à cette terre ; car depuis le moment fatal que le jeune Myrtile aprés avoir honteusement trahi son maître & brisé son char, fut si indignement jetté dans la mer, cette maison a toujours été affligée de calamitez sans nombre,

ACTE

ACTE II.

SCENE PREMIERE.

CLYTEMNESTRE, ELECTRE, LE CHOEUR. Suite de Clytemnestre.

CLYTEMNESTRE.

Il me semble que vous vous promenez ici avec assez de liberté, parce qu'Egisthe n'est pas chez lui, car il sait bien vous empêcher de vous tenir devant cette porte & de nous deshonorer par vos reproches. Aujourd'hui, parce qu'il est absent, vous n'avez aucun respect pour moi, & vous ne cessez de dire à tout le monde que j'abusé de mon pouvoir, & que je vous traite indignement vous & les vôtres : je ne suis pas si injuste que vous voulez le persuader, & si je me suis emportée quelquefois contre vous, j'y ay toujours été forcée par les emportemens que vous avez eus contre moi. Le seul pretexte que vous avez, c'est que j'ay tué vôtre pere ; cela est vrai, je n'ai garde de nier une action si belle ; mais ce n'est pas moi seule qui l'ai tué, c'est la justice des Dieux, à qui, si vous aviez été prudente, vous auriez vous même prêté la main ; car ce pere que vous pleurez sans cesse est le seul de tous les Grecs qui a eu la barbarie de sacrifier aux Dieux vôtre sœur Ipaigenie, ne comptant mes douleurs pour rien & ne daignant pas se souvenir que la tendresse des meres pour leurs enfans est infiniment plus grande que celle des peres. Dîtes moi, je vous prie, pourquoi immoloit-il cette Princesse ? direz-vous que c'étoit pour faire plaisir aux Grecs ? mais quel droit avoient les Grecs de demander le sang de ma fille ? c'étoit sans doute pour l'amour de Menelas. Quoi pour l'amour de Menelas il auroit tué ma fille, & je ne l'en aurois pas puni ? Menelas n'avoit-il pas alors deux enfans ? & ces enfans ne devoient-ils pas plûtôt mourir que ma fille, puisqu'ils étoient sortis de ce pere & de cette mere pour lesquels on avoit entrepris ce voyage ? dirat'on que le Roy des Enfers avoit choisi mes enfans preferablement à ceux d'Helene ? ou plûtôt ne dira-t'on pas que vôtre malheureux pere n'aimoit pas ses enfans, & que Menelas aimoit les siens ? ah ne sont-ce pas là les sentimens d'un pere dénaturé ? oüi sans doute, quoi que vous n'en tombiez pas d'accord ; & si cette malheureuse Princesse, qui a été immolée, pouvoit parler, elle ne tiendroit pas un autre langage ; ainsi donc ma conscience ne me reproche rien sur l'action que vous voulez traitter de crime : & si vous trouvez que je n'aye pas raison, je suis ici, faites moi voir que je me trompe, mais faites le sans emportement & par des raisons solides.

ELECTRE.

Vous ne direz pas au moins aujourd'hui que j'aye commencé à vous dire des choses fâcheuses, & que vous ne faites que me repondre, mais si vous me le permettez, je parlerai pour mon pere & pour ma sœur sans m'éloigner des bornes que

vous m'avez prescrites.
CLYTEMNESTRE.
Oüy je vous le permets, & si vous m'aviez toûjours parlé avec cette moderation je ne vous aurois jamais rien dit, dont vous eussiez pû vous plaindre.
ELECTRE.
Vous avoüez donc que vous avez tué mon pere ? que vous l'ayez tué justement ou injustement, peut-on jamais rien entendre de plus horrible ? mais ce n'est nullement la justice qui vous a armée contre lui, c'est la seule persuasion de ce lâche avec qui vous vivez presentement. Demandez à Diane par quelle raison elle retenoit nôtre flotte dans le port d'Aulide, ou plutôt je vous le dirai moi-même, car il ne vous est pas permis de l'apprendre d'elle. Mon pere se divertissant un jour dans le bois sacré de cette

Deesse, comme on me l'a raconté mille fois, fit lever une biche marquetée, la tua, & en la tuant il lui échappa de dire quelque parole de vanité: La fille de Latone irritée de cette audace retint les Grecs dans le port, afin que pour la consoler de sa biche, mon pere lui sacrifiât sa fille, car on n'offroit pas alors d'autres Victimes à cette Deesse, & les vents étoient si resserrez que nôtre Flotte ne pouvoit continuer sa route vers Troye, ni reprendre le chemin de la Grece: mon pere donc forcé par cette dure necessité, aprés de longues resistances, sacrifia enfin malgré lui sa fille & nullement pour faire plaisir à Menelas: mais je veux, car il faut dire aussi vos raisons, je veux que pour obliger son frere il ait immolé ma sœur? mon pere devoit-il pour cela mourir de vôtre main ? par quelle loi ? prenez garde qu'en établissant une telle loi parmi les hommes, vous n'ayez bien-tôt sujet de vous en repentir, & que cette loi ne vous soit funeste, car dés qu'il faudra tuer les meurtriers, vous ne vivrez pas longtems, si l'on vous rend justice; mais ce n'est là qu'un faux pretexte, dont vous voulez vous servir : car dîtes moi, je vous prie, si vous le pouvez, qu'est-ce qui vous oblige maintenant à mener la vie honteuse que vous menez, vous qui recevez tous les jours dans vôtre lict ce scelerat qui vous a aidé à tuer mon pere ? vous qui donnez des enfans à cet adultere & qui rejettez les enfans legitimes que vous avez eus d'un Prince que les Dieux vous avoient donné pour mari ? Comment pourrois-je approuver ces actions ? direz-vous aussi que c'est pour vanger vôtre fille ? mais pourriez vous le dire sans rougir ? quoi pour vanger vôtre fille il vous sera permis d'épouser nôtre plus cruel ennemi ? mais il faut me retenir, nous n'avons pas la liberté de vous faire des remontrances, car d'abord vous allez dire par tout que nous ne faisons que charger d'injures atroces nôtre mere : pour moi je ne vous regarde pas comme ma mere, mais comme une maitresse cruelle : en effet quelle vie miserable est-ce que je mene ? ne suis-je pas accablée de maux, ou par vous ou par vôtre infame mary ? & pour ce pauvre Prince qu'on a eu tant de peine à arracher de vos mains, ce cher Oreste, il traîne ailleurs une vie infortunée. Vous me reprochez

chez toujours que je l'ay sauvé afin qu'il pût un jour vous punir & vanger mon pere, ah si je l'avois pû, je l'aurois fait sans doute, je veux bien que vous le sachiez : aprés cela dîtes à tout le monde que je suis la plus méchante de toutes les creatures, la plus emportée, & la plus impudente ; quand vous m'aurez donné toutes ces belles qualitez, que pourrat'on dire de moi, sinon que je vous ressemble ?

LE CHOEUR.

Je voi la Princesse en fureur, & l'on ne considere pas si sa fureur est juste.

CLITEMNESTRE.

Que faut-il que je considere dans une creature qui traite sa mere avec tant d'indignité, & qui, à son âge, parle avec tant d'impudence ? ne la croyez vous pas capable de tout entreprendre sans aucune honte ?

ELECTRE.

Vous vous trompez, j'ai honte de vous parler comme je vous parle, & je connois fort bien que dans ma bouche ce langage est indécent, mais la haine que vous me portez & les actions que vous faites m'y ont forcée ; voila les fruits de vos leçons.

CLYTEMNESTRE.

Malheureuse, c'est donc moi, ce sont mes paroles & mes actions qui te forcent à tenir ce langage ?

ELECTRE.

Oüy c'est de vous & non pas de moi que ces discours viennent, car vous commettez ces actions, & ces actions font naître ces discours.

CLYTEMNESTRE.

Mais je jure par Diane que

ton audace ne demeurera pas impunie quand Egisthe sera de retour.

ELECTRE.

Ne voyez vous pas que vous vous emportez & qu'aprés m'avoir permis de vous dire tout ce que je voudrois, vous n'avez pas la patience de m'entendre?

CLYTEMNESTRE.

Et parce que je t'ai permis de dire tout ce que tu voudrois tu ne me donneras pas le tems de faire en repos mon sacrifice?

ELECTRE.

Faites, achevez vôtre sacrifice & ne vous plaignez pas que j'interrompe vos prieres, je ne vous dirai plus rien.

CLYTEM. *à ses femmes*

Approchez, donnez-moy ces offrandes de toutes sortes de fruits, afin qu'en les mettant sur cet autel, je prie Apollon de me délivrer des frayeurs dont je suis saisie. Grand Dieu, qui êtes adoré aux portes de ce Palais, écoutez les prieres secretes que je vous adresse, car je suis ici parmi mes ennemis, & il n'est pas à propos que je découvre mes pensées devant cette fille, depeur que par un esprit de haine & de calomnie elle ne seme dans toute la ville de faux bruits : entendez-moi donc, je vous prie, comme je vai vous parler; Roy de Lycie, si les songes que j'ai eus cette nuit sont heureux, faites qu'ils ayent bientôt leur accomplissement, & s'ils sont malheureux détournez-en l'effet sur mes ennemis; si quelqu'un me dresse des embûches pour me precipiter de cet état florissant, ne permettez pas qu'il reussisse, mais au contraire faites que dans une santé parfaite & sans que rien interrompe le cours de mes prosperitez, j'habite ce Palais des Atrides, que je conserve ce Sceptre & que je passe une vie tranquille prés de celui avec qui j'ai partagé ma puissance & avec ceux de mes enfans qui ne me donnent aucune marque de haine, & qui ne m'importunent point par leurs plaintes & par leurs cris. Grand Apollon exaucez nos prieres & donnez-nous ce que nous vous demandons : je suis persuadée qu'êtant Dieu, comme vous êtes, vous connoissez toutes les autres choses que je vous demande dans un profond silence, car puis que Jupiter est vôtre pere, il est impossible que vos yeux ne penetrent les secrets les plus cachez.

SCENE II.

LE GOUVERNEUR d'Oreste, Suite du Gouverneur. CLYTEMNESTRE, suite de Clytemnestre, ELECTRE, LE CHOEUR.

LE GOUVERNEUR.

Femmes de Mycenes, n'est-ce pas là le Palais d'Egithe ?

LE CHOEUR.

Ce l'est assurement.

LE GOUVERNEUR.

Mais n'est-ce pas là aussi la Reyne son épouse ? car voila un air plein de majesté, & une magnificence vraiment Royale.

LE CHOEUR.

Oüy, voila la Reyne.

LE GOUVERNEUR.

Puissiez vous être toujours

heureuse, Madame ; je viens de la part d'un de vos amis pour vous apprendre une chose qui vous sera trés-agreable & à vous & au Roy Egisthe.

CLYTEMNESTRE.

Je reçois de bon cœur cet heureux presage, mais avant toutes choses dites-moy qui est celui qui vous a envoyé ?

LE GOUVERNEUR.

Un homme de la Phocide, de la ville de Panope, qui vous fait part d'une nouvelle trés-importante.

CLYTEMNESTRE.

Quelle est cette nouvelle ? parlez, car puisque vous venez de la part d'un si bon ami, je suis assurée que vous ne nous direz-rien que d'agreable.

LE GOUVERNEUR.

Madame, je vous le dirai en peu de paroles, Oreste est mort.

Dd iiij

ELECTRE.

Ah malheureuse ! ce jour est le dernier de ma vie !

CLYTEMNESTRE.

Ah quelle nouvelle m'apportez vous là ? que me dîtes-vous ? parlez, ne l'écoutez point :

LE GOUVERNEUR.

Madame, je vous l'ai déja dit, & je vous le redis encore, Oreste est mort.

ELECTRE.

Malheureuse, je meurs aussi, je ne suis plus.

CLYTEMNESTRE.

Faites comme il vous plaira, & vous, Étranger, dîtes-moi sans déguisement, comment la chose est arrivée & de quelle maniere il est mort.

LE GOUVERNEUR.

C'est pour cela que je suis envoyé, & je vous dirai jusqu'à la moindre circonstance. Ce Prince étant allé dans la celebre assemblée de la Grece pour assister aux jeux Pythiques, n'eut pas plutôt entendu le son des trompettes & le Heraut qui proclamoit le premier de ces jeux, qui étoit la course, qu'il se presenta aux barrieres, brillant d'un éclat surnaturel, qui donna du respect & de l'admiration à tout le monde; son adresse & sa force repondirent parfaitement à cet éclat, & nôtre admiration fut bientôt augmentée quand nous lui vîmes remporter le prix glorieux qu'on donne au vainqueur. Madame, je ne puis pas vous dire en détail toutes les grandes actions de ce Prince, je n'ai jamais vû tant de force & tant de courage: il vous suffit de sçavoir qu'il sortit victorieux des cinq combats que les Herauts publierent selon la coûtume, qu'il fut couronné au bruit des acclamations de tout le peuple, qui l'appelloit le Prince d'Argos, Oreste, le fils d'Agamemnon, qui avoit mené contre Troye la nombreuse armée des Grecs. Voila quel fut le succez du premier jour : mais quand les Dieux ont resolu nôtre perte, le plus puissant de tous les hommes n'est pas capable de l'éviter. Le landemain, qui étoit le jour de la course des Chariots, dés que le Soleil fut levé, Oreste parut avec plusieurs rivaux ; il y en avoit un d'Achaie, un de Sparte, deux de Lybie ; il faisoit le cinquiéme & montoit un char trainé par des chevaux de Thessalie ; le sixiéme étoit d'Etolie, le septiéme venoit de Magnesie, le huitiéme étoit Levcippe d'Enée ville de Thrace, le neuviéme venoit de la ville d'Athenes, qui est le sacré domicile des Dieux, & celui qui menoit le dixiéme char étoit de Beotie. Aprés que les Juges eurent distribué les rangs par le sort, & que les chars eurent pris leur place, les trompettes sonnerent, & les combattans partirent tous comme un éclair en excitant leurs chevaux & en agitant leur rênes : dans un moment la lice retentit du bruit des chars, l'air fut rempli de tourbillons de poussiere & les intrepides guerriers tous pêle mêle, faisoient chacun leurs efforts pour devancer leurs rivaux & pour gagner le dessus de l'haleine de leurs coursiers, qui tous fumants de sueur & & couverts d'écume blanchissoient les chars, & dont la respiration mêlée avec la poudre qu'ils élevoient faisoit d'épais nuages qui les déroboit à nos yeux. Le jeune Prince déja parvenu à la derniere borne tâchoit d'y faire tourner son essieu, & pour cet effet il lâchoit les rênes au cheval qui étoit hors de sa main & les tiroit à celui du dedans. Jusques là il n'étoit point encore arrivé d'accident, mais les chevaux du Prince de Thrace prenant le frein aux dents emportent le char de leur maître, & aprés avoir fait plusieurs tours, ils vont donner dans la tête des chevaux Lybiens, qui se renversant sur ceux qui couroient prés d'eux, & ces derniers se renversant de même sur leurs voisins, dans un moment le mal fut general; le champ de bataille étoit rempli d'éclats de chars fracassez. L'habile cocher d'Athenes voyant ce desordre détourne adroitement son char, & évite de donner dans cette affreuse mêlee, qui au milieu de la terre ferme representoit parfaitement un naufrage : Oreste, qui comme je vous l'ai déja dit, étoit parvenu à la derniere borne & qui couroit dans le dernier rang esperoit d'achever heureusement sa course, & voyant que ce jeune Athenien étoit le seul qui pût lui disputer le prix, il ne menage plus ses chevaux, il les pousse de toute sa force, & ayant atteint son ennemi, ils courent tous deux de front pendant longtems ; tantôt les chevaux d'Oreste passoient de toute la tête les chevaux du jeune Athenien, & tantôt ceux-cy devançoient de même les chevaux d'Oreste. L'Infortuné Prince d'Argos avoit déja fourni toutes ses courses, & son char étoit encore entier, lorsque lâchant tout d'un coup la rêne gauche au cheval qui tournoit, il heurte imprudemment la borne, l'essieu se rompt par le milieu, Oreste tombe embarrassé dans ses rênes; sa cheute épouvante les chevaux, qui emportez par la fraveur precipitent leur course. Toute l'assemblée le voyant tombé de son char jette des cris & plaint un Prince, qui aprés avoir donné de si grandes preuves de son adresse & de son courage avoit un sort si malheureux, & étoit si indignement traîné sur la poussiere. Ceux qui avoient couru avec lui arrêtent enfin aprés plusieurs efforts la fougue de ses chevaux, & ils detachent ce miserable corps qui étoit si couvert de sang & si défiguré que ses meilleurs amis n'auroient pû le reconnoître. On dresse aussitôt un bucher sur le même lieu, on le brûle, on ramasse ses cendres, & des hommes de Phocide ont ordre en même tems d'apporter icy dans une Urne d'airain les tristes restes de ce corps, afin qu'il soit au moins enterré dans sa patrie. Voila cette nouvelle que j'avois à vous apprendre, Madame, le recit en est affligeant, mais ceux qui, comme nous, ont été les témoins de ce spectacle, sont forcez d'avoüer qu'ils n'ont jamais rien vû de si affreux.

LE CHOEUR.

Helas ! helas ! toute la race de nos anciens Roys est donc malheureusement éteinte !

CLYTEMNESTRE.

O Jupiter ! que dois-je penser ? est-ce un bien ou un mal que vous m'envoiez ? j'en voi toute l'utilité, mais c'est un fort bien déplorable, que je ne puisse conserver ma vie que par des malheurs.

LE GOUVERNEUR.

Madame, qu'y a-t-il donc dans ce recit qui doive vous affliger ?

CLYTEMNESTRE.

C'est une chose bien forte que la Nature ; quand nous avons mis des enfans au monde, quelque mauvais traittemens que nous en recevions, nous ne saurions les haïr.

LE GOUVERNEUR.

Nous sommes donc venus inutilement ?

CLYTEMNESTRE.

Ah ! ne dîtes pas que c'est inutilement que vous êtes venus, puisque vous m'apportez des marques si seures de la mort d'un fils, qui oubliant qu'il étoit sorti de mes entrailles, & que ces mamelles l'avoient allaicté, s'étoit éloigné de moi & passoit sa vie dans une terre étrangere ; d'un fils, qui depuis
le

le tems qu'il étoit parti, n'étoit jamais venu me voir, & qui me reprochant sans cesse la mort de son pere me menaçoit toûjours qu'il sauroit bien m'en punir. Ses menaces m'avoient si fort épouvantée, que le sommeil ne pouvoit fermer mes yeux ni la nuit, ni le jour, & qu'à tous momens je me regardois comme une victime prête à être immolée. Ce jour me délivre de toutes ces frayeurs; je n'ai plus rien à craindre n'y d'Oreste, ny de cette malheuse fille, qui étoit peut-être encore plus redoutable que lui, car c'étoit un ennemi domestique qui me devoroit sans cesse & qui me consumoit, desormais je suis en repos puisque e n'entendrai plus ses m aces.

ELECTRE.

Helas malheureuse que je suis! c'est presentement, Oreſte, qu'il faut déplorer vos malheurs, puiſqu'en l'état où vous êtes vous ne laiſſez pas d'éprouver encore les duretez de cette mere barbare. Eſt-ce là ce que j'attendois des Dieux?

CLYTEMNESTRE.

Ce n'eſt pas ce que vous en attendiez, mais c'eſt ce qu'Oreſte en devoit attendre.

ELECTRE.

Deeſſe de la vengeance écoutez la voix de ce ieune Prince qui vient de mourir & qui vous appelle.

CLYTEMNESTRE.

Elle a écouté ceux qu'elle devoit écouter & leur a rendu iuſtice.

ELECTRE.

Inſultez à nos malheurs, la Fortune vous eſt favorable.

CLYTEMNESTRE.

Oreſte & vous, viendrez vous encore me menacer?

ELECTRE.

Ni Oreste, ni moi ne sommes plus en état de vous menacer, & vous ne devez plus vous contraindre.

CLYTEMNESTRE *au Gouverneur d'Oreste.*

Je ne saurois jamais assez reconnoître les obligations que je vous ay, d'avoir arrêté les fureurs de cette emportée.

LE GOUVERNEUR.

Puisque vous êtes en repos, Madame, je n'ai plus qu'à m'en retourner?

CLYTEMNESTRE.

Point du tout. Ce seroit mal reconnoître la peine que vous avez prise, & le service que nous a rendu celui qui vous a envoyé, que de vous laisser partir si vîte. Entrez dans le Palais, & laissez ici cette fille déplorer tous ses malheurs, & ceux de ses amis.

SCENE III.

ELECTRE, LE CHOEUR.

ELECTRE.

QUe dîtes-vous mes compagnes ? Que dîtes-vous de sa douleur, & de son affliction ? Quelles larmes cette malheureuse a-t-elle versées, en apprenant la mort de son fils qui vient de perir d'une si cruelle maniere ? Quels regrets a-t-elle faits ? N'a-t-elle pas disparu en riant ? Ah miserable que je suis ! mon cher Oreste, en mourant vous m'avez ôté la vie ; car vous avez emporté avec vous dans le tombeau ces douces esperances, les seules que je conservois encore, que vous viendriez venger nôtre pere , &

me délivrer ; maintenant où faut-il que j'aille ? Je suis seule, je n'ai ni pere ni frere, & je me voi reduite à être l'esclave de mes plus cruels ennemis, de ceux que je haïs le plus, & des meurtriers de mon pere ! En quel état me trouvé-je ! mais non je ne demeurerai jamais dans ce Palais avec ces monstres. Je vais me jetter ici devant cette porte, & sans attendre aucune consolation je vais me laisser consumer à mes douleurs. Si les Maîtres de ce Palais sont fatiguez de me voir, & de m'entendre, qu'ils viennent m'achever, c'est le seul plaisir qu'ils puissent me faire. La vie ne fait que prolonger mes malheurs, comment pourroit-elle encore me plaire ?

Fin du second Acte.

INTERMEDE.

LE CHOEUR.

STROPHE I.

ELECTRE *mêlée parmi les femmes qui composent le Chœur.*

Ou sont donc enfin les foudres de Jupiter ? Ou est le Soleil pere de la lumiere ? Si ces Dieux voyent ce qui se passe, pourquoy se tiennent-ils ainsi cachez ? Helas ! helas !

LE CHOEUR.

Princesse, pourquoi vous abandonnez-vous ainsi à vôtre affliction ?

ELECTRE

Helas ! helas !

LE CHOEUR.

Ne vous emportez point, attendez les Dieux.

ELECTRE.
Vous me faites mourir.
LE CHOEUR.
Comment ?
ELECTRE.
En voulant me faire esperer encore quelque secours de ceux qui sont morts, vous ne faites qu'augmenter mes malheurs, & insulter à ma misere.

ANTISTROPHE I.
LE CHOEUR.
Je sai que le Roy Amphiaraus abysmé dans les entrailles de la terre par la supercherie de sa femme, qui avoit été gagnée par un collier d'or, est presentement dans les enfers......

ELECTRE.
Helas, helas.
LE CHOEUR.
Où il regne plein de vie.

ELECTRE.
De qui me parlez-vous ?

LE CHOEUR.

De la malheureuse Eriphyle.

ELECTRE.

Mais ne fut-elle pas punie?

LE CHOEUR.

Assurement.

ELECTRE.

Ce Prince fut bientôt vengé ; Alcmæon son fils punit la perfide Eriphyle ; mais moi je n'ai personne qui venge mon pere; le seul qui me restoit, & de qui j'esperois ce secours vient de m'être ravi.

STROPHE. II.

LE CHOEUR.

Princesse la plus infortunée que l'on vit jamais !

ELECTRE.

Je ne le sai que trop ; le nombre & la durée de mes maux ne m'en ont que trop instruite.

LE CHOEUR.

Nous connoissons le sujet de vos pleurs.

ELECTRE.

ELECTRE.
N'entreprenez donc plus de me consoler, puisque vous voyez......

LE CHOEUR.
Que dites-vous ?

ELECTRE.
Que les esperances que je fondois sur ce cher frere se sont évanoüies.

ANTISTROPHE II.
LE CHOEUR.
Il est ordonné à tous les hommes de mourir.

ELECTRE.
Mais est-il ordonné qu'ils mourront traînez par des chevaux comme ce malheureux Prince ?

LE CHOEUR.
C'est un malheur imprevû.

ELECTRE.
Ouy sans doute, c'est un malheur imprevû, puisqu'il est mort loin de moi dans une terre

étrangere, sans que j'aye pû lui rendre les derniers devoirs....

LE CHOEUR.
Helas ! helas !

ELECTRE.
Qu'il n'a pas même eu les honneurs de la sepulture, & que nous n'avons pû verser des larmes sur son tombeau.

ACTE III.

SCENE PREMIERE.

CHRYSOTHEMIS, ELECTRE, LE COEUR.

CHRYSOTHEMIS.

A sœur, les transports de joye où je suis me font passer par dessus les regles de la bienséance, & courir plus vîte que je ne devrois; car je viens vous apprendre des nouvelles tres-agreables, & vous annoncer la fin de tous vos maux.

ELECTRE.

Comment pourriez-vous m'annoncer la fin de tous mes

maux, lorsqu'il n'y a plus de remede?

CHRYSOTHEMIS.

Oreste est ici ; croyez que cela est vray, comme il est vrai que vous me voyez.

ELECTRE.

Vous étes folle, ma sœur, vous riez de vos maux comme des miens?

CHRYSOTHEMIS.

Non, je jure par ce Palais de mon pere, je ne dis point cela pour insulter à vos maux, je vous dis qu'Oreste est prés de nous.

ELECTRE.

Malheureuse que je suis, de qui est-ce donc que vous avez appris cette nouvelle que vous y ajoûtiez tant de foi?

CHRYSOTHEMIS.

Je ne l'ai apprise que de moi-même, j'ay vu des marques si certaines de son arrivée, que

je n'en puis douter.
ELECTRE.
Quelles marques si certaines avez-vous donc vûes ? Qu'avez-vous trouvé qui ait pu rallumer dans vôtre cœur une esperance si folle ?
CHRYSOTHEMIS.
Au nom des Dieux écoutez-moy, & quand vous aurez entendu tout ce que j'ay à vous dire, vous verrez si je suis folle ou sage.
ELECTRE.
Je le veux, parlez, si cela vous fait quelque plaisir.
CHRYSOTHEMIS.
Je vais vous dire tout ce que j'ai vu. Quand je suis arrivée prés du tombeau de mon pere, j'ai vû des ruisseaux de lait fraîchement versé, qui couloient du haut de ce tombeau, & le lieu où repose le corps, je l'ay vû couronné de toutes sortes

de fleurs ; surprise de cette vûë je regarde tout au tour pour découvrir s'il n'y avoit personne qui m'observât, & voyant que j'étois en sûreté, je m'approche plus prés du tombeau ; la premiere chose, qui se presente à mes yeux, ce sont des cheveux nouvellement coupez ; je ne les ay pas plûtôt apperçus, que l'image de ce cher frere, dont je conserve toûjours un si tendre souvenir, & qui s'apparoît si souvent à moy dans mes songes, a d'abord frappé mon esprit, & m'a fait reconnoître les cheveux d'Oreste. Je les prens dans mes mains ; la joye, en m'ôtant l'usage de la voix, faisoit couler de mes yeux des ruisseaux de larmes, & j'étois convaincuë, comme je le suis encore, que ces presens ne pouvoient venir que de nôtre frere : car hors vous &

moy, qui eſt-ce qui auroit pû les offrir? Je ſay fort bien que ce n'eſt pas moy, ce n'eſt pas vous non plus; comment auriez-vous pû les aller offrir, vous à qui il n'eſt pas même permis de ſortir de ce palais pour entrer un ſeul moment dans les temples des Dieux? Ce n'eſt pas nôtre mere, elle n'eſt pas d'un naturel à faire de ces ſortes de libations, & ſi elle l'avoit fait, elle ne s'en ſeroit pas cachée. Aſſurement tous ces ornemens ne viennent que d'Oreſte. Reprenez donc courage, ma ſœur, les Dieux ne prennent pas toûjours plaiſir à nous affliger; juſqu'icy nôtre malheur a été ſans exemple, mais nous devons eſperer que ce jour va être pour nous le commencement d'un tres-grand bonheur.

ELECTRE.

Quelle folie ! que vous me tes pitié !

CHRYSOTHEMIS.

Qu'y a-t-il donc ma sœur ? Est-ce que ce que je vous dis là ne vous fait pas plaisir ?

ELECTRE.

Vous ne savez plus ni où vous êtes, ni où va vôtre esprit.

CHRYSOTHEMIS.

Comment ? est-ce que je ne sai pas ce que j'ai vû de mes propres yeux ?

ELECTRE.

Malheureuse, Oreste est mort. La délivrance qu'il nous promettoit s'est évanoüie. N'attendez plus rien de lui.

CHRYSOTHEMIS.

Quel nouveau malheur, helas ! qui est-ce qui vous a apporté cette nouvelle ?

ELECTRE.
Un homme qui l'a vu mourir.
CHRYSOTHEMIS.
Où est donc cet homme ? je suis dans un étonnement que je ne saurois exprimer.
ELECTRE.
Il est dans le Palais, & fait un tres-grand plaisir à nôtre mere.
CHRYSOTHEMIS.
Malheureuse que je suis ! qui a donc mis sur le tombeau de nôtre pere toutes ces offrandes ?
ELECTRE.
Je suis persuadée que c'est quelqu'un qui a voulu porter sur ce tombeau ces marques de la mort d'Oreste.
CHRYSOTHEMIS.
Helas ! je venois avec tant de joye vous apprendre ce que j'avois vû sans rien savoir de l'état où nous sommes, & je ne suis pas plûtôt arrivée,

qu'avec nos premiers malheurs j'en trouve de nouveaux qui nous accablent.

ELECTRE.

Vous le voyez : mais si vous voulez suivre mes conseils, vous nous délivrerez bientôt de toutes nos miseres.

CHRYSOTHEMIS.

Est-ce que je ressusciterai les morts ?

ELECTRE.

Ce n'est pas ce qu'on attend de vous ? je ne suis pas si folle.

CHRYSOTHEMIS.

Que voulez-vous donc que je fasse, & qu'y a-t-il que je puisse executer ?

ELECTRE.

Il ne s'agit que d'avoir le courage de faire ce que je vais vous dire.

CHRYSOTHEMIS.

Si cela nous est utile, je suis prête à suivre vos avis.

ELECTRE.

Vous savez que rien ne reüssit sans peine ?

CHRYSOTHEMIS.

Je le sai, & je prendrai ma part de cette peine autant que mes forces le permettront.

ELECTRE.

Ecoutez donc la proposition que je vais vous faire. Vous voyez que nous n'avons plus d'amis dans le monde, la mort nous les a tous ravis, & nous sommes seules. Pendant que nôtre frere a vécu, j'esperois toûjours qu'il viendroit venger nôtre pere. Presentement qu'Oreste n'est plus, j'ai jetté les yeux sur vous, afin que secondant mes efforts vous entrepreniez de venger la mort de ce cher pere, & de tuer Egisthe. Car il n'est plus tems de vous cacher mes desseins. Seriez-vous assez lâche pour reculer ? Que voulez-vous donc attendre ? & quelles esperances bien fondées pouvez-vous encore avoir ? Il ne vous reste d'autre consolation que de pleurer vôtre felicité passée ; vous n'avez en partage que vos douleurs, & la vie qui vous reste, vous la traînerez miserablement sans voir jamais allumer pour vous le flambeau de l'hymen : car n'esperez pas de vous marier jamais, Egisthe n'est pas assez insensé pour le permettre ; il ne souffrira jamais que nous mettions au monde des enfans qui le puniroient infailliblement de son crime. Mais si vous faites ce que je vous conseille, premierement vous ferez voir que vous conservez pour vôtre pere, & pour vôtre frere les sentimens de pieté que vous devez avoir; vous recouvrerez cette precieuse liberté dans laquelle vous étes née, & vous trouverez un mari digne de vous, car les bonnes actions attirent les yeux de tout le monde. Ne voyez-vous pas quelle reputation nous allons acquerir par vôtre moyen, si vous me croiez? Car y a-t-il un citoyen, ni même un étranger qui en nous voyant ne dise à nôtre loüange, Voyez ces deux sœurs, qui par leur courage ont relevé la maison de leur pere, & qui en exposant leur vie ont sû se venger de leurs ennemis, & leur donner la mort dans le tems même qu'ils étoient les plus puissans ; elles meritent nôtre attachement, & tous nos hommages; dans nos fêtes solemnelles, & dans toutes les assemblées du peuple nous sommes obligez d'honorer leur vertu. Voilà ce que tout le monde dira de nous, de sorte que nôtre gloire ne fini a ni pendant nôtre vie, ni aprés nôtre mort. C'eſt pourquoi, ma ſœur, laiſſez-vous perſuader; rendez ce ſervice à vôtre pere ; aimez-vous pour ce cher frere qui vous appelle à ſon ſecours; délivrez-moy, délivrez-vous vous mêmes, & ſouvenez-vous que de vivre dans la honte, & dans la miſere, c'eſt une choſe indigne de gens bien nez.

LE CHOEUR.

Dans ces ſortes d'entrepriſes la prudence eſt la partie la plus neceſſaire pour celui qui parle, & pour celui qui écoute.

CHRYSOTHEMIS.

Cela eſt vrai, & ſi elle avoit eu encore quelque ſorte de raiſon, elle en auroit donné des marques en parlant avec plus de retenue : car, malheureuſe, que prétendez-vous faire que vous vous armiez d'une ſi grande audace, & que vous osiez m'appeller à vôtre secours ? ne vous connoissez-vous pas vous-même ? Avez vous oublié que vous étes une femme, & non pas un homme ? que vos forces ne répondent pas à celles de nos ennemis, & que la fortune de ces fiers tyrans augmente, & se fortifie tous les jours, au lieu que la nôtre est entierement abbatuë ? Vous imaginez-vous donc qu'il soit possible qu'on entreprene de tuer Egisthe, & qu'on l'entreprene impunement ? Prenez garde que les discours que vous tenez ne vous attirent de plus grands malheurs, si quelqu'un vient à les entendre. A quoy nous serviroit toute la belle reputation dont vous vous flattez, si nous allions mourir dans les supplices. Encore n'est-ce pas la mort qui me fait peur;

ce que j'apprehende, c'est de nous mettre en état de la souhaiter, & de ne pouvoir l'obtenir. Je vous conjure donc de moderer vôtre colere avant que nous perissions dans les tourmens, & que la race d'Agamemnon soit entierement éteinte. Pour moi je vous garderai toûjours le secret, de vôtre côté soyez plus sage, reconnoissez vôtre foiblesse, & que le tems vous apprenne enfin à ceder à ceux qui sont plus puissans que vous.

LE CHOEUR.

Suivez ses conseils. Le plus grand gain que les hommes puissent faire, c'est d'acquerir de la prudence & du bon sens.

ELECTRE.

Vous ne m'avez rien dit que je n'eusse attendu de vous. Je savois fort bien que vous ne manqueriez pas de rejetter la proposition

proposition que je vous ay faite ; mais quelque hazardeuse que soit cette entreprise, je l'executerai seule de ma propre main, ne vous imaginez pas que je l'abandonne.

CHRYSOTHEMIS.

Ah ! plût à Dieu que vous eussiez eu ces genereuses pensées, quand on assassinoit nôtre pere ! Vous auriez empêché ce malheur.

ELECTRE.

Je les avois sans doute, mais j'étois encore alors trop foible.

CHRYSOTHEMIS.

Que cette foiblesse dure encore, & qu'elle ne vous quitte jamais.

ELECTRE.

Vous ne parlez de cette maniere que pour ne vous pas joindre à moy.

CHRYSOTHEMIS.

Je sai que les temeraires sont

toûjours malheureux.

ELECTRE.

Je loüe vôtre prudence, mais je deteste vôtre lâcheté.

CHRYSOTHEMIS.

Je ferai mes efforts pour vous entendre, lorsque vous loüerez mes conseils.

ELECTRE.

Ce sont des loüanges que vous n'entendrez jamais de ma bouche.

CHRYSOTHEMIS.

Le tems nous l'apprendra.

ELECTRE.

Retirez-vous, puisqu'on ne peut trouver en vous aucun secours?

CHRYSOSTHEMIS.

Vous y en trouveriez, si vous étiez docile?

ELECTRE.

Allez, allez dire à vôtre mere tout ce qui s'est passé.

CHRYSOTHEMIS.

Je ne vous haïs pas assez pour vous rendre un si méchant office?

ELECTRE.

Mais voyez avec quel mépris vous me traitez?

CHRYSOTHEMIS.

Pouvez-vous appeller mépris, les soins que je prens de vous.

ELECTRE.

Est-ce donc à moy à suivre vos décisions?

CHRYSOTHEMIS.

Quand vous serez plus raisonnable je suivrai les vôtres.

ELECTRE.

C'est une chose horrible de parler si bien, & de faire si mal.

CHRYSOTHEMIS.

Voilà justement le reproche qu'on vous peut faire.

ELECTRE.

Comment ? Est-ce que mes desseins ne vous paroissent pas justes ?

CHRYSOTHEMIS.

Mais les desseins les plus justes sont tres-souvent pernicieux.

ELECTRE.

Je ne goûteray jamais ces maximes.

CHRYSOTHEMIS.

Si vous poussez plus loin vôtre entreprise vous en reconnoîtrez la verité, & vous voudriez les avoir suivies.

ELECTRE.

Je la pousseray jusques au bout sans aucun égard pource que vous dites.

CHRYSOTHEMIS.

Cela est-il donc resolu ? rejettez-vous absolument mes conseils ?

ELECTRE.

Il n'y a rien qui me soit plus odieux que des conseils lâches.

CHRYSOTHEMIS.

Vous n'entendez point du tout ce que je vous dis.

ELECTRE.

Ce n'est pas d'aujourd'hui que ma resolution est prise.

CHRYSOTHEMIS.

Je m'en vais donc : car vous ne sauriez goûter mes avis, & moi je ne saurois approuver vôtre humeur.

ELECTRE.

Allez, quelques efforts que vous pussiez faire, vous ne m'obligeriez jamais à suivre vos sentimens. C'est une insigne folie que de s'attendre à des choses vaines.

CHRYSOTHEMIS.

Puisque vous abondez donc si fort dans vôtre sens, suivez vos lumieres. Quand vous aurez augmenté vos maux par vôtre imprudence, alors vous loüerez les conseils que je vous ay donnez.

Fin du troisiéme Acte.

INTERMEDE.
LE CHOEUR.
STROPHE I.

POurquoy en voyant sur nos têtes les oyseaux du ciel avoir tant de soin de ceux qui leur ont donné la vie, & qui les ont nourris, n'imitons nous pas ce bon naturel, & que n'avons nous pour nos parens la même tendresse; mais j'atteste les foudres de Jupiter, & la celeste justice, que nous serons bien-tôt punis de nôtre dureté. Renommée, puissante Divinité qui étes si reverée de tous les hommes, & qui rempliſſez la terre & les enfers, annoncez là bas cette fâcheuſe nouvelle aux Atrides, découvrez leur cet opprobre.

ANTISTROPHE. I.

Apprenez leur le deſordre qui regne dans leur maiſon. Les deux Princeſſes, qui reſtent de leur famille, ne ſauroient vivre enſemble ; elles ſont dans une cruelle diſſention. La ſeule Electre abandonnée de tout le monde s'expoſe à mille dangers, & pleure inceſſamment ſon pere ; elle ne ſe ſoucie pas de mourir, elle eſt prête à donner ſa vie, pourveu qu'elle ait auparavant la ſatisfaction de faire tomber ſous ſes coups deux criminelles victimes. Une Princeſſe bien née peut-elle vivre dans l'état où elle eſt.

STROPHE II.

Non, non, parmi les personnes genereuses on n'en trouvera pas une qui voulut acheter la vie à ce prix, & flêtrir sa gloire & sa reputation pour viellir dans la honte, & dans l'infamie. Princesse, la vie malheureuse que vous avez toûjours menée, & la guerre continuelle que vous avez faite au crime doivent vous faire donner ces deux loüanges, que vous êtes la plus sage & la plus forte de toutes les filles.

ANTISTROPHE II

Puissiez-vous être bien-tôt autant au dessus de vos ennemis, que vous êtes presentement au dessous d'eux, puisque vous avez eu la force de resister à vos malheurs, & que par la pieté que vous avez envers les Dieux, vous avez remporté le prix dans ce qu'il y a de plus sacré parmi les hommes.

ACTE

DE SOPHOCLE.

ACTE IV.

SCENE PREMIERE.

ORESTE PYLADE. *Suite de ces deux Princes*, LE CHOEUR.

ORESTE.

EMMES de Mycenes avons-nous bien entendu ? Est-ce là le Palais d'Egysthe?
LE CHOEUR.
Ouy, le voilà. Vous avez été fort bien adreſſez.
ORESTE.
Qui eſt-ce qui ira annoncer l'agreable nouvelle de nôtre arrivée ?

LE CHOEUR.
Ce sera la Princesse, car il faut que ce soit quelqu'un de leur maison.

ORESTE.
Allez-donc, Madame, & dites à Egisthe qu'il y a icy des hommes de Phocide qui demandent à lui parler.

ELECTRE.
Ah malheureuse : n'est-ce pas vous qui portez la confirmation de la nouvelle qu'on nous a apprise?

ORESTE.
Je ne sai pas quelle est cette nouvelle dont vous parlez : mais le vieux Strophius nous a ordonné de venir dire quelque chose à Egisthe sur le sujet d'Oreste.

ELECTRE.
Qu'est-ce donc, je vous prie? la crainte glace tout mon sang.

DE SOPHOCLE. 363
ORESTE.

Dans cette petite urne que vous voyez là, nous apportons les restes du corps de ce Prince.

ELECTRE.

Je ne puis donc plus douter de mon malheur !

ORESTE.

Si c'est la mort d'Oreste que vous pleurez, voilà son corps dans cette urne.

ELECTRE.

Au nom des Dieux donnez-moy cette urne, que je la prene entre mes bras, & que je pleure mes malheurs, & ceux de toute ma maison sur cette cendre.

ORESTE.

Approchez ; qui qu'elle soit, donnez-lui cette urne ; ce n'est pas la haine qui la porte à la demander ; c'est assurément quelque amie d'Oreste, ou

H h ij

quelqu'une de ses parentes.

ÉLECTRE *tenant l'urne entre ses bras.*

Triste monument de l'homme du monde qui m'étoit le plus cher ! restes du corps de mon frere, mon cher Oreste ! que les esperances que j'ay aujourd'huy en vous recevant, sont differentes de celles que j'avois, quand je vous envoyay hors de cette terre ! maintenant je porte vôtre cendre entre mes mains, & je vous envoyay plein de vie. Plût à Dieu que je fusse morte lorsque pour vous sauver je formai le dessein de vous cacher, & de vous faire passer dans une terre étrangere ; vous seriez mort ce même jour là, & vous auriez au moins été enterré avec vôtre pere, au lieu qu'éloigné de vôtre patrie, & fugitif dans des pays écartez vous étes mort d'une maniere tres-cruelle, sans que vôtre sœur ait pû vous rendre les derniers devoirs, car, miserable que je suis je n'ay pas eu la triste consolation de vous laver de mes propres mains, & de ramasser moi-même vos cendres. Cher Prince, quelques étrangers vous ont donné ces dernieres marques de leur pieté, & aujourd'hui vous m'étes rendu en cet état dans cette petite urne. Helas malheureuse ! c'est bien inutilement que j'ai pris le doux soin de vous élever, car vous receviez autant & plus de secours de moy que de vôtre mere, ou plûtôt j'étois moy-seule vôtre mere, & vous ne donniez jamais ce doux nom qu'à moy. Tout cela est mort avec vous. La tempête qui vous a emporté, a ravagé en même tems toutes mes esperances. Nôtre pere est mort, vous l'avez suivi, & je vais vous joindre. Cependant nos ennemis triomphent, & nôtre mere dénaturée ne peut resister aux transports de sa joye : combien de fois m'aviez-vous fait esperer par vos lettres que vous viendriez bientôt vous-même la punir : mais c'est la Fortune toûjours attachée à nous persecuter, qui vous a empêché d'executer vos promesses, & qui au lieu de ce cher frere que j'attendois, ne m'envoye aujourd'huy qu'une poignée de poudre, & qu'une ombre vaine. Helas! helas! malheureux Oreste, helas! que le jour que je vous envoyay dans la Phocide, m'a été funeste! Il est la cause de tous mes maux.

C'est vôtre départ, mon cher frere, qui m'a mise en cet état. Souffrez donc que ma cendre soit mêlée avec la vôtre, recevez-moy dans vôtre urne, que je ne me sepate jamais de vous, & que comme nous avons eu la même destinée pendant nôtre vie, nous ayons le même tombeau aprés nôtre mort. Je regarde la mort comme un azyle: car je ne voy pas que les morts sentent les maux qui les ont affligez pendant leur vie.

LE CHOEUR.

Electre, songez que vôtre pere & vôtre frere étoient mortels, & ne vous abandonnez point à des regrets inutiles; ne devons-nous pas tous mourir? ORESTE.

Helas! que dois-je dire? par où dois-je commencer? je ne puis plus me retenir.

ELECTRE.

Qu'avez-vous, & qu'est-ce qui vous fait parler de cette maniere?

ORESTE.

Est-ce donc là Electre cette beauté si celebre?

ELECTRE.

Ouy c'est elle-même, voilà ce qui reste d'elle.

ORESTE.

Helas! destin trop rigoureux!

ELECTRE.

Pourquoy vous interessez vous ainsi dans mon infortune?

ORESTE.

Princesse que les indignes traitemens ont si fort changée..

ELECTRE.

Vous ne pouvez tenir ce discours d'autre que de moy?

ORESTE.

Helas, quelle vie miserable avez-vous menée, privée de toute sorte de consolation!

ELECTRE.

Genereux Etranger, pourquoy pleurez-vous en me regardant ?

ORESTE.

Je ne connoissois pas encore tous mes maux.

ELECTRE.

Comment pouvez vous les connoître à ce que je vous ay dit ?

ORESTE.

En vous voyant accablée d'un nombre infini de malheurs horribles.

ELECTRE.

Vous ne voyez pourtant encore que la moindre partie de mes malheurs.

ORESTE.

Peut-il y en avoir de plus grands que ceux où je vous voy ?

ELECTRE.

Je suis obligée de vivre avec ces meurtriers.

ORESTE.

Avec quels meurtriers? Que m'apprenez vous là ?

ELECTRE.

Avec les meurtriers de mon pere, & je me voi reduite à les servir comme une esclave.

ORESTE.

Qui est-ce qui peut vous reduire à une si cruelle necessité?

ELECTRE.

Celle qui passe pour ma mere, & qui n'a aucun sentiment de mere.

ORESTE.

Comment fait-elle pour vous reduire à cette extremité? Est-ce par la force, ou par la misere, en vous refusant ce qui est necessaire à la vie ?

ELECTRE.

C'est par la force, par la misere, & par tous les mauvais traitemens dont elle peut s'aviser.

ORESTE.
Et vous n'avez personne qui vous secoure ?

ELECTRE.
Non, personne; le seul de qui j'attendois du secours, c'est celui dont vous m'apportez la cendre.

ORESTE.
Malheureuse Princesse ! que l'état où je vous vois excite de compassion dans mon cœur !

ELECTRE.
Aprenez donc que vous êtes icy le seul homme qui soyez touché de ma misere ?

ORESTE.
Je suis aussi le seul qui viens pour vous témoigner la douleur qu'elle me cause.

ELECTRE.
Ne seriez-vous point quelqu'un de nos parens ?

ORESTE.
Je vous le dirois, si l'on pou-

voit s'assurer de la fidelité de ces femmes.

ELECTRE.

Vous n'avez qu'à parler, elles m'ont toûjours été fidelles.

ORESTE.

Quittez donc cette urne, afin que vous m'écoutiez plus tranquillement.

ELECTRE

Au nom des Dieux ne me forcez pas à la quitter.

ORESTE.

Croyez-moi, vous ne serez pas fâchée de l'avoir fait.

ELECTRE.

Eh je vous en conjure, ne m'ôtez pas ce qui renferme ce que j'ai de plus cher au monde.

ORESTE.

Je ne vous la laisserai point.

ELECTRE.

Cher Oreste, vous allez encore augmenter mes maux, si

on m'arrache des mains vôtre cendre.

ORESTE.

Concevez de meilleures esperances ; vous vous affligez injustement.

ELECTRE.

Comment m'affligerois-je injustement, si je pleure la mort de mon frere ?

ORESTE.

Mais vôtre frere refuse vos larmes ?

ELECTRE.

Suis-je donc indigne de le pleurer, & lui fais-je honte ?

ORESTE.

Non, sans doute: mais ce n'est pas à vous à verser des pleurs.

ELECTRE.

Pourquoi n'est-ce pas à moi, si je tiens entre mes bras le corps d'Oreste ?

ORESTE.

Mais ce n'est pas le corps

d'Oreste, ce n'est là qu'un vain tombeau.

ELECTRE.

Où est donc le veritable tombeau de ce malheureux Prince?

ORESTE.

Il n'est nulle part ; les vivans ont-ils des tombeaux ?

ELECTRE.

Que dites-vous?

ORESTE.

La verité.

ELECTRE.

Oreste vit-il encore ?

ORESTE.

Oüy, si je suis vivant, Oreste vit.

ELECTRE.

Seriez-vous donc Oreste?

ORESTE.

Quand vous aurez reconnu cette marque que j'ai de mon pere, vous verrez, si je vous dis vray.

ELECTRE.

O l'heureux jour!

ORESTE.

O le plus heureux jour de ma vie.

ELECTRE.

Oreste, j'entends donc enfin vôtre voix?

ORESTE.

N'en doutez pas, ma chere Electre.

ELECTRE.

J'ai enfin le plaisir de vous embrasser?

ORESTE.

Que ce plaisir soit bien-tôt suivi de ceux que vous attendez de ma presence.

ELECTRE.

Mes cheres compagnes, voyez Oreste; aprés l'avoir crû mort, je le trouve heureusement plein de vie.

LE CHOEUR.

Nous le voyons, Princesse, & un évenement si peu attendu fait couler de nos yeux des larmes de joye.

ELECTRE.

Mon cher Oreste, mon cher frere, enfin vous étes arrivé, vous étes venu, vous avez enfin sû trouver celle que vous souhaitiez tant de voir, & qui vous attendoit avec tant d'impatience.

ORESTE.

Ouy, ma sœur, mais ne parlez point, je vous prie.

ELECTRE.

Pourquoy ?

ORESTE.

Il est mieux de vous taire, de peur que quelqu'un ne vous entende du Palais.

ELECTRE.

Mais je jure par Diane qui a toûjours conservé sa liberté, que je ne daignerai jamais craindre les femmes de ce Palais,

cette

cette vile troupe, qui n'est sur la terre qu'un poids inutile.

ORESTE.

Vous savez pourtant, & vous ne l'avez que trop éprouvé, que le Dieu Mars anime quelquefois les femmes.

ELECTRE.

Helas! vous venez de toucher à nos maux, à ces maux horribles que rien ne peut jamais adoucir, qui ne finiront jamais, & qu'on ne peut jamais oublier.

ORESTE.

Je sai tout ma sœur, & nous en parlerons, quand il sera tems.

ELECTRE.

Il est toûjours tems pour moi d'en parler à toute heure, à tous momens. Qui pourroit m'en empêcher presentement que je suis libre?

Ii

ORESTE.

Il est vray, vous êtes libre, ne vous perdez donc pas vous-même, & tâchez de conserver cette liberté.

ELECTRE.

Que faut-il que je fasse?

ORESTE.

Que vous ne parliez de rien avant le tems.

ELECTRE.

Qui pourroit m'obliger à garder le silence, presentement que vous êtes venu d'une maniere si miraculeuse, & lorsque j'avois entierement perdu l'esperance de vous revoir?

ORESTE.

Je suis venu, quand les Dieux me l'ont ordonné.

ELECTRE.

Ah! ce que vous venez de dire, me donne encore plus de joye que vôtre retour. Si les Dieux vous ont ordonné de venir, les Dieux acheveront leur ouvrage.

ORESTE.

Je voudrois bien ne pas vous obliger à retenir vôtre joye, mais j'apprehende que vous ne vous y abandonniez trop.

ELECTRE.

Helas ! aprés un retour si heureux, attendu tant d'années, & m'ayant trouvée dans le triste état où j'étois, toute baignée de mes larmes, voudriez-vous.....

ORESTE.

Quoy ? que voudrois-je ?

ELECTRE.

Voudriez-vous me priver de la satisfaction que je trouve à témoigner le plaisir que j'ay de vous revoir ?

ORESTE.

Non sans doute, & je ne souffrirois pas que personne vous en privât.

Ii ij

ELECTRE.

Vous me le permettez donc ?

ORESTE.

Quel moyen de vous le défendre ?

ELECTRE.

Mes cheres compagnes, quand j'ai appris la nouvelle de la mort d'Oreste, cette funeste nouvelle à laquelle je ne m'attendois point, vous savez que ma douleur a été muette, & que je n'ai point interrompu par mes plaintes le recit de cette mort. Mais presentement, Oreste, que je vous tiens contre toute esperance, & que je voi devant mes yeux ce que j'ay de plus cher, comment pourrois-je ne pas oublier tous mes maux pour me livrer toute entiere à la joye ?

ORESTE.

Finissez tous ces discours superflus ; ne faites point ici un détail des cruautez de nôtre mere, & ne m'apprenez point de quelle maniere Egisthe ruine, & dissipe le bien de nôtre pere qu'il nous ravit injustement; ce recit nous deroberoit un tems trop precieux, & nous feroit perdre quelque occasion favorable. Mais instruisez-moy de ce que nous devons faire dans la conjoncture presente, & si pour nous mieux venger de nos ennemis, qui triomphent de nôtre infortune, nous devons paroître, ou nous cacher? Sur tout prenez bien garde que quand nous entretons dans le Palais vôtre mere ne découvre aucune marque de joye sur vôtre visage; contiuuez de pleurer, & de soupirer comme vous faisiez, lors qu'on vous a apporté la fausse nouvelle de ma mort; quand nous aurons reüssi dans nôtre entreprife, alors nous pourrons faire éclater nôtre joye avec une entiere liberté.

ELECTRE.

Mon cher frere, je trouverai toûjours mon plaifir dans ce qui vous fera agreable. Il eft bien jufte que je vous obeïffe, puis que c'eft de vous, & non pas de moy, que vient tout mon bonheur. Je vous affûre auffi que j'aimerois mieux perdre mille fois la vie que de vous donner le moindre chagrin; ce feroit m'accommoder bien mal à l'état prefent de ma fortune. Mais vous favez tout ce qui fe paffe dans le Palais; pourriez-vous l'ignorer? On vous a dit qu'Egifthe eft abfent, & que ma mere eft feule. N'apprehendez point qu'elle voye fur mon vifage la moindre marque de gayeté. La haine que j'ai pour elle eft trop enracinée dans mon cœur. D'ailleurs puisque je vous voy, je ne puis manquer de verser des larmes de joye. Comment pourrois-je m'en empêcher, moy qui aprés vous avoir reçu mort aujourd'hui, vous reçois plein de vie, & à qui vous avez fait voir des choses si surprenantes, que si mon pere ressuscitoit, je ne pourrois plus m'en étonner, & je serois disposée à le croire. Puisque vous étes donc venu à nous par des voyes si merveilleuses, faites tout ce que vôtre cœur vous inspirera ; pour moy si j'avois été seule, je n'aurois jamais manqué de me délivrer moi-même glorieusement, ou de mourir glorieusement dans mon entreprise.

LE CHOEUR.

Taisez-vous, je vous prie, j'entends du bruit, & quelqu'un sort.

ELECTRE.

Hommes de Phocide entrez dans le Palais, personne ne refusera de recevoir ce que vous portez : mais on ne se rejoüira pas long-tems de l'avoir reçu.

SCENE II.

LE GOUVERNEUR *d'Oreste*, ORESTE, PYLADE, SUITE D'ORESTE, ORESTE, ELECTRE, LE CHOEUR.

LE GOUVERNEUR.

IMprudens que vous êtes, n'avez-vous plus aucun soin de vôtre vie ? Avez-vous donc entierement perdu le jugement, & ne voyez-vous pas que bien loin d'être hors de danger, de tous côtez vous êtes environnez de tres-grands maux qui vous menacent ? Si je ne m'étois toûjours

toûjours tenu à cette porte pour empêcher qu'on ne vous écoutât, tous vos desseins auroient été connus dans le Palais avant que vous y eussiez paru. Je l'ay empêché par ma prevoyance; mettez donc fin à ces longs discours, & à ces transports de joye, & entrez promptement. Le retardement est toûjours dangereux dans ces sortes d'entreprises; il est temps d'achever ce que nous avons commencé.

ORESTE.
Puis-je entrer sûrement?

LE GOUVERNEUR.
Ouy, je vous réponds qu'il n'y a là personne qui vous reconnoisse.

ORESTE.
Vous m'avez donc bien fait passer pour mort?

LE GOUVERNEUR.

Comptez que tout vivant que vous êtes, vous passez ici pour un habitant des enfers.

ORESTE.

Est-on bien-aise de ma mort, & qu'est-ce qu'on dit ?

LE GOUVERNEUR.

Je vous le dirai, quand nous aurons achevé. Jusqu'ici ils sont fort contens, & ce qui va le plus mal pour eux, leur paroît aller le mieux du monde.

ELECTRE.

Mon frere, qui est cet homme là, je vous prie?

ORESTE.

Est-ce que vous ne le reconnoissez pas ?

ELECTRE.

Non, je n'en conserve aucune idée.

ORESTE.

Vous ne reconnoissez pas l'homme entre les mains duquel vous me remîtes autrefois?

ELECTRE.

Quel homme ? que me dites-vous là ?

ORESTE.

Celui qui par un effet de vôtre prévoyance, & de vos soins me porta dans la Phocide.

ELECTRE.

Quoy c'est là cet homme que je trouvai seul fidele à nôtre maison dans le malheur de nôtre pere ? ORESTE.

Ouy, le voilà lui même.

ELECTRE.

Agreable lumiere à mes yeux! seul restaurateur de la Maison du fils d'Atrée ! Comment êtes vous venu ? Etes vous donc celui qui nous avez tirez de tant de maux mon frere & moy? Etes-vous celui dont les mains nous ont toûjours été si secourables? Ah que vôtre arrivée est heureuse ! mais comment avez vous pû vous cacher si long-temps à moy, & ne pas vous faire connoître ? Ayant à me dire des choses si agreables, comment avez-vous eu le courage de me donner mille fois la mort par vos cruels discours ? mon chere pere, car je croy voir mon pere en vous voyant, je ne puis vous témoigner toute ma joye, mais je puis bien vous dire que de tous les hommes du monde vous êtes celui que j'ai le plus aimé & le plus haï dans un même jour.

LE GOUVERNEUR.

Madame, ces momens sont trop pretieux ; nous aurons assez d'occasions de vous entretenir dans la suite. Allons Princes, il est temps d'agir. Clytemnestre est seule, il n'y a pas un homme dans le Palais, si vous laissez échapper un moment si favorable, preparez-vous à avoir bien-tôt sur les bras des gens, dont il ne vous sera pas si aisé de vous défaire.

ORESTE.

Mon cher Pylade, ce n'est plus ici une chose qui demande de longs discours, entrons, aprés avoir adoré les Dieux qui veilent aux portes de ce Palais.

ELECTRE.

Grand Apollon écoutez favorablement leurs prieres; daignez aussi m'écouter, moi qui toûjours avec un zele ardent vous ay offert ce que je pouvois vous offrir dans ma misere, & qui viens encore aujourd'hui dans la même disposition vous presenter les mêmes sacrifices, c'est-à-dire, mes prieres, mes vœux, & mes supplications. Roy de Lycie déclarez-vous en nôtre faveur, favorisez nôtre entreprise, & faites voir aux hommes quelles recompenses les Dieux reservent à l'impieté.

Fin du quatriéme Acte.

INTERMEDE.
LE CHOEUR.
STROPHE.

Voyez, voyez les épouvantables démarches du Dieu Mars, qui ne respire que le sang, & que le carnage. Les inévitables Furies, qui poursuivent toûjours les criminels, sont déja dans le Palais; les prédictions que j'ai faites ne sont point vaines, elles vont s'accomplir.

ANTISTROPHE.

Le jeune Prince vient secretement venger les morts, & se mettre en possession du Palais de son pere. Il a dans ses mains une épée nouvellement aiguisée, &

il est conduit par le fils de Maïa, par Mercure qui l'environne d'un épais nuage pour l'empêcher d'être reconnu. La vengeance est toute prête, elle va s'executer.

ACTE V.

SCENE PREMIERE.

ELECTRE, LE CHOEUR.

ELECTRE.

Es cheres compagnes, les Princes achevent leur entreprise ; mais ne faites point de bruit, demeurez dans le silence.

LE CHOEUR.

Comment ? Que font-ils ?

ELECTRE.

Pour elle, elle prepare les choses necessaires pour l'appareil de la sepulture d'Oreste ; & ils accompagnent toûjours ses pas.

LE CHOEUR.

Et vous, Princesse, pourquoy êtes-vous sortie?

ELECTRE.

Pour prendre garde qu'Egisthe ne viene tout d'un coup sans être apperçu, & qu'il ne les surprene.

CLYTEMNESTRE *qu'on tuë dans le Palais.*

Hay! hay! hay! mes chers amis où étes vous, dans le moment que ce Palais est plein d'ennemis?

UNE FILLE DU CHOEUR.

Quelqu'un crie là dedans, N'entendez-vous point?

UNE AUTRE.

Helas! J'entends ce qu'on ne peut entendre sans fremir d'horreur.

CLYTEMNESTRE.

Ah! malheureuse que je suis!

mon cher Egisthe, où êtes-vous ?

LE CHOEUR.

On crie encore.

CLYTEMNESTRE.

Mon fils ! mon cher fils ! ayez pitié de celle qui vous a donné la vie.

ELECTRE.

Mais auriez-vous donc eu pitié de lui, & eûtes-vous pitié de nôtre pere, lorsque vous l'assassinâtes si cruellement ?

LE CHOEUR.

O Ville ! ô Palais ! ô malheureuse race ! ce jour acheve de vous precipiter dans les malheurs les plus horribles.

CLYTEMN.

Ha ! je suis blessée !

ELECTRE.

Frappez, ne l'épargnez pas !

CLYTEMNESTRE

Encore ! helas !

ELECTRE.

Plût à Dieu qu'on en fît autant à Egisthe ?

LE CHOEUR.

Les imprecations d'Agamemnon ont leur effet. Ceux qui étoient dans les abysmes de la terre en sortent ; les morts reviennent verser le sang de leurs meurtriers.

SCENE II.

ELECTRE, ORESTE, PYLADE, LE CHOEUR.

ELECTRE.

Voicy nos liberateurs ; leurs mains sont teintes du sang de la victime qu'ils viennent d'immoler à Mars. Eh bien, mon frere, en quel état sont nos affaires ?

ORESTE.

Elles sont en fort bon état, ma sœur, si les Oracles d'Apollon sont veritables, Cette malheureuse est morte, & vous n'avez plus à craindre les indignitez que vous aviez à souffrir de cette mere barbare.

LE CHOEUR.

Arrêtez ; Je voy Egysthe qui vient à nous.

ELECTRE.

Mes amis, rentrez donc, ne voyez-vous pas cet homme qui revient plein de joye ?

LE CHOEUR.

Rentrez promptement, afin qu'aprés avoir si bien commencé vous puissiez achever heureusement vôtre entreprise ?

ORESTE.

Ne vous mettez pas en peine, nous l'acheverons.

ELECTRE.

Hâtez-vous donc ?

ORESTE *dans la porte du Palais.*

Nous voilà en sûreté.

ELECTRE.

J'aurai soin ici des choses qu'il y faut faire.

LE CHOEUR.

Il seroit à propos de dire à cet homme quelques paroles de douceur, afin que trompé par ces fausses apparences, il ne soupçonne rien, & qu'il tombe dans les pieges que la Deesse de la vengeance lui a tendus.

SCENE III.

EGISTHE, ELECTRE, LE CHOEUR.

EGISTHE.

QUi sera-ce qui pourra me dire où sont ces étrangers

A Electre. qui font venus nous apprendre qu'Oreste s'est rué dans une courſe de chariots ? Ce ſera vous, quoyque vous ayez été toûjours ſi feroce ; car vous prenez trop de part à cet accident, pour n'en être pas fort inſtruite.

ELECTRE.

Ouy, ſans doute j'en ſuis inſtruite. J'ignorerois un accident qui me touche de ſi prés, & qui va mettre fin à toutes mes miſeres?

EGISTHE.

Où ſont donc ces étrangers?

ELECTRE.

Dans le Palais, prés de vôtre femme qui les a fort bien reçus.

EGISTHE.

Lui ont-ils bien aſſuré qu'Oreste est veritablement mort?

ELECTRE.

Ils ne l'ont pas ſeulement

assuré par leurs paroles, ils en ont fait voir des preuves qui ne laissent aucun lieu d'en douter.

EGYSTHE.

Je puis donc aller voir moi-même ces preuves ?

ELECTRE.

Ouy, vous pouvez aller repaître vos yeux de cet horrible spectacle.

EGISTHE.

Contre vôtre coûtume vous m'avez dit aujourd'hui des choses qui me font un tres-sensible plaisir.

ELECTRE.

Allez donc promptement, allez joüir de ce plaisir, puis qu'il vous est si sensible.

EGISTHE.

Qu'on fasse silence, & qu'on ouvre les portes du Palais à tous les peuples d'Argos & de Mycenes, afin que s'il y a quelqu'un qui nourrisse encore en son cœur quelque vaine esperance, il la perde en voyant le corps d'Oreste, qu'il se soûmette volontairement à mes loix, & qu'avant que de sentir les terribles effets de ma juste colere, il devienne sage, & renonce au dessein de s'élever contre moy.

ELECTRE.

Pour moy, Seigneur, j'ai fait mon devoir, & le temps m'a instruite enfin à obeïr à ceux qui ont en main toute la puissance.

SCENE

SCENE IV.

On ouvre les portes du Palais

EGISTHE, ELECTRE, ORESTE, PYLADE, LE CORPS DE CLYTEMNESTRE *qui est couvert, & qu'Egisthe croit être celuy d'Oreste.*

EGISTHE.

O Jupiter quel spectacle ! Oreste mort ! Oreste devant mes yeux, dans l'état où je l'ay tant souhaité ! La Deesse de la vengeance ne me punira pas sans doute de ce crime. Ostez ce voile qui le cache à mes yeux, afin qu'il reçoiv[e] de moy les regrets qu'il en do[it] attendre.

ORESTE.

Ostez le vous-mème, c'est à

vous, & non pas à moy de voir ce corps, & de faire sur lui vos plaintes.

EGISTHE.

Vous avez raison, je m'en vais l'ôter, & vous, si Clytemnestre est dans le Palais qu'on l'appelle.

A un de ses esclaves.

ORESTE.

La voilà prés de toy, ne regarde point ailleurs?

EGISTHE.

Ah que vois-je?

ORESTE.

Te fait-elle peur, & peux-tu la méconnoître?

EGISTHE.

Ah malheureux ! quels assasins m'environnent ? & dans quels pieges suis-je tombé?

ORESTE.

Ne devois-tu pas t'appercevoir il y a long-tems que plein de vie tu parles avec les morts?

EGISTHE.

Helas! J'entends ce que cela veut dire, celui qui me parle ainsi ne peut être qu'Oreste.

ORESTE.

Pour un devin si éclairé tu as fait une grande faute.

EGISTHE.

Je suis perdu ; mais permettez-moy de vous parler un moment ?

ELECTRE.

Ah! mon frere, au nom des Dieux ne lui permettez pas de parler plus long-tems, qu'il ne nous amuse point ici par des discours inutiles. Qu'est-ce que le delay d'un moment peut faire à un homme qui va mourir ? Tuez-le promptement, & aprés l'avoir tué, qu'on abandonne son corps aux chiens, & aux oyseaux qui lui donneront loin de nous le seul tombeau qu'il merite. Voilà l'unique moyen que vous avez de me délivrer de tous mes maux.

ORESTE.

Entre dans le Palais. Il ne s'agit pas ici de t'entendre, il s'agit de hâter ta mort.

EGISTHE.

Pourquoy veux-tu me mener dans le Palais ? Si l'action que tu vas commettre est si belle, pourquoy cherches-tu les tenebres ? N'as-tu pas le courage de me tuer ici ?

ORESTE.

Ce n'est pas à toy à donner ici les ordres. Marche, va dans la chambre où tu assassinas autrefois mon pere. Il faut que cette même chambre soit teinte de ton propre sang.

EGISTHE.

Il faut necessairement, & c'est l'ordre des fatales Destinées, que cette chambre voye tous les malheurs qui arrivent à la famille de Pelops, & qui lui arriveront dans la suite.

ORESTE.

Il faut qu'elle voye tes malheurs. C'est la prediction que je te fais, qui est plus seure, & que rien ne pourra démentir.

EGISTHE.

Tu vas deshonorer la memoire de ton pere.

ORESTE.

Tu parles trop, & nous perdons le tems, marche.

EGISTHE.

Je te suivrai.

ORESTE.

Il faut que tu marches le premier.

EGISTHE.

As-tu peur que je prene la fuite ?

ORESTE.

Non, mais je veux empêcher que tu ne trouves la moindre douceur dans la mort. Il faudroit toûjours punir ainsi sur le champ tous ceux qui violent les loix, & les immoler sur l'heure; le nombre des méchans seroit moins grand.

LE CHOEUR.

Race d'Atrée, aprés un nombre infini de maux soufferts, vous avez enfin avec peine recouvré vôtre ancienne liberté, en vous affranchissant par ce dernier effort de vôtre courage.

FIN.

REMARQUES

SUR LA PREMIERE SCENE

de l'Acte premier.

P. 259. *Fils du grand Agamemnon vainqueur de Troye.*] La premiere chose que fait Sophocle, c'est de faire bien entendre quel est le lieu de la Scene, qui sont les Acteurs, ce qui les amene, & enfin quel est le sujet de la Piece ; aussi n'y a-t-il rien de plus beau que toutes ses ouvertures de Scene, parce qu'il n'y a rien de plus naturel. Oreste accompagné de son Gouverneur & de Pylade, arrive à la pointe du jour prés du palais de Mycenes ; & comme il ne connoissoit pas les lieux d'où il avoit été emporté trop jeune, son Gouverneur a soin de lui faire connoître où il est.

Enfin vous voila dans le lieux que vous souhaitiez tant de voir.] Il dit cela pour faire connoître l'impatience que ce Prince avoit de venir venger son pere.

Cette ville qui est à nôtre droite, c'est l'ancienne ville d'Argos.] Argos & Mycenes étoient deux villes si voisines que les Poëtes tragiques les ont souvent mises pour la même ville. Homere les avoit pourtant bien separées & marquées trés distinctement, & Sophocle suit ici ce grand Poëte. Pour bien comprendre cette situation des lieux, il faut se representer des gens qui arrivent à Mycenes par le chemin de Corinthe, Argos est à leur droite. Sophocle appelle cette ville, *ancienne*, parce qu'elle étoit en effet une des plus anciennes villes du Peloponese, ayant été bâtie du tems du Patriarche Jacob, prés de dix-huit cens ans avant la naissance de nôtre Seigneur.

P. 260. *Avec le bois sacré de la fille d'Inachus, que la jalousie de Junon rendit furieuse.*] Prés d'Argos il y avoit un bois consacré à Jo fille d'Inachus, parce que c'étoit là qu'Argus avoit accoûtumé de la garder. Ce bois étoit du côté de Mycenes, c'est pourquoi Appollodore l'appelle,

Μυκηναιον άλσος *Lucum mycenaum.*

Voila la place du Lycée, qui est consacrée à Apollon.] A l'entrée d'Argos, il y avoit une grande place avec un Temple consacré à Apollon sous ce nom Λυκοκτόνω Θεῶ *au Dieu qui tue les loups.* On a montré longtems dans ce Temple du feu qu'on disoit décendu du Ciel.

Et ce que vous voyez à vôtre gauche, c'est le celebre Temple de Junon.] Entre Argos & Mycenes, mais beaucoup plus prés de Mycenes que d'Argos, étoit le Temple de Junon, qui étoit commun aux deux Rois de ces deux Villes; car avant Agamemnon elles avoient chacun leur Roy. Agamemnon fut le premier qui ajoûta Argos à Mycenes. Tout ce qui est marqué dans cette Scene, se voyoit en éloignement dans la décoration, car le Theatre des Grecs étoit d'une grande étenduë, & ils n'épargnoient rien pour rendre les décorations convenables au sujet de pieces qu'on representoit.

La Ville où nous arrivons, c'est la riche Mycenes.] C'est la même Epithete qu'Homere donne à Mycenes.

πολυχρύσοιο Μυκήνης. Agamemnon avoit rendu Mycenes la plus riche ville de Grece. Aprés sa mort elle commença à déchoir, elle dura pourtant encore plus de 700. ans, & ne fut entierement ruinée par ceux d'Argos que la premiere année de l'Olympiade LXXVIII. 466. avant la naissance de nôtre Seigneur.

C'est le malheureux palais de Pelops, où l'on a veu tant de sanglantes Catastrophes.] On y avoit veu les crimes de Tantale, d'Atrée, de Thyeste, d'Egisthe, &c

P. 261. *Car le chant des Oyseaux annonce déja le lever du Soleil.*] Sophocle ne manque jamais de faire voir à qu'elle heure son action commence, & l'on peut juger par là de son exactitude, & de sa regularité.

Nous voila precisément dans une conjoncture qui ne souffre point de retardement, & qui demande une execution prompte.] Cela excite la curiosité & l'attention du spectateur.

Comme un genereux Coursier bien que parvenu à une extrême vieillesse &c.] Les Grecs aimoient fort les comparaisons, aussi bien que les Hebreux & tous les Orientaux ; elles reüssissent même fort bien dans leur langue : la nôtre ne s'en accommode que rarement. Nôtre inquietude & nôtre impatience ne lui permettent pas de se parer d'un ornement qui leur est si contraire. Nous croions par là suivre de plus prés la Nature, & il pourroit bien être que nous nous en éloignons : quand on suit la Nature, on aime tout ce qui la peint.

P. 262. *Et redressez-moi si vous trouvez quelque chose à reprendre.*] Oreste n'est pas un jeune homme entêté de ses sentimens, il aime mieux se conduire par les conseils de son Gouverneur, que de suivre ses pensées ; Sophocle fait fort bien de donner d'abord une bonne idée des mœurs de ce jeune Prince, afin que l'action atroce qu'il va commettre, paroisse plûtôt venir de l'obeïssance qu'il rend aux Dieux, que d'un naturel brutal & feroce.

Apollon me répondit, que mon dessein étoit juste & que sans aucuns préparatifs, ni d'armes ni de troupes.] Sophocle se hâte de rapporter les propres termes de l'Oracle, pour prevenir l'horreur qu'on pourroit avoir pour un Prince qui vient commettre une si horrible action. Et il n'y a rien de plus naturel que la maniere dont il acheve de nous instruire de tout le sujet de la piece.

P. 263. *Vous leur direz que vous êtes de la Phocide, & que vous venez de la part d'un homme de Panope.*] Pour une plus grande vraisemblance & pour faire qu'on ne pût douter de la mort d'Oreste, il en fait donner avis, avant que ceux qui portent le corps, arrivent, & il feint que cet avis vient d'un des principaux amis de ceux qu'il fait tromper. Car il n'étoit pas possible qu'Oreste se fût tué dans une assemblée publique, sans que quelqu'un de ceux qui avoient assisté à cette mort, donnât promptement une si bonne nouvelle à Egisthe & à Clytemnestre.

De la part d'un homme de Panope.] Panope étoit une ville du voisinage de Delphes. Le Grec l'appelle *Phanote*, mais je l'ai corrigé sur un passage de Strabon, qui asseure que *Phanote* est le nom qu'on lui donnoit

sur l'Electre de Sophocle. 413
de son tems. Πανοπεὺς δ' ὁ τοῦ φανοπεὺς, ὁμόρες τοῖς περὶ λεβαδίαν τόποις. *Panope, qu'on appelle aujourd'hui Phanote, confine au territoire de Lebadie.*

Que vous êtes envoyé pour leur apprendre la nouvelle de la mort d'Oreste.] Ceux qui pretendent que la Scene ne doit pas être dans des lieux publics, parce qu'il n'y a pas d'apparence qu'on y puisse dire des choses qui doivent être secrettes, se détromperont eux-mêmes s'ils veulent considérer quelles précautions les Poëtes tragiques Grecs apportoient pour sauver les inconveniens qui pouvoient naître du choix de ces lieux publics : car ils ont soin de nous avertir que leur Scene s'ouvre avant que personne soit sorti de la maison, comme Sophocle l'a fait ici, en faisant dire par le Gouverneur, *avant donc que personne sorte de sa maison, prenez ensemble vos mesures &c.* Ou bien ils nous font connoître que la Scene n'est remplie, que de gens qui sont attachez à la Fortune des principaux Acteurs, & par consequent qui leur sont fideles.

Que vous leur confirmerez par vos

sermens.] Il ne faut pas s'imaginer que Sophocle autorise ici le parjure ; ce qu'il fait dire par Oreste, doit être pris comme un effet de l'Oracle qu'il avoit receu d'Apollon, qui lui ordonnoit de ne se servir que de la fraude. Plus la fraude qu'il emploie est grande, plus il témoigne de zele & de pieté.

P. 264. *En leur disant qu'une mort violente l'a emporté au milieu des jeux Pythiques.*] Voici une faute considerable dans la constitution de ce sujet, car les Jeux Pythiques ne furent établis que plus de cinq cens ans aprés la mort d'Oreste, on n'a qu'à voir les remarques sur la deuxième Scene de l'Acte II. Sophocle sentoit fort bien le defaut de cet anachronisme, c'est pourquoi il nomme ici ces Jeux en passant pour y accoûtumer le spectateur : il en fera la description dans la suitte.

Pour nous dés que nous aurons fait nos libations sur le tombeau de mon pere, comme Apollon me l'a ordonné.] Sophocle nous remet toûjours devant les yeux, la pieté & l'obeissance d'Oreste, afin de nous preparer par là à l'action qu'il va commet-

tre, & d'en diminuer en quelque sorte l'atrocité.

Et que nous lui aurons fait une offrande de mes cheveux.] Les Grecs pour témoigner leur deuil alloient se couper les cheveux sur le tombeau de ceux dont-ils pleuroient la mort. C'est pourquoi Callimaque dit en parlant de ceux qui ont irrité Diane. *Ils sont malheureux, car la peste dévore leurs troupeaux, la grêle ravage leurs heritages, les vieillards se font couper les cheveux sur leurs enfans, &c.*

Κτῆνεα φιν λοιμὸς ἐπιβόσκεται, ἔργα δὲ παχνη,
Κείρονται δὲ γέροντες ἐφ' υἱάσιν——

Et cette coûtume dure encore dans quelques païs du Nort.

Car au fonds, quel mal peut-il m'arriver de passer pour mort, si je fais voir par mes actions.] Les Grecs étoient les peuples du monde les plus superstitieux ; l'idée de passer pour mort les allarmoit, & ils craignoient que la mort ne vint se venger veritablement de cette feinte. Oreste veut se deffendre contre cette veine imagination, & il la combat par un raisonnement tres-solide qu'il appuie par des exemples.

P. 265. *Pour moi je suis persuadé qu'il n'y a point de presage funeste où l'on trouve tant d'utilité.*] Cette maxime est certaine ; ce qui est utile & glorieux, ne sauroit être de mauvais augure.

Combien y a t'il eu de sages qui aprés avoir été tenus pour morts pendant longtems.] Comme Ulysse, qui aprés avoir passé pour mort pendant plusieurs années, arrive chez lui, tue les poursuivans de sa femme, & rétablit l'ordre & la tranquilité dans ses Estats. Le Scholiaste Grec dit que Sophocle a expliqué ici l'histoire de Pythagore, qui s'étant renfermé dans un lieu soûterrain, aprés avoir prié sa mere de faire courir le bruit qu'il étoit mort, revint ensuite comme s'il revenoit de l'autre monde, & établit sur cela son opinion de la metempsychose. Diogene Laërce raconte cette histoire plus au long aprés Hermippus. Herodote l'attribua à Zamolxis, un des Esclaves de Pythagore, mais il n'y a pas d'apparence que Sophocle eût mis dans la bouche d'Oreste, l'histoire d'un Philosophe qui lui étoit si posterieur. Oreste étoit mort piés de six cens ans avant que Pythagore vint au monde.

Et vous Palais de mes Ancestres.] Il s'adresse au Dieu qui presidoit à ce palais ; car ils croioient que chaque chose avoit son Dieu particulier, son genie.

REMARQUES

Sur la II. Scene du I. Acte.

P. 267. *HElas, helas malheureuse.*] A mesure que les trois premiers Acteurs se retirent, Electre sort du palais où elle ne peut vivre, & vient pleurer ses malheurs sur la Scene ; les plaintes qu'elle fait en sortant sont entenduës du Gouverneur d'Oreste qui marche le dernier.

Seigneur, il me semble que j'entends quelque Esclave qui se plaint dans ce Palais.] Il entend Electre sans la voir, & il croit que c'est quelque Esclave, car comment se seroit il imaginé que ce fût la Princesse? l'heure, le lieu & l'action ne conviennent point à une personne de ce rang; cependant c'est elle-même, & c'est ce qui fait juger de l'excez de ses malheurs qui l'obligent à faire une chose si extraordinaire.

Ne seroit-ce point la malheureuse Electre?] Oreste juge que ce pourroit-être Electre, car cette Princesse l'avoit informé plusieurs fois par ses lettres, de la vie malheureuse qu'elle menoit.

Voulez vous que nous nous arrêtions & que nous écoutions ses plaintes.] Sophocle suit la nature en donnant ce caractere de curiosité à ce jeune Prince.

Nullement, n'entreprenons rien avant que d'avoir executé l'ordre d'Apollon.] Si Oreste est curieux, son Gouverneur est sage, & oppose à sa curiosité des raisons qui en empêchent les suites. Il y a bien plus d'art à faire paroître Electre avant qu'Oreste se soit retiré, que si on ne la faisoit sortir qu'aprés le depart de ce Prince.

sur l'Electre de Sophocle. 419

P. 268. *Ces libations qui doivent nous procurer la victoire.*] Voici un païen qui enseigne que dans toutes les entreprises, les bons succez viennent de la pieté & de l'obeissance que l'on rend à Dieu ; mais outre cette verité generale, il y en a encore une particuliere qui dépend de l'expression. Le mot que j'ai traduit *libations*, signifie *expiation*, *purification*. Quoi que le meurtre qu'Oreste va faire soit juste, & qu'en le faisant il obeisse à Apollon, il ne laisse pas de se purifier par avance sur le tombeau de son pere à qui il doit immoler ces victimes, & cela merite d'être remarqué.

REMARQUES

Sur la III. Scene de l'Acte I.

L*Umiere sacrée.*] Electre à tant d'horreur pour le Palais où son pere a été égorgé, & où elle voit ses assassins joüir tranquillement de leur crime, qu'elle ne perd aucune occasion d'en sortir pour venir se plaindre de ses malheurs devant tout le monde; l'absence d'Egisthe lui donne aujourd'hui cette liberté ; & comme elle est seule, elle s'adresse au Ciel & à la lumiere qui ont été souvent les témoins de sa douleur. L'action qui fait le sujet de cette piece, est de ces actions qui commencent avant que ceux qui doivent composer le Chœur soient assemblés & qui donnent lieu à cette assemblée. On peut voir les remarques sur le Chapitre XII. de la Poëtique d'Aristote. On ne doit pas être choqué de voir sortir Electre seule, car elle étoit traitée comme une Esclave ; cette solitude augmente la compassion.

P. 259. *Le cruel Dieu de la guerre qui n'aime que le sang, l'avoit épargné dans une terre barbare, & ma mere.*] Cette pensée est très-naturelle & très-touchante ; Clytemnestre a été plus cruelle à son mari que le Dieu même de la guerre qui l'avoit épargné tant d'années dans un païs ennemi. Sophocle a pris cette idée dans l'onziéme livre de l'Odyssée, ou dans Eschyle même qui s'en étoit déja servi.

Comme on voit des Bucherons à coups redoublés abattre un Chêne dans une Forest.] Dans Homere, Agamemnon, qui est aux enfers, dit, que sa femme & Egisthe l'ont assommé comme on assomme un Taureau sur la creche. Sophocle a pris une comparaison plus tragique, car il n'y a rien de plus horrible que de s'imaginer une femme qui à coups de hâche fend la tête à son mari, avec l'insensibilité d'un bucheron qui abat un chêne.

Personne n'a été touché d'une mort si pitoyable & si cruelle.] Sa sœur Chrysothemis en étoit touchée, mais parce qu'elle avoit des égards pour Egisthe & pour Clytemnestre, Electre compte sa douleur pour rien.

Comme la malheureuse fille de Pandion.] comme Progné ou Philomele qui ayant été changée en rossignol pleure nuit & jour son fils Itys.

P. 270. *Palais de Pluton & de Proserpine.*] Elle s'adresse au Palais de Pluton, parce que son pere y étoit décendu. Il y a dans ces imprecations beaucoup d'énergie & de force.

Mercure qui avez le soin de conduire les ames dans les enfers.] Les Grecs donnoient à Mercure la conduite des ames : c'est pourquoi ils l'appelloient πομπία, *le conducteur*, πυλαῖον, *le portier*, & χθόνιον, *le Dieu infernal.* Pythagore fut le premier Auteur de cette doctrine.

Venerable Déesse qui presidés aux imprecations.] Voici une Deesse qui tient comme un regiftre de toutes les imprecations que les malheureux font contre ceux qui les perfecutent injustement. C'est aparament le même que Nemesis.

Qui voiez ceux que l'on tue injustement, & qui ne perdez pas de veue les adulteres.] C'est une belle idée, les Furies affistent à la mort des innocens afin d'en faire aussi-tôt la vengeance ; & elles ont toûjours les yeux fur les adulteres afin qu'ils ne puiffent leur échaper.

REMARQUES

Sur la IV. Scene du I. Acte.

LE Chœur est composé des principales Dames de Mycenes qui viennent consoler Electre. C'est ici la premiere entrée, mais ce n'est pas le premier Chant du Chœur; car le premier Chant ferme toûjours le premier Acte. Le Chœur parle ici sans chanter. On peut voir les remarques sur le chap. XII. de la Poetique d'Aristote, *pag.* 169.

P. 271. *S'il m'est permis de tenir ce langage.*] Ceci me paroît remarquable. Egisthe est un tiran qui a assassiné Agamemnon, pour se mettre à sa place, cependant les compagnes d'Electre, ne croient pas qu'il leur soit permis de faire des imprecations contre lui, car elles sont ses sujetes. Il semble que Sophocle ait eu quelque idée de la souveraine justice qui veut que les Peuples soient soûmis aux Tyrans, comme aux Princes legitimes.

Filles de Mycenes, vous venez pour me consoler.] Electre fait connoître par ces paroles, que ces filles qui composent le Chœur, sont des filles de la ville, qui ne viennent que d'arriver ; car autrement ceux qui ne font que lire la Piece, pourroient croire qu'elles étoient sorties du Palais avec Electre : or il faut que les personnes du Chœur soient connues des Lecteurs, aussi bien que des Spectateurs.

P. 263. *Pour moi je ne trouve de consolation qu'à imiter la plaintive Philomele.*] Elle s'est déja servie de la même comparaison, & cette negligence est pardonnable à une personne aussi affligée qu'Electre.

P. 274. *Et vous Niobe infortunée je vous regarde viritablement comme une Deesse, & je vous porte envie, de ce que changée en marbre, vous ne laissez pas de pleurer toujours.*] Electre trouve tant de consolation & tant de plaisir à pleurer son pere, qu'elle souhaiteroit le pouvoir pleurer encore après sa mort, & qu'elle porte envie au bonheur de Niobe qui changée en marbre ne laissoit pas de

pleurer

pleurer ses Enfans. Cet avantage lui paroît si grand, qu'elle juge delà qu'elle est une veritable Deesse, puisque la mort n'a pas eu la force de mettre fin à ses pleurs. Il me paroît qu'il y a dans ce sentiment beaucoup de délicatesse & de tendresse. Ovide explique le changement de Niobe en marbre, dans le vi. liv. des metamorph. —*Ubi fixa cacumine montis*
Liquitur & lacrimis etiam nunc marmara manant
Où plantée sur le sommet d'une montagne, elle fond en larmes que l'on voit encore aujourd'hui couler sur ce marbre.

Vos sœurs Chrysothemis & Iphianasse.] Sophocle suit ici Homere qui nomme Iphianasse & Chrysothemis, mais Euripide ne donne à Clytemnestre que deux enfans, Oreste & Electre. Cela fait voir que les Poëtes ont la liberté de changer les circonstances qui ne sont pas essentielles à leur sujet.

P. 274, *Qu'Oreste est heureux, cette celebre terre de Mycenes, le reverra dans un état digne de sa naissance.*]

Sur ce que le Chœur vient de parler d'Oreste, Electre veut montrer la difference qu'il y a entre le sort de son frere & le sien, & faire voir qu'Oreste est beaucoup plus heureux qu'elle. Car il est asseuré que Jupiter, qui est toujours juste, permettra enfin qu'il revienne punir les meurtriers de son pere, au lieu qu'elle, se consume en l'attendant, & que la mort l'aura emportée avant que cet heureux jour soit venu.

P. 275. *Remettez lui toute vôtre colere.*] Ce passage me fait souvenir d'un mot de Ciceron, qui dit dans ses Offices, *Justitiæ primum munus est, ne cui noceat,* Le premier devoir de la justice, c'est de ne nuire à personne ; mais il ajoûte *nisi lacessitus injuria,* A moins qu'on ne soit outragé, & c'est sur cette exception que Lactance s'écrie. *O quam simplicem veramque sententiam, duorum verborum adjectione corrupit!* ô que ce peu de mots ont gâté un sentiment d'une grande verité & d'une grande beauté! Il faut dire la même chose de ce precepte, il n'y auroit rien de plus beau s'il n'étoit gâté par ce qui suit, *Et con-*

tentez-vous de ne pas oublier vos ennemis. Mais il ne faut pas attendre des Payens une vertu si parfaite; c'est encore beaucoup pour eux. Il y a même peu de Chrêtiens aujourd'huy qui ne passent ces bornes.

Je me trouve étrangere dans la maison de mon propre pere, je m'y voy dans un état indigne de ma naissance avec ces méchans habits.] Il n'y a rien de plus naturel, ni de plus touchant que la maniere dont Sophocle peint les malheurs d'Electre. Il décrit jusqu'à ses habits, & cela n'est pas inutile. Euripide n'a pas oublié une circonstance si propre à exciter la compassion, il s'y arrête même plus que Sophocle : car voici comme il fait parler Electre ; *Voyez ces cheveux negligez ; Voyez ces méchans habits, sont-ce là les ornemens d'une Princesse, sont-ce les habits de la fille d'Agamemnon, du vainqueur de Troye ?*

Et je manque de toutes choses.] Elle dit qu'on ne lui donne pas même de quoy se nourrir. Il y a dans le Grec, *& j'assiste à une table vuide.*

P. 276. La Fraude imagina le dessein de cet horrible meurtre, & l'Amour l'executa.] Clytemnestre, & Egisthe ne trouverent pas de meilleur moyen pour tuer facilement Agamemnon que de luy donner au sortir du bain une chemise qui n'avoit point d'ouverture au cou. Voila pourquoi il dit que la Fraude imagina la maniere & le dessein de ce meurtre, & quand cela fut resolu l'Amour leur donna la force de l'executer.

Mais la Fraude & l'Amour se preparerent à ce crime par un autre crime.] Car Egisthe & Clytemnestre se preparerent au meurtre d'Agamemnon, par l'adultere qui est ordinairement le premier degré par lequel on monte aux plus grands crimes. Il faut remarquer avec quelle pudeur & quelle sagesse Sophocle fait parler des femmes d'une si horrible action.

Soit que cela vienne des hommes ou de quelque Dieu.] De peur de parler contre leurs Princes, elles se contentent de parler de l'action, sans en designer les auteurs. Mais il ne faut pas croire que par cette alternative, *ou de quelque Dieu* Sophocle enseigne que Dieu puisse être auteur du crime ; cette impieté n'auroit pas été soufferte sur le theatre des Atheniens. Il veut faire entendre que les hommes tombent dans le crime en deux façons, ou lorsqu'étouffant dans leur cœur tout sentiment de pieté, & de crainte de Dieu, ils commetent d'eux-mêmes les actions les plus atroces, ou lorsque Dieu, pour punir quelque ancien peché, & manifester sa justice, les aveugle, & permet qu'ils deviennent criminels. C'est ainsi qu'il fait dire dans l'Ajax par le Chœur : *Seroit-ce donc Diane qui vous auroit excité contre ces troupeaux?* &c. *seroit-ce Mars ou Bellone qui n'ayant pas receu les premices de vôtre butin, auroient voulu venger cet affront en vous portant à commettre ces excez pendant les tenebres? Fils de Telamon jamais de sens rassis vous n'auriez commis une action si horrible. Les Dieux disposent de nôtre raison à leur gré, & envoyent quand il leur plaît de ces maladies.*

P. 277. *Prenez garde de ne point trop parler.*] Le Chœur qui doit toûjours s'intéresser pour les principaux personnages, & leur donner des avis utiles, avertit Electre de ne pas s'emporter si publiquement contre Egisthe & Clytemnestre, de peur que si ses imprécations sont entenduës, elles ne lui attirent de nouveaux malheurs, comme cela lui étoit déja arrivé. Mais en même temps Sophocle fait connoître que ce n'est ni par ignorance, ni par imprudence qu'il a fait le caractere d'Electre aussi-violent & aussi emporté qu'il est. Il a crû que ces mœurs étoient necessaires, & qu'il ne devoir pas donner plus de douceur à une Princesse qui aimoit son pere avec tant de tendresse, & qui étoit si cruellement traitée par sa mere depuis si long-tems.

P. 278. *Mais je vous en avertis avec toute la tendresse qu'une bonne mere a pour ses enfans.*] Sophocle fait voir par là que le Chœur n'est pas composé de jeunes filles. De jeunes filles ne pourroient jamais faire les fonctions du Chœur, aussi dans la suite on les appelle *femmes.*

P. 279. *Car si ce malheureux Prince qui n'est plus que cendre & que poussiere.*] Elle veut dire qu'elle est la seule qui en pleurant son pere, soûtient encore la cause & l'interêt des Dieux, & qu'il n'est pas possible qu'ils n'entendent enfin ses plaintes. Car si ce Prince étoit entierement oublié, & que rien ne reprochât à ses meurtriers leur crime, une telle impunité lâcheroit la bride à toutes sortes de desordres & d'abominations, & la crainte de Dieu seroit effacée du cœur de tous les hommes.

Princesse c'est plus pour vos interests que pour les miens que je vous parle.] Cette protestation estoit necessaire, afin qu'on ne crût pas que le Chœur ne tâchoit d'adoucir Electre que de peur d'être envelopé dans ses malheurs.

P. 280. *Où trouveriez-vous une Princesse qui pour peu qu'elle fût bien née, ne fist pas à ma place tout ce que je fais en voyant les malheurs de ma maison.*] Electre va faire voir au Chœur que ses emportemens & ses violences ne sont pas si condamnables qu'elles l'ont crû. Dans toute l'antiquité on ne trouvera peut-être rien où il y ait plus d'art & plus d'éloquence que dans le discours de cette Princesse ; toutes les couleurs y sont menagées avec une adresse, qu'on ne peut trop loüer.

P. 271. Et tous les ans quand elle voit arriver le jour qu'elle a tué ce Prince.] Voilà le comble de l'horreur. Clytemnestre fêtoit tous les ans le jour qu'elle avoit tué son mary. Tous les ans elle renouvelloit la fête qu'elle avoit celebrée pour ce meurtre. Dinias dans son histoire d'Argos avoit écrit que ce jour étoit le treize du mois appellé Gamelion, qui répond à la fin d'Octobre, & au commencement de Novembre.

P. 282. Qu'ils appellent les soupers d'Agamemnon.] En celebrant cette horrible fête, ils joignoient l'insulte & la raillerie à l'impieté : car ils appelloient ces soupers, *les soupers d'Agamemnon.*

Horrible objet de la haine des Dieux me dit-elle.] Il y a bien de l'adresse à raporter icy les discours de Clytemnestre.

Que ton pere est mort.] Elle ne dit pas *que ton pere a été assassiné*, mais *qu'il qu'il est mort.* Elle cherche à adoucir l'action par le terme dont elle l'explique.

P. 284. *Des maux si terribles changent notre naturel, & nous forcent malgré nous à être méchans.*]
Voilà comme Sophocle excuse ce qu'il y a d'outré dans le caractere d'Electre. Cette Princesse s'accuse elle-même d'être méchante, & elle en rejette la faute sur l'excez de ses maux. Cette excuse qui étoit fort bonne du tems de Sophocle, ne seroit pas reçue dans celui-cy. Un Poëte seroit obligé d'adoucir un peu ce caractere qui choque trop ouvertement les opinions generales dont un Poëte ne doit jamais trop s'éloigner.

N'en dites pas davantage, Madame, je voy sortir du Palais vôtre sœur Chysothemis.] Ce qu'Electre a dit qu'elle étoit la seule qui pleuroit Agamemnon, a fait croire au Chœur que Chrysothemis n'avoit pas les mêmes sentimens ; c'est pourquoy Crysothemis lui est suspecte.

REMARQUES

Sur la V. Scene de l'Acte I.

P. 286. *MA sœur quels discours tenez-vous devant les portes de ce Palais.*] Sophocle oppose le caractere de Chrysothemis à celui d'Electre, c'est à-dire un caractere de douceur, & de prudence, à un caractere de violence & d'emportement.

P. 287. *Et si mes forces répondoient à mes desirs, je leur ferois bien voir.*] Elle dit, *je leur ferois bien voir*, pour ne les pas nommer; car de les appeller par leur nom, cela ne conviendroit point aux sentimens qu'elle dit avoir pour eux, & de les designer par les noms odieux qu'ils meritent, cela seroit contraire à la moderation qu'elle veut garder pour s'accommoder à l'état present de sa fortune.

Et de ne pas croire me vanger de mes ennemis, quand je ne leur fais aucun mal.) Cette maxime est tres-sage, &

elle épargneroit bien des peines aux vindicatifs, s'ils pouvoient en sentir la verité ; car ils se vangent souvent, ou pour mieux dire, toûjours sur eux-mêmes.

Quoique je sache bien que ce que vous faites est plus juste que ce que je fais.) Chrysothemis reconnoît qu'il y a plus de justice, & plus de courage à pleurer Agamemnon, & à haïr ouvertement ses meurtriers, comme fait Electre, qu'à dissimuler ses sentimens ; mais il n'y a pas tant de prudence, & tout le monde ne peut pas pousser les vertus à cet excez en se dépoüillant de l'amour propre qui nous est si naturelle, & qui nous porte à travailler à nôtre conservation. Electre fait mieux, mais Crysothemis ne fait pas mal. La Justice peut être accompagnée de prudence, & on peut s'accommoder au tems sans la violer ; cela convient même beaucoup mieux à une femme. Voilà le sens de ces paroles de Chrysothemis.

P. 288. *Cependant lorsque je fais tout ce qui dépand de moy pour venger nôtre pere.*) Car c'étoit le venger en quelque sorte que de faire inceſſament des imprecations contre ſes meurtriers, & de leur reprocher à tous momens leurs crimes. Elle dit enſuite qu'*elle étoit leur fleau.*

P. 289. *Quand on me donneroit toutes ces belles choſes dont vous vous parez, & dont vous faites vos delices.*) Electre a fait connoître qu'elle n'avoit que de méchans habits, & icy elle fait entendre que Chryſothemis étoit fort parée; car la ſimple lecture d'une tragedie doit tout mettre devant les yeux, & ne laiſſer à la repreſentation que ce qu'on ne peut lui ôter.

P. 290. *Et que je n'aye d'autre nourriture que de ne pas faire des choſes ſi mortifiantes.*) Cette expreſſion eſt bien remarquable, c'eſt le ſtile des livres ſaints. *Meus cibus eſt ut faciam voluntatem ejus qui miſit me, ut perficiam opus ejus.* S. Jean. 4.

Vous faites en ſorte qu'on vous appelle la fille de la plus indigne des meres.) Cela eſt fondé ſur ces façons de parler qui ſont encore ordinaires dans nôtre langue, *Elle eſt* fille de son pere, ou elle est fille de sa mere, pour dire qu'elle leur ressemble, & qu'elle a les mêmes inclinations.

Vous pouvez profiter l'une & l'autre de ce que vous venez de dire.) Cela est fort bien dit, le Chœur voit ce qu'il y a de vicieux dans ces deux caracteres, & ce qu'il faudroit faire pour les corriger. Electre rendroit son caractere moralement bon, si elle suivoit en quelque maniere les avis de Chrysothemis ; car elle modereroit ses emportemens & ses violences, & Chrysothemis perfectionneroit aussi le sien en suivant les conseils d'Electre ; car elle témoigneroit plus de courage & de fermeté. Sophocle savoit donc bien ce qu'il faisoit quand il a mis ces deux caracteres sur le theâtre, & je ne doute pas qu'il n'ait eu dessein de faire voir par là que les femmes ne gardent presque jamais de milieu dans leurs passions, & qu'elles pêchent toûjours par le trop, ou par le trop peu. Le Chœur le voit parce que cela ne le regarde pas, & que quand on est en parfaite santé, il est aisé de donner des conseils aux malades. Si ces femmes étoient à la place de ces deux Princesses, elles parleroient autrement.

P. 295. Je vai donc où l'on m'a ordonné d'aller.) Il faut que le spectateur sache pourquoi Chrysothemis est venuë sur le lieu de la scene; car aucun Acteur ne doit paroître sans necessité.

Ma mere m'envoye faire ces libations à mon pere.) Cela est pris d'Eschyle.

P. 296. O Dieux de mon pere secourez-moy maintenant. Electre entendant dire que la Reine a eu la nuit un songe qui l'épouvante, augure de-là que les Dieux se vont déclarer, & que la mort d'Agamemnon va être vengée.

P. 297. On dit qu'il lui a semblé cette nuit que nôtre pere étant revenu au monde.) Sophocle a imité icy Eschyle, qui fait faire aussi un songe à Clytemnestre, mais ce songe est different. Car elle a songé qu'elle étoit accouchée d'un dragon, & qu'ayant voulu lui donner à teter, ce monstre avoit tiré tout son sang.

Voilà ce que j'ai entendu dire à ceux qui étoient presens.) Cela est bien conduit, afin qu'on ne crût pas qu'elle le savoit de la Reine même ; car cela marqueroit une trop grande intelligence, & seroit vicieux.

Quand elle a raconté ce songe au soleil.) Voici une plaisante superstition des Anciens, quand ils avoient eu un songe qui les chagrinoit, dés qu'ils étoient levez, ils ouvroient toutes les fenêtres de leur chambre, & racontoient ce songe au soleil, croyant que comme il avoit la vertu de dissiper les tenebres, il auroit aussi celle de faire évanoüir tous ces fantômes dont ils étoient épouvantez.

P. 298 Jettez les plûtôt aux vents, ou allez les enterrer dans quelque fosse profonde.] Electre veut qu'on fasse de ces libations, plûtôt que de les employer, ce qu'on avoit coûtume de faire des expiations, aprés qu'on s'en étoit servi, car on les cachoit avec grand soin, comme nous l'apprenons de ce passage d'Hippocrate qui est tres remarquable. *Au lieu, dit-il, de mener dans les temples les malades, & les fcelerats ? & là de prier pour eux, & de faire pour eux des sacrifices, on les expie, & après les avoir expiez, on va cacher ces expiations sous la terre, les jetter dans la mer, ou les porter sur quelque haute montagne, où personne ne puisse ni les toucher, ni les fouler aux pieds.* Electre ne pouvoit mieux marquer son aversion que par cette image, ni rendre ces libations plus abominables qu'en les traitant comme on traitoit les expiations.

Afin que rien de tout cela ne puisse jamais approcher du tombeau de nôtre pere.) Elle a tant de mépris & tant d'horreur pour ces offrandes, qu'elle ne veut pas même les nommer, voilà pourquoi elle dit, *rien de tout cela.*

P. 299. *Qui l'a si lâchement assassiné, qui l'a mis en pieces.*] Le Grec dit *qui l'a si lâchement assassiné, & qui a pendu à son cou les extremitez de tous ses membres.* Sophocle a pris cela d'Eschyle qui avoit dit ἐμασχαλίσθη.

Quand les anciens Grecs avoient assassiné quelqu'un, sur tout si c'étoit quelque parent, ils lui coupoient les extremitez de tous les membres; & les portoient pendant quelque tems pendus à leur col, ou sous le bras; car ils croyoient par-là ôter à son ombre toute sa force, & l'empêcher de sortir de la terre pour se venger. C'est ainsi qu'Helene fait traiter Deiphobus dans le sixiéme livre de l'Eneide. *Deiphobum vidi lacerum crudeliter ora, Ora manusque ambas populataque tempora raptis Auribus & truncas, inhonesto vulnere nares.* On est étonné que des peuples d'ailleurs si polis, ayent eu une opinion si extravagante : mais plus elle est extravagante, plus elle est digne de la superstition qui vient de la crainte & de l'ignorance. Pour se mettre à couvert de l'horreur inseparable du crime, que ne sont pas capables de faire des fols ?

Et qui pour se laver de ce meurtre a bien eu le courage d'essuyer sur sa tête ses mains sanglantes.) Voici une autre superstition digne de la premiere. Le meurtrier avoit soin d'essuyer bien proprement sur la tête du mort son épée & ses mains, & il croyoit par-là se laver du sang qu'il venoit de répandre ; pourvû qu'il n'en restât pas sur lui une goutte, il se croyoit innocent. Cela ressemble bien à l'action de cette femme dont parle Salomon dans ses proverbes : *Talis est & via mulieris adulteræ, quæ comedit, & tergens os suum dicit, non sum operata malum.* Tel est le chemin de la femme adultere qui mange, & qui aprés avoir bien essuyé sa bouche, dit : Je n'ay point fait de mal.

Renoncez donc, je vous prie, à ce dessein, & vous coupant vous-même les boucles de vos cheveux, allez plûtôt lui faire cette offrande.] En la détournant d'aller faire sur le tombeau d'Agamemnon ces libations de sa mere, elle l'exhorte à y aller faire d'autres offrandes ; car cela donne lieu à un fort bel incident qui mêle beaucoup le nœud. Cela est tres-naturel & tres vray semblable.

Joignez y le peu de cheveux qui me restent.) Sophocle n'oublie rien de tout ce qui peut faire connoître le miserable état d'Electre, & donner de la compassion.

P. 300. Au lieu de bandelettes, of-

frez lui aussi ma ceinture.) Ils se servoient de ces bandeletes pour mettre tout autour du tombeau.

REMARQUES

Sur l'Intermede du 1. Acte.

P. 32. C'Est ici le premier Chant du Chœur qui fait l'Intermede du premier Acte. Les femmes qui le composent ayant ouy le songe qu'on a rapporté de la Reine, tirent de-là leurs consequences, & font leurs predictions. Ce qu'il y a d'extraordinaire dans ce Chœur, c'est qu'Electre qui est le principal personnage de la piece reste sur le theatre pendant tout l'Intermede. L'état où est Electre fait excuser cette liberté, & le rend même necessaire. Cette Princesse en dira les raisons à la fin du second Acte.

Voicy la Deesse de la vengeance qui connoît toûjours l'avenir.) Pourquoi Sophocle dit il que la vengeance connoît toûjours l'avenir ? C'est sans doute pour juſtifier ſes délais, & pour faire entendre que quoiqu'elle differe ſouvent la punition des méchans, elle ne les laiſſe pas échaper à ſa juſtice ; elle connoît leurs entrées & leurs iſſues, & elle a toûjours preſent le moment où elle les ſurprendra.

Ni que la fatale hache qui l'a mis en pieces d'une maniere ſi horrible & ſi indigne, ne s'éleve pas contre elle.)

Ce paſſage me paroît tres-remarquable. Un Payen reconnoît que les choſes les plus inſenſibles qui ont été, ou les témoins, ou les inſtrumens de nos crimes, en conſervent toûjours le ſouvenir, & viendront témoigner contre nous au jour de la vengeance.

P. 303. *Cette redoutable Deeſſe qui a cent pieds & cent mains, qui ſe cache dans les tenebres, & qui ne ſe laſſe jamais.*] Cette deſcription de la Deeſſe de la vengeance, me ſemble merveilleuſe. *Elle a pluſieurs pieds & pluſieurs mains.* C'eſt pour marquer ſa vîteſſe & ſa force. *Elle ſe cache dans les tenebres.* C'eſt pour dire qu'on ne peut pas le prevoir. *Et* elle ne se lasse jamais. C'est pour faire voir que quoy qu'il semble quelquefois qu'elle poursuive long-tems en vain les méchans, elle n'est pourtant pas lasse de sa poursuite, & qu'on ne sauroit lui échaper.

Ah! malheureuse Course de Pelops que vous avez causé de maux à cette terre.] Pour mieux instruire le spectateur Sophocle fait rechercher par le Chœur, la cause des malheurs des Pelopides, & il lui fait voir que tous les maux qui ont affligé cette famille, viennent d'un ancien crime de Pelops. Voici l'histoire. Oenomaus avoit une fille nommée Hippodamie, d'une tres-grande beauté; il ne vouloit pas la marier, parce que l'Oracle lui avoit répondu, qu'il n'avoit à craindre qu'un gendre ; mais pour cacher ce dessein, il promit de la donner à celui qui oseroit faire contre lui une course de chariots, à cette condition qu'il auroit Hippodamie, s'il étoit vainqueur, & qu'il seroit mis à mort s'il étoit vaincu. Plusieurs eurent le courage de tenter l'avanture, & ils y perirent tous ; car Oenomaus avoit des chevaux plus vîtes que les vents. Pelops se presenta ensuite. Les têtes de ces malheureux qu'il voyoit attachées aux portes du Palais, l'avertirent de mieux prendre ses mesures. Il pratiqua donc le Cocher d'Oenomaus qui s'appelloit Myrtile, & qui étoit fils de Mercure. Il lui promit la moitié de son Royaume, s'il le secouroit en cette occasion ; Myrtile éblouy de ces promesses, trahir son maître, & oublia exprés de mettre des chevilles aux rouës de son char qui fut mis en pieces au milieu de la lice. Pelops épousa Hippodamie : mais à son retour, pour ne pas payer à Myrtile ce qu'il avoit promis, & pour se défaire d'un témoin qui lui reprochoit sa honte, il le precipita dans la mer. Mercure vengea la mort de son fils sur tous les descendans de ce Prince. Et voila ce qu'il y a d'instructif pour les peuples ; car ce n'est pas la punition qui les instruit, c'est la cause ; si on ne leur explique ce qui fait punir les criminels, Ils ne pourront avoir raisonnablement ni de la compassion, ni de l'indignation, ni de la terreur. Et voilà pourquoi la tragedie est plus morale & plus utile que l'histoire, en ce qu'elle est generale & universelle, au lieu que l'histoire est particuliere, & qu'elle joint toûjours les causes avec les effets, comme cela a été expliqué au long dans la poetique d'Aristote. Il paroît par ce passage, & par beaucoup d'autres que les Payens ont eu quelque connoissance de cette verité, que Dieu punit les crimes des peres sur les enfans, jusqu'à la troisiéme, & quatriéme generation.

REMARQUES.

Sur la I. Scene du II. Acte.

P. 305. *IL me semble que vous vous promenez icy avec assez de liberté.*) Deux choses obligent Clytemnestre à sortir de son palais, car elle vient pour tâcher de faire taire Electre & pour faire ses prieres à Apollon, sur le songe qu'elle a eu la nuit & qui l'épouvante.

P. 306. *Cela est vrai, je n'ai garde de nier une action si belle.*) Clytemneſtre entreprend de deffendre. L'a tion qu'elle a faite en tuant son mary, & de la faire paroître juſte, & l'on peut dire que dans ce diſcours toutes le couleurs dont les mechans peuvent pallier un crime, y ſont menagées avec beaucoup d'art. Il ne faut pas s'imaginer que Sophocle ne cherche qu'à divertir ici le ſpectateur par ces deux plaidoiers ; ſon but eſt d'inſinuer au peuple que la mort d'Agamemnon fut la punition du crime qu'il avoit commis en ſacrifiant ſa fille, car il la ſacrifia à ſon ambition & non pas aux Dieux. Euripide a imité cet endroit de Sophocle. Clytemneſtre fait un long diſcours pour ſe juſtifier, & Electre la refute ; mais il s'en faut bien que ces deux diſcours ayent autant de force que ceux de Sophocle ; ils ne laiſſent pourtant pas d'avoir leur beauté.

De ſacrifier aux Dieux, vôtre ſœur Iphigenie.) Euripide, aprés avoir employé la même raiſon, ajoûte ; *Encore lui aurois-je pardonné cette cruauté, & je ne l'aurois pas tué pour avoir ſacrifié ma fille ; mais il amena avec lui une folle (Caſſanre) à qui* à qui il fit part de sa couche. *Nous étions deux femmes dans le même Palais.* Il a voulu faire entendre qu'il n'y a rien qu'une femme ne pardonne plus volontiers que cette derniere injure.

P. 307. *Menelas n'avoit-il pas alors deux enfans.*] Homere écrit que Menelas n'avoit qu'une fille, Hermione. Hesiode donne à Hermione un frere qu'il appelle Nicostratus, Sophocle avoit donc la liberté de choisir entre ces deux traditions, celle qui lui plaisoit davantage, & il prefera celle d'Hesiode, parce qu'elle étoit plus favorable au dessein de Clytemnestre. En effet si Menelas n'avoit eu qu'une fille unique, il y auroit eu de la cruauté à souffrir qu'il l'immolât, & Agamemnon qui avoit plusieurs enfans, étoit plus en état de supporter cette perte. M. Racine a imité cet endroit dans son Iphigenie, quand il fait dire par Clytemnestre, Acte IV. Scene IV.

Si du crime d'Helene on punit sa famille,
Faites chercher à Sparte Hermione sa fille,

P p

Laiſſez à Menelas rachepter d'un tel prix
Sa coupable moitié dont il eſt trop épris.

P. 309. *Vous avoüez donc que vous avez tué mon pere ? que vous l'ayez tué juſtement ou injuſtement, peut-on jamais rien entendre de plus horrible.*] Electre refute trés-ſolidement les raiſons de Clytemneſtre, elle aſſeure, premierement que quand la mort d'Agamemnon auroit été juſte, elle ſeroit toûjours horrible de ſa main. Elle fait voir enſuite qu'elle eſt trés-injuſte, parce qu'Agamemnon ne ſacrifia ſa fille que malgré lui & pour apaiſer Diane, & que quand même il l'auroit ſacrifiée de ſon bon gré & ſans aucune contrainte, ce n'étoit nullement à elle à l'en punir : il y a dans ce diſcours beaucoup d'art & de force.

Car il ne vous eſt pas permis de l'apprendre d'elle.) Elle lui fait ſentir qu'une femme adultere & homicide comme elle, ne peut pas approcher de Diane qui eſt la Deeſſe de la pureté.

P. 310. *Ny reprendre celui de la Grece.*) Cela est, ajouté avec adresse pour mieux justifier l'action d'Agamemnon, car si les vents avoient été bons pour aller en Grece, on auroit pû dire que ce Prince devoit plûtôt prendre le parti de s'en retourner, que celui de sacrifier sa fille, mais le chemin de la Grece ne lui étoit pas plus ouvert que celui de Troye. Voila une terrible necessité.

Mon pere donc forcé par cette dure necessité,) On ne peut pas mieux peindre la violence que se fit Agamemnon. Sophocle ne se contente pas de dire, *forcé par cette dure necessité*, διαδεὶς πολλὰ, Il ajoûte *après de longues resistances*, ἀντιβὰς, & comme si cela ne suffisoit pas, il encherit encore par ce mot μόλις, *malgré lui.*

Je veux que pour obliger son frere, il ait immolé ma sœur, mon pere devoit-il pour cela mourir de vôtre main ?) Sophocle connoissant que le sacrifice d'Iphigenie étoit insoûtenable en toutes façons, comme Horace l'a fort bien prouvé dans la Satire III. du livre II. n'entreprend pas de le justifier davantage, & il se contente de faire voir que ce n'étoit pas à Clytemnestre à en punir Agamemnon.

P. 311. *Prenez garde qu'en établissant une telle loi parmi les hommes, vous n'ayez bien-tôt sujet de vous en repentir.*) C'est un argument sans replique, si vous avez dû tuer Agamemnon, parce qu'il avoit immolé sa fille, on aura la même raison de vous tuer, puisque vous avez assassiné Agamemnon. Euripide s'en est servi de même, & il ajoûte, une chose qui me paroît belle. *Je le veux, mon pere a sacrifié vôtre fille, mais que vous avons nous fait mon frere & moi ? Pourquoi aprés avoir tué nôtre pere, nous avez vous chassez tous deux de son Palais pour y recevoir un étranger, que vous avez acheté pour mari ? si vous êtes si soigneuse de venger vos enfans, pourquoi ne chassez vous pas Egisthe pour vanger vôtre fils ? pourquoi ne l'assassinez vous pas pour me venger moi-même, puis qu'au lieu d'une mort que mon pere a fait souffrir à Iphigenie, ce lâche Tyran me fait souffrir mille morts.*

sur l'Electre de Sophocle. 453
Vous qui donnez des enfans à cet adultere, & qui rejettez les enfans legitimes que vous avez eus d'un Prince que les Dieux vous avoient donné pour mari.] J'ai un peu étendu la pensée de Sophocle en l'expliquant. On ne peut rien dire de plus fort contre l'adultere, ny qui en donne plus d'horreur.

P. 312. *Pour moi je ne vous regarde pas comme ma mere, mais comme une maistresse cruelle.*] Sophocle n'oublie rien de tout ce qui peut diminuer l'aversion qu'on a naturellement pour une fille qui parle ainsi à sa mere.

P. 313. *Je vois la Princesse en fureur, & l'on ne considere pas si sa fureur est juste.*] Le Cœur craint que Clytemnestre irritée des discours d'Electre ne prenne contre elle quelque resolution funeste ; c'est pourquoy il voudroit lui faire considerer les raisons trop justes qui la portent à cet excez de fureur.

P. 314. *Car vous commettez ces actions, & ces actions font naître ces discours.*) Cela est vray, les actions produisent des pensées conformes à leur nature, & ces pensées produi-
Pp iij

sent les discours qui les expliquent. c'est pourquoy Plutarque dit en quelque endroit que *la mauvaise vie fait naître & attire à soy les injures.* Il est impossible qu'on ne pense, & qu'on ne parle mal de nous, quand nous faisons mal.

Mais je jure par Diane.) Elle jure par Diane, pour affecter une plus grande asseurance, & pour braver Electre qui avoit voulu lui faire entendre qu'elle ne devoit pas s'adresser à cette divinité.

P. 316. *Car je suis ici parmi mes ennemis.*] Voilà déjà un des effets du crime de Clytemnestre ; elle sent qu'au milieu de ses sujets & avec sa propre fille, elle est au milieu de ses ennemis, & elle n'ose pas même faire à haute voix ses prieres.

Il n'est pas à propos que je découvre mes pensées devant cette fille.) Comme le spectateur est déja instruit du songe qu'elle a eu la nuit, il ne faut pas le redire. Sophocle tire donc de son sujet des raisons tres naturelles, de le supprimer, & ces raisons sont admirables pour instruire le spectateur.

Si les songes que j'ai eu cette nuit.]

Il y a dans le Grec, *les doubles songes*, & c'est pour dire simplement le songe qui peut avoir une double interpretation. Clytemnestre ne laisse pas de se flatter dans sa crainte.

Pour me precipiter de cet état florissant.) Elle se trouve dans un état florissant, & elle n'a qu'un moment à vivre, elle va mourir de la plus cruelle maniere du monde, par les mains de son propre fils. Voilà la veritable image de l'état des méchans, lorsqu'ils se croyent les plus heureux, ils sont emportez par une soudaine ruine.

P. 317. *Et avec ceux de mes enfans qui ne me donnent aucune marque de haine.*) Elle désigne Iphianasse, & Chrysothemis.

Vous connoissez toutes les autres choses que je vous demande dans un profond silence.) Comme la mort d'Oreste, & celle d'Electre.

Car puisque Jupiter est vôtre pere, il est impossible que vos yeux ne penetrent les secrets les plus cachez.] Sophocle peint bien dans ce caractere l'aveuglement des méchans; quand ils ont quelque chose à esperer ou à craindre, ils confessent qu'il y a un Dieu, ils ont recours à lui, & reconnoissent qu'il penetre les pensées les plus secretes : mais lorsqu'il s'agit de contenter leurs passions, & d'executer les plus grands crimes, ils étouffent en eux ce sentiment, *L'insensé a dit en son cœur, il n'y a point de Dieu.*

REMARQUES

sur la II. Scene de l'Acte II.

P. 318. Femmes de Mycenes, n'est-ce pas là le Palais d'Egiste ?) Le Gouverneur vient porter le premier la nouvelle de la mort d'Oreste ; & Sophocle ne pouvoit le faire arriver plus à propos, que lors que Clytemnestre est encore sur la Scene avec Electre ; & dans le moment qu'elle vient d'achever la priere qu'elle a faite à Apollon pour lui demander particulierement la mort de ce Prince. Cela est fort bien conduit.

Une magnificence vrayment royalle

sur l'Electre de Sophocle.

le.] Il connoissoit fort bien la Reine, mais il fait semblant de ne la connoître qu'à son air, à la magnificence de ses habits, & à la nombreuse Cour qui l'environne. Cette pompe de Clytemnestre opposée à la misere d'Electre augmente la compassion.

P. 320. *Ah quelle nouvelle m'apportez-vous là ? Que me dites-vous ?*] Il n'y a dans le Grec, *Ah ! que dites-vous, que dites-vous ?* Cette repetition marque la joye qu'elle a de cette nouvelle.

Et je vous dirai jusqu'à la moindre circonstance.) Car une nouvelle aussi agreable que celle-là ne pouvoit être trop circonstanciée. Chaque particularité donne à cette mere barbare nn nouveau plaisir ; voilà en quoy on ne sauroit trop loüer l'art de Sophocle, d'avoir fait faire ce recit à Clytemnestre, pour donner à sa tragedie un si grand ornement. Si cet homme n'eût parlé qu'à Electre, il n'auroit dit qu'un mot, *Oreste est mort.* Comme dans Homere Antilochus annonçant à Achille la mort de Patrocle, lui dit seulement, *Pa-*

trocle est mort, on se bat autour de son corps qu'on a dépoüillé, & Hector est maître de ses armes. Euripide s'est servi du même artifice dans son Hippolyte ; car pour donner à sa piece la même beauté, il fait que celui qui vient annoncer la nouvelle de la mort de ce jeune Prince, parle à Thesée encore irrité. Ce Roy furieux boit avec avidité le recit de cette mort, il l'exige lui-même, il remercie Neptune d'avoir exaucé ses prieres, & chaque nouvelle circonstance lui paroît une nouvelle faveur. *O Dieux*, dit il, *O Neptune, vous étes veritablement mon pere, puisque vous m'avez si bien exaucé. Mais vous, dites-moy de quelle maniere il est mort, & comment l'épée de la justice m'a vengé de ce monstre qui m'avoit deshonnoré.*

Ce Prince étant allé dans la celebre assemblée de la Crete, pour assister aux jeux pythiques.] Voici l'absurdité qu'Aristote a justement blâmée dans le xxv. chapitre de sa poëtique ; car ces Jeux Pythiques n'ayant été instituez que six cens ans ou environ aprés la mort d'Oreste, cette fausse té trop senſible ruine toute la vray-semblance de cette piece, dont elle est le fondement. Sophocle n'avoit qu'à feindre, comme Eſchyle, qu'il s'étoit tué de toute autre maniere. On dira, pour défendre le Poëte, que de pareils anachroniſmes ſont permis en poëſie, & que Virgile en a fait d'auſſi grands ; mais outre qu'-on ne juſtifie pas une faute par des fautes ſemblables, il y a bien de la difference entre une abſurdité dans le fond de l'action, & une abſurdité qui ne ſe trouve que dans un Epiſo-de ; il ſeroit à ſouhaiter qu'il n'y en eût ni dans les Epiſodes, ni dans le corps de l'action ; mais elles ſont plus excuſables dans les Epiſodes. So-phocle croyoit ſans doute ſes audi-teurs aſſez mal inſtruits de l'origine de ces jeux, pour ne pas prendre garde à l'alteration qu'il faiſoit dans cette Epoque, & d'ailleurs il a caché cette abſurdité ſous les charmes mer-veilleux de ce recit qui eſt admira-ble. Cela ne le juſtifie pourtant pas.

P. 321. *Je n'ay jamais vû tant de force & tant de courage.*) Plus il loüe Oreſte, plus le plaiſir de Clytemneſtre eſt grand de ſe voir délivrée d'un ennemi ſi redoutable.

Il ſortit victorieux des cinq combats.] Simonide a compris ces cinq combats dans ce vers,

ἅλμα πεδιχέην, δίσκον, ἄκοντα πάλην.
Le Saut, la Courſe, le Palet, le Javelot & la Lutte.

P. 322. *Mais quand les Dieux ont reſolu nôtre perte, le plus puiſſant de tous les hommes n'eſt pas capable de l'éviter.*] Par cette maxime pleine de verité & de pieté, il gagne la confiance de la Reine, & fait qu'elle ajoûte plus de foi à ſon diſcours. C'eſt cette même maxime que Pindare a expliquée en ces termes : *Dieu attrape quand il veut, l'aigle le plus vîte, & le Dauphin,* ou le vaiſſeau le plus leger.

Il y en avoit un d'Achaïe, un de Sparte, deux de Lybie.] Ce détail donne à ce recit tout l'air de la verité.

Le neufviéme venoit de la ville d'Athenes, qui eſt le ſacré domicile des Dieux.] Ou qui a été bâtie par les

Dieux: Il parle ainsi à cause des temples dont cette ville étoit remplie. Sophocle mêle adroitement à ce recit les loüanges des Atheniens, qui étoient le peuple du monde le plus attaché au culte des Dieux.

P. 323. *Aprés que les Juges eurent distribué les rangs par le sort, & que les chars eurent pris leur place.*] Il imite ici la description qu'Homere fait de la course des chariots, dont Achille honnore les funerailles de Patrocle dans le XXIII. livre de l'Iliade, & l'on trouvera cette imitation parfaitement belle, si l'on prend la peine de la confronter avec son original.

P. 324. *Tachoit d'y faire tourner son essieu, & pour cet effet il lachoit les rênes au cheval qui étoit hors de sa main, & les tiroit à celui du dedans.*] Car la borne étoit toûjours à gauche. Ceci est pris mot à mot de l'avis que Nestor donne à son fils Antilochus dans le XXIII. livre de l'Iliade.

P. 327. *O Jupiter que dois-je penser?*] Cet endroit me paroît admirable, Sophocle avoit bien veu qu'il choqueroit trop ouvertement la Nature, s'il faisoit Clytemnestre assez endurcie pour apprendre la mort tragique de son fils, sans donner aucune marque de compassion, & sans se souvenir un seul moment de sa qualité de mere. Il n'avoit garde de tomber dans un si grand defaut; c'est pourquoy il lui met dans la bouche cette reflexion qui est tres-naturelle, & qui fait que l'on compatit presque à la cruelle necessité où elle est reduite de se rejoüir d'un si grand malheur, par la consideration des maux beaucoup plus grands, que ce malheur là lui épargne.

P. 328. Nous sommes donc venus inutilement.] Il dit *nous*, parce qu'il avoit avec lui des gens qui le suivoient. Car il ne parle nullement de ceux qui doivent porter les cendres d'Oreste.

De la mort d'un fils qui oubliant qu'il étoit sorti de mes entrailles, & que ces mamelles l'avoient alaité.] Elle peint les duretez de son fils, & tout ce qu'elle en devoit craindre, pour justifier en quelque façon la joye qu'elle a de sa mort; mais tout ce qu'elle craint, va lui arriver tout à l'heure. Cela est tres-bien menagé.

P. 329. *C'est presentement Oreste qu'il faut déplorer vos malheurs, puis qu'en l'état où vous étes.*) Electre est plus affligée des duretez qu'Oreste éprouve de cette mere barbare, apres une mort si tragique, que de cette mort même. Il y a bien de la tendresse dans ce sentiment.

P. 330. *Deesse de la vengeance écoutez la voix de ce jeune Prince.*) Elle s'adresse à la Deesse qu'on appelloit *Nemesis*, à qui ils attribuoient particulierement le soin d'écrire tout ce qu'on disoit, ou que l'on faisoit contre les vivans, mais sur tout contre les morts ; c'est pourquoy Callimaque dit dans l'hymne de Ceres en parlant de l'insolence d'Eresichthon,

Νέμεσις δὲ κακὰν ἐγράψατο φωνάν.
Nemesis écrivit sur le champ cette parole pleine d'insolence.

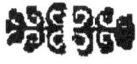

REMARQUES

sur la III. Scene de l'Acte II.

P. 333. *JE vais me jetter ici devant cette porte.*] Sophocle fait dire cela par Electre, afin que le spectateur ne soit pas surpris de voir la principale Actrice demeurer sur le Theatre, & se mêler avec le chœur dans les Intermedes des Actes. C'est une nouveauté dont il n'y avoit peut-être point d'exemple, mais Sophocle tire de son sujet des raisons si naturelles, & si vray-semblables d'en user ainsi, que bien loin que cette nouveauté puisse être condamnée, on voit que Sophocle ne fait que s'accommoder à la necessité de l'action qui ne souffre pas qu'Electre rentre dans un lieu qui lui est si odieux, & où elle ne sauroit vivre.

REMARQUES

sur l'Intermede du II. Acte.

P. 334. *OU sont donc enfin les foudres de Jupiter ?*] C'est Electre qui prononce ces paroles, comme la principale personne du chœur ; cette remarque est necessaire pour démêler les personnages qui parlent, & qui sont confondus dans toutes les éditions. Electre répond ici à ce que le chœur lui avoit dit, *Le grand Jupiter est dans le ciel.*

Princesse pourquoy vous abandonnez-vous à vôtre affliction ?] Le chœur voudroit empêcher Electre de murmurer contre les Dieux.

P. 335. *Je sai que le Roy Amphiaraus abysmé dans les entrailles de la terre.*] Le Chœur tâche de consoler Electre en lui faisant esperer qu'Agamemnon aura dans les enfers le même sort qu'Amphiaraus, qui ayant été trahi par sa femme, fut forcé d'aller à la guerre de Thebes, où il savoit bien qu'il devoit perir,

& où il perit effectivement ; car la terre frapée de la foudre de Jupiter, s'entrouvrit, & l'engloutit avec son char ; Jupiter le fit immortel, & il eut un temple où il rendoit des Oracles; mais Electre au lieu de tirer de là quelque consolation, en tire au contraire un nouveau sujet de s'affliger.

P. 336. Alcmæon son fils punit la perfide Eriphyle.) Voilà la difference qui se trouve entre le sort d'Amphiaraus & celui d'Agamemnon. Amphiaraus fut vengé par son fils Almæon qui tua de sa propre main sa mere Eriphyle, & Agamemnon n'a personne qui le venge, puisque son fils vient de mourir. Electre ne manque pas de sentir d'abord, & de relever cette difference, car on n'est jamais plus ingenieux, ni plus penetrant que dans la douleur.

REMARQUES

Sur la premiere Scene de l'Acte III.

P. 339. MA sœur les transports de joye où je suis.]

Chrysothemis étoit allé faire des offrandes sur le tombeau de son pere, comme Electre le lui avoit conseillé, & elle revient rendre compte de tout ce qu'elle a vû, & qui lui a donné de si grandes esperances. Par là Sophocle instruit tres-naturellement les spectateurs de tout ce qui s'est passé depuis qu'Oreste a quitté la Scene, & dont ils n'ont pû être les témoins.

Me font passer par dessus les regles de la bienséance.] Chrysothemis rend d'abord raison de la precipitation avec laquelle elle vient ; car il n'y a rien de plus indecent à une fille & à une Princesse, qu'une demarche trop vîte, quand elle est sans necessité. Sophocle ne manque pas à une seule bienséance.

P. 342. *Car hors vous & moi qui est ce qui auroit pû les offrir.*] Comme il auroit été ridicule que Chrysothemis eût cru que c'étoient veritablement les cheveux d'Oreste sur une simple imagination, qui pouvoit être fort trompeuse, elle se confirme dans cette opinion, par un raisonnement qui est tres-vray semblable.

P. 343. *Vous à qui il n'est pas mê-*

me permis de sortir de ce palais pour entrer un seul moment dans les temples des Dieux.) Les méchans croyent toûjours que les justes qu'ils persecutent, se vengent d'eux, quand ils prient Dieu; & s'ils pouvoient, ils les empêcheroient de lui adresser leurs prieres. Voilà pourquoi Egisthe & Clytemnestre empêchoient avec tant de soin qu'Electre n'entrât dans les temples, persuadez, comme tous les Idolâtres, que les Dieux étoient plus presens là qu'ailleurs à cause de leurs statuës.

Elle n'est pas d'un naturel à faire de ces sortes de libations. Nous avons pourtant vû que Chrysothemis alloit par l'ordre de sa mere, faire des libations sur le tombeau d'Agamemnon : mais c'étoient des libations bien differentes de celles-cy. C'étoient des libations odieuses que Clytemnestre faisoit par crainte pour éloigner la punition qui étoit dûe à son crime, au lieu que celles cy sont des libations qu'on a faites par amour, & qui marquent la douleur qu'on a de la mort de celuy à qui on les offre.

P. 347. *Ecoutez donc la proposition que je vous vais faire.*] Ce discours d'Electre répond fort bien à son caractere, & elle ne propose rien qu'on ne dût attendre de ses mœurs.

P. 349. *Ne voyez vous pas quelle reputation nous allons acquerir par vôtre moyen.*) Electre ne parle que de la gloire qui doit suivre un heureux succez, & elle supprime tous les maux dont elles sont menacées, si elles manquent leur entreprise ; ce n'est pas qu'elle craigne d'envisager ce peril, elle y est toute preparée, & dans l'état où elle est, il lui couvenoit d'en parler : mais elle le dissimule depeur d'épouvanter sa sœur qui n'étoit pas si resolue qu'elle.

P 350. *Dans ces sortes d'entreprises, la prudence est la partie la plus necessaire.*] Le Chœur étonné de l'audace d'Electre, & de la proposition qu'elle fait si publiquement, se hâte de répondre avant Chrysothemis, pour leur representer que dans ces occasions la prudence est encore plus necessaire que la force, & c'est pour blâmer l'imprudence d'Electre qui découvre un dessein qui ne sauroit être trop caché.

Cella est vray, & si elle avoit eu encore quelque sorte de raison.] Ce que Sophocle nous a déja découvert du caractere de Chrysothemis, nous fait juger par avance de quelle maniere elle recevra la proposition qu'on lui vient de faire. Les mœurs de tous les personnages ont toutes les conditions qu'elles doivent avoir.

P. 351. *Encore n'est ce pas la mort qui me fait peur.*) Elle ajoûte cela pour prevenir la réponse qu'Electre pouvoit lui faire : *mais on nous fera mourir*, dites-vous, *Eh bien si l'on nous fait mourir, nous en serons plûtôt délivrées des miseres de cette vie, &c.*

P. 355. *C'est une chose horrible de parler si bien, & de faire si mal.*] Electre veut dire que puisque Chrysothemis est assez habile pour donner des conseils aux autres, c'est une chose horrible qu'elle n'ait pas assez de force ou de courage pour executer ce qu'elle voit bien que la justice demande d'elle, qui est de venger la mort d'Agamemnon.

Voilà justement le reproche qu'on vous peut faire.) Chrysothemis retorque contre Electre le reproche qu'Electre lui fait, &, elle lui dit que c'est une chose étrange qu'ayant assez de raison pour voir ce que la justice demande, elle ne voye pas en même tems qu'elle n'est pas en état de l'executer, & qu'elle ne va que se rendre plus miserable, & achever de perdre ce qui reste de la famille d'Agamemnon.

P.356. *Mais les desseins les plus justes sont tres-souvent pernicieux.*) Les desseins tres-justes ne peuvent être pernicieux que par la temerité & l'imprudence de ceux qui les forment, & qui prennent mal leur temps; mais alors on peut dire qu'ils cessent en quelque façon d'être justes : car il ne suffit pas de faire ce que la justice demande, il faut le faire lorsqu'elle le demande, & ne pas s'y porter avec precipitation. Voilà de quelle maniere je croy qu'il faut prendre cette maxime qui seroit elle-même tres-pernicieuse si on ne lui donnoit des bornes en l'expliquant. Car il est certain que ce qui est tres-juste en tout sens, ne peut jamais être pernicieux à celui qui l'execute ; puisque de mourit même pour la justice, c'est le plus grand de tous les bonheurs.

Je ne goûteray jamais ces maximes.] Electre rejette ces maximes, parce qu'elle est persuadée qu'il n'y a que ce qui est injuste qui puisse être pernicieux, & qu'elle ne trouve rien de plus juste que de venger la mort d'un pere.

P. 357. Vous n'entendez point du tout ce que je vous dis.] Electre vient d'appeller les conseils de Chrysothemis des conseils lâches, & Chrysothemis lui dit ici qu'elle ne leur a donné ce nom, que parce qu'elle n'entend pas ce qu'elle lui dit. Il n'y a point de lâcheté dans ses conseils, mais de la prudence. Il est juste de venger son pere : mais il est injuste de l'entreprendre, quand on ne peut l'executer.

Remarques

REMARQUES

sur l'Intermede du III. Acte.

P. 358. Pourquoy en voyant sur nos têtes les oyseaux du ciel avoir tant de soin de ceux qui leur ont donné la vie.) Le chœur auroit bien voulu qu'Electre eût suivi les conseils de Chrysothemis, & qu'elle eût moderé l'impatience qu'elle a de venger son pere : mais voyant qu'elle est resolue à tout entreprendre pour cela, elle loue sa pieté, & blâme la dureté de Chrysothemis, & son peu de courage d'abandonner sa sœur dans un si grand danger. Or il n'y a rien de plus propre à montrer le déreglement & la dureté des hommes que d'alleguer & produire en témoignage les mœurs & les inclinations des animaux qui conservent dans toute la simplicité ce qui leur est propre, & qui par consequent suivent la nature de plus prés que nous. Dieu même s'est souvent servi de cet exemple, comme dans le premier chapitre du Prophete Isaïe où il dit, *Cognovit bos poſseſsorem suum, & asinus praſepe Domine ſui, Iſraël autem me non cognovit, & populus meus non intellexit.* Le bœuf connoît son Maître, & l'asne, la crêche de celui qui le nourrit ; mais Iſraël ne m'a point connu, mon peuple ne m'a point entendu. Sophocle parle ici particulierement des cigognes qu'on a appellées *pieuſes, pietaticultrices* ; parce qu'elles ont tres-grand soin de leurs peres quand ils sont vieux, elles les nourriſſent, elles les portent, *Genitricum ſenectam invicem educant.* Plin. 10. 23.

Mais j'ateſte les foudres de Jupiter, & la celeſte Juſtice que nous ſerons bientôt punis de cette dureté.) Le Chœur dit par respect, & par bienséance, *nous ſerons punis,* en se mettant lui même du nombre, afin qu'il ne semble pas qu'il faſſe une imprecation contre Chryſothemis, qui est pourtant la seule que cela regarde. On a auſſi expliqué ce paſſage d'une autre maniere, comme ſi le chœur ne parloit que contre Egyſthe & Clytemneſtre : *mais j'atteſte les foudres* de Jupiter, & la celeste justice qu'ils seront bientôt punis ; & ce dernier sens peut être fort bon.

P. 360. *Et que par la pieté que vous avez envers les Dieux, vous avez remporté le prix dans ce qu'il y a de plus sacré parmi les hommes.*] Il appelle le respect & l'amour qu'on a pour ses parens, *ce qu'il y a de plus sacré parmi les hommes.* Et il dit fort bien que c'est la suite, & l'effet de l'amour & de la pieté qu'on a pour Dieu.

REMARQUES.

sur la I. Scene du IV. Acte.

P. 361. *Femmes de Mycenes, avons-nous bien entendu, Est-ce là le palais d'Egysthe.*) Il est bon de remarquer la maniere admirable dont Sophocle dispose son sujet. Il fait que ceux qui portent le corps d'Oreste, arrivent quelque tems aprés ceux qui ont apporté la nouvelle de sa mort, afin que deux differens témoins confirment mieux la chose, & pour mieux ménager les surprises que cette nouvelle produit. Que ces gens là arrivent ensemble, on fera perdre à cette piece ses plus grandes beautez, & on gâtera toute son œconomie.

P. 363. *Ce sera la Princesse, car il faut que ce soit quelqu'un de leurs parens.*] Le Chœur ne veut pas se charger de cette commission, & la renvoye à Electre : car si cette Princesse ne peut se resoudre à aller annoncer dans le Palais une nouvelle qui l'afflige si fort, il ne veut pas non plus l'accepter de peur de lui déplaire; & si elle le fait, c'est une marque qu'elle cede enfin à ses maux, & qu'elle devient plus soûmise. D'ailleurs si quelque personnage du Chœur étoit d'abord entré pour apprendre cette nouvelle à Clytemnestre, il n'y avoit plus lieu à la reconnoissance ; car ou la Reine seroit sortie, ou il auroit fallu que les étrangers fussent entrez, & l'un & l'autre ruinoient également le dénoüement de la piece.

Je ne sai pas quelle est cette nouvelle dont vous parlez.] Il parle ainsi afin qu'on ne crût pas qu'il eût aucune connoissance de celui qui étoit arrivé le premier, & qui avoit apporté la nouvelle de la mort.

P. 362. Si c'est la mort d'Oreste que vous pleurez, voila son corps dans cette urne.] Le Scholiaste remarque fort bien qu'il y a quelque dureté dans les discours d'Oreste : mais cette dureté sert à son dessein : car elle rend la chose plus vray semblable, & plus croyable ; pendant qu'il ne connoît pas les personnes qui sont sur la Scene, il parle de ces cendres, comme d'une chose indiferente qui ne le touche point, ou s'il en est touché, ce n'est que pour s'en réjoüir avec Clytemnestre & Egisthe. Mais à mesure qu'Electre découvre son affliction, Oreste devient plus doux, car il commence à la reconnoître.

Approchez, qui quelle soit, donnez lui cette urne.] Il se doute déja bien que c'est Electre, mais il parle ainsi à cause des femmes qui sont avec elle.

P. 364. Triste monument de l'homme du monde qui m'étoit le plus cher.] Il n'y a rien de plus touchant que ces regrets d'Electre qui la font reconnoître; cette reconnoissance est une des plus belles, car elle naît naturellement du sujet, & de la suite des incidens; la seule chose qui lui manque, c'est qu'elle ne produit pas immediatement la peripetie, comme la reconnoissance d'Oedipe, on peut voir ce qui a été remarqué sur la Poëtique d'Aristote chap. XI. & XVII.

P. 365. *Car miserable que je suis, je n'ay pas eu la consolation de vous laver de mes propres mains.*] Cette coûtume de laver les corps morts, & de les parfumer d'essences precieuses, est fort ancienne: car elle étoit en Grece long-temps avant Homere. Les Grecs l'avoient prise des Pheniciens, & les Romains l'avoient reçûe des Toscans, qui étoient Tyriens d'origine. On lit dans Ennius.

Tarquinii corpus bona fœmina lavit & unxit.

Dans le IX. livre de l'Eneide, la mere d'Euryalus fait sur la mort de son fils la même plainte qu'Electre fait sur celle d'Oreste.

*Nec te tua funera mater
Produxi, preßive oculos aut vul-
nera lavi.*

Où Servius a fort bien remarqué que chez les Anciens, tout le soin des funerailles appartenoit à la mere ou à la sœur, qui par cette raison étoient appellées *funeræ*, c'est-à-dire, *funereæ*. *Nam apud Majores funereas dicebant eas ad quas funus pertinebat, ut sororem, matrem.*

P. 367. *Car je ne voy pas que les morts sentent les maux qui les ont afligez pendant leur vie.*] Elle dit cela en regardant l'urne, où les cendres d'Oreste reposent si tranquillement ; ces sentimens qui seroient peut-être trop hazardez de sens rassis, sont admirables dans la passion.

Electre songez que vôtre pere & vôtre frere étoient mortels.] Le Chœur prononce le nom de la Princesse, & c'est ce qui acheve de la faire reconnoître à Oreste : car il avoit encore deux sœurs, & jusqu'ici il ne pouvoit découvrir laquelle c'étoit des trois.

Ouy c'est elle-même, voilà ce qui reste d'elle.] Electre peut fort bien dire ces paroles, mais il y a plus de bienséance à les faire dire par le Chœur, pour ne pas faire consentir Electre à ce qu'on dit de sa beauté. C'est une remarque du Scholiaste. Je ne serois pas de son avis, ces paroles me paroissent beaucoup plus touchantes dans la bouche d'Electre, & elle ne blesse pas la modestie en parlant ainsi de sa beauté, puisqu'elle ne parle que de sa beauté passée.

P. 372. *Vous n'avez qu'à parler, elles m'ont toûjours été fideles.*) Electre rassûre Oreste qui craignoit de se faire connoître devant tant de femmes : mais il n'y a point de secret si important qu'on ne puisse dire devant un Chœur bien composé & bien choisi.

P. 374. *Quand vous aurez vû cette marque que j'ay de mon pere.*] Le Scholiaste entend par cette marque l'os d'yvoire qu'avoient à l'épaule tous les descendans de Pelops, comme les descendans de Cadmus avoient une lance, & les Seleucides un ancre sur la cuisse. Il ajoûte que d'autres

tres expliquent ici σφραγίδα *un cachet*. La premiere explication me paroît meilleure, car la reconnoissance est mieux faite par une marque naturelle que par une marque étrangere. On peut voir les remarques sur le XVII. chapitre de la Poëtique d'Aristote.

P. 375. Aprés l'avoir crû mort, je le retrouve heureusement plein de vie.] Il y a dans le Grec, *Il est mort par artifice, & c'est ce même artifice qui l'a sauvé*. Elle veut dire que c'est cette heureuse feinte qui lui a ouvert le chemin de Mycenes.

Nous le voyons, Princesse, & un évenement si peu attendu fait couler de nos yeux des larmes de joye.] Le Chœur ne perd aucune occasion de témoigner qu'il prend autant de part à tout ce qui arrive, que la Princesse même, & cela, afin qu'on ne puisse pas être choqué des confidences qu'on lui fait, & des grands desseins qu'on lui découvre.

P. 376. Mon cher Oreste, mon cher frere, enfin vous êtes arrivé. vous êtes venu.] Dans la grande joye comme dans la grande tristesse, un discours coupé convient toûjours mieux, qu'un discours suivi, & des periodes reglées.

De peur que quelqu'un ne vous entende du Palais.] Il ne craint que ceux qui sont dans le palais, & il est entierement assûré du Chœur ; il ne pêchera donc point contre la vray-semblance en découvrant devant lui tout ce qu'il va executer.

Mais je jure par Diane que je ne daignerai jamais craindre les femmes de ce Palais.] Le Scholiaste remarque fort bien qu'une femme, & une femme qui se voit tout d'un coup heureuse contre son attente, ne peut gueres se moderer. D'ailleurs puis qu'Electre a été si emportée, lors qu'elle étoit seule, peut-on s'étonner qu'elle soit si temeraire avec un secours si peu attendu ?

P. 377. *Que le Dieu Mars anime quelquefois les femmes.*] Il dit cela à cause de Clytemnestre qui avoit tué Agamemnon.

A ces maux horribles que rien ne peut jamais adoucir.] Car les Payens croyoient qu'on avoit après la mort les mêmes sentimens qu'on avoit eûs pendant la vie, ainsi Oreste & Eleêtre ne dvoient jamais oublier le crime de Clytemnestre, & la mort d'Agamemnon, *eadem (cura) sequitur tellure repostos.* Virg. Ce que j'ay mis *que rien ne peut jamais adoucir*, Sophocle l'a dit en un mot, ἀνέφελον κακόν, *un mal qui sera toûjours sans nuages,* c'est-à dire, qui sera toûjours dans sa force, comme le Soleil, lors que des nuages ne temperent pas son ardeur. On pourroit entendre aussi, ἀνέφελον ἐπεβύλες κακόν, *vous venez de parler manifestement, & sans enigme de nos maux, &c.* La premiere explication me paroît meilleure.

P. 378. *Qui pourroit m'obliger à garder le silence presentement que vous êtes venu d'une maniere si miraculeuse.*] Elle veut dire que puisque les Dieux ont fait en sa faveur ce miracle de ramener Oreste, elle n'a rien à menager. Tout cela convient fort bien au caractere d'Electre; mais ce dialogue qui plaisoit tant aux Grecs, paroîtra peut être trop long aux François. Les Grecs avoient beaucoup de phlegme avec beaucoup de vivacité, & nous avons beaucoup d'inquietude & d'impatience. Si l'on mettoit ce sujet sur nôtre theatre, il faudroit donc faire ce dialogue plus court, & abreger cette reconnoissance.

Ah ce que vous venez de me dire, me donne encore plus de joye que vôtre retour.] Car elle ne souhaitoit le retour de son frere que pour voir son pere vengé. Et voilà un sentiment digne d'Electre.

P. 380. *Vous savez que ma douleur a été muette.*] Elle veut dire que la retenue qu'elle a euë dans l'excez de sa douleur doit faire excuser ses transports dans l'excez de sa joye. Et Sophocle fait remarquer en même tems, avec quelle sagesse il a suivi la nature dans ces deux differens états.

Et si pour nous mieux venger de nos ennemis, qui triomphent de nôtre infortune, nous devons paroître, ou nous cacher.] Voici ce que beaucoup de gens, même d'un tres grand merite, & d'un excellent esprit ne sauroient souffrir, qu'on fasse une conspiration contre des Princes, & qu'on prenne des mesures contre leur vie devant ce nombre de personnes qui composent le Chœur ; ils prétendent que cela n'est ni naturel, ni vray-femblable ; mais il faut qu'ils se souvienent des conditions que doit avoir le Chœur ; il doit être aussi interessé dans l'action, que les principaux personnages, & animé du même esprit, & il faut que tout son bonheur dépende de sa fidelité, & de son silence. Quand cela est, il n'y a rien qu'on ne puisse dire devant lui, sans blesser la vray semblance, & cela est aussi naturel, que de voir un nombre de conjurez faire un complot dans un cabinet bien fermé. Le Chœur de cette piece est de cette nature. La crainte d'un Tyran n'a pû ébranler sa fidelité, & depuis plusieurs années, il est attaché à Electre, malgré les cruautez d'Egisthe. Si un Chœur mal composé choque extremement la vray-semblance, un Chœur bien choisi la fonde, & fait de merveilleux effets. Il est vray qu'il est souvent difficile de le bien choisir, & que les anciens y ont fait quelquefois des fautes grossieres, comme Euripide dans sa Medée ; mais où est-ce que la perfection se trouve sans difficulté ? Les fautes qu'on fait en la cherchant, ne sont pas des fautes de l'art, ce font des fautes du Poëte. Si l'on avoit retranché de tous les arts ce qu'ils ont de plus difficile, il n'y en auroit pas un de parfait. Le Chœur est une partie essentielle de la tragedie, elle est encore plus essentielle que les vers, & il ne dépend pas de nous de la retrancher, où nous devons être assûrez que pendant que nous la retrancherons nous n'aurons jamais de tragedie parfaite. Cela est si vray que les pieces des Anciens, où l'on a fait des fautes contre le Chœur, ne font pas moins belles que nos plus belles Tragedies, de l'aveu même de ceux qui font les plus choquez de ce défaut, & qui ont le plus de goût & de delicatesse.

P. 383. *Et à qui vous avez fait voir des choses si surprenantes, que si mon pere ressuscitoit je ne pourrois plus m'en étonner.*] Ce sentiment me paroît fort naturel ; elle regarde la vie d'Oreste comme une resurrection ; car aprés avoir cru tenir ses cendres entre ses mains, elle le revoit plein de vie. Ce Prince lui paroissoit aussi-bien mort pour elle qu'Agamemnon. Elle ne raisonne pas sur ce qui est, mais sur ce qu'elle croyoit.

Taisez-vous, je vous prie, j'entends du bruit.] Quelques Anciens ont attribué ces paroles à Oreste ; mais j'aime mieux suivre ceux qui les donnent au Chœur; cela marque son affection & son zele.

P. 384. *Hommes de Phocide entrez dans le palais.*] Electre avertie que quelqu'un sort, reprend son premier ton, de peur de surprise, & elle parle à son frere & à Pylade, comme à des étrangers.

Mais on ne se rejouira pas long-temps de l'avoir reçu.] Ces paroles ont un double sens. Une personne suspecte ne peut les prendre que pour une imprecation, & cependant c'est une menace qui marque ce qui va s'executer.

REMARQUES

Sur la II. Scene du IV. Acte.

[*Imprudens que vous êtes, n'avez-vous plus aucun soin de vôtre vie.*] Il y avoit quelque chose à redire, qu'Oreste & Electre parlassent si ouvertement de leurs desseins si prés du palais ; mais il falloit donner quelque chose au caractere d'Electre qui ne pouvoit, & ne devoit pas être plus sage dans son bonheur qu'elle l'avoit été dans sa misere. Sophocle fait parfaitement accorder ces deux choses, & sauver tous ces inconveniens par la prudence du Gouverneur, à qui il donne même par-là des mœurs convenables à son caractere. Il ne s'éloigne de la vray-semblance, que pour la mieux garder. Cela est tres-bien conduit.

P. 386. *Et ce qui va le plus mal pour eux, leur paroît aller le mieux du monde.*] C'est pour faire toûjours entrevoir le terrible état des méchans, qui tres-souvent se croyent au comble de la prosperité dans le moment qu'ils vont être punis de leurs crimes.

Mon frere qui est cet homme là, je vous prie?] Voici une troisiéme reconnoissance ; elle seroit vicieuse si elle n'étoit une suite de la double reconnoissance qui s'est faite entre les principaux Acteurs, comme on l'a remarqué dans la Poetique d'Aristote.

P. 387. *Ah que vôtre arrivée est heureuse.*] L'expression Grecque me paroît remarquable ἥδιστον ἔχων ποδῶν ὑπηρέτημα. mot à mot *dulcissimum habens pedum ministerium*, pour *dulcissimos, pulcherrimos habens pedes*. Expression entierement semblable à celle d'Isaïe que saint Paul a employée dans son Epitre aux Romains : *Quam speciosi pedes evangelizantium pacem, evangelizantium bona.*

P. 388. *Il n'y a pas un homme dans le palais.*] Il n'y avoit que des esclaves qui n'étoient point armez, & qui n'approchoient pas même de l'appartement des femmes. Aujourd'huy nous sommes fort choquez de voir une Reine si mal gardée ; mais c'étoient les Mœurs de ces tems là, & c'est aux Poëtes à se conformer aux mœurs des temps qu'ils representent.

P. 389. *Aprés avoir adoré les Dieux qui veillent aux portes de ce palais.*] Sophocle donne toûjours à Oreste un caractere de religion, afin de diminuer par-là l'atrocité de l'action qu'il va commettre, & d'insinuer que c'est plûtôt un acte d'obeïssance, que l'effet d'un naturel feroce & emporté.

REMARQUES

sur l'Intermede du IV. Acte.

LA longueur des Intermedes doit toûjours être proportionnée à la durée de ce qui se passe derriere le theatre ; c'est pourquoy les trois premiers sont ordinairement plus longs que le dernier, parce que le nœud de l'action demande toûjours plus de temps que le dénoüement ; mais les incidens doivent être si bien preparez au quatriéme Acte, que tout ce qui se passe derriere le theatre pendant ce quatriéme & dernier Intermede, soit plus court que tout ce qui a occupé les Intermedes precedens: car il faut que le Chœur du IV. Acte soit toûjours plus court que les autres, parce que quand on est arrivé au denouement, tout ce qui l'éloigne est insuportable, & ennuye mortellement le spectateur. Les Grecs, qui suivoient par tout la nature de si prés, n'ont pas manqué à une chose si essentielle: ainsi leurs Chœurs ne coupent nullement l'action, comme le prétendent ceux qui n'ont qu'une legere connoissance de l'art de la Tragedie, au contraire ils servent à sa continuité, & bien loin de fatiguer le spectateur, ils le raniment, & enflamment davantage son impatience & sa vivacité. Aprés avoir vû ce Chœur, je ne croy pas qu'on puisse soûtenir que des violons font un effet plus naturel & plus agreable.

P. 390. *Les inevitables Furies qui poursuivent toûjours les criminels.*] Le Chœur fait toûjours sentir au peuple que les crimes ne sont jamais impunis.

Les predictions que j'ai faites ne sont point vaines.] Il y a dans le Grec, *Le songe de mon esprit ne sera pas long-temps vain.* Il met *le songe* pour *l'esperance*, comme un Ancien a dit que *l'esperance est le songe de celui qui veille*; mais parce que le mot *esperance*, est trop dur pour le Chœur, je me suis servi de *prediction*, qui est un terme mitoyen. Le Chœur a égard ici à ce qu'il a dit à Electre dans le premier Acte, *Prenez courage, Princesse; &c. Le jeune Prince qu'on éleve dans la Phocide ne manquera pas de revenir, ni le Dieu des enfers ne manquera pas de vous venger.*

P. 391. *Et il est conduit par le fils de Maia par Mercure.*] Comme Mercure étoit le Dieu de la fraude, & de la tromperie, (c'est pourquoy il étoit appellé δόλιος, *trompeur.*) les Grecs lui donnoient toûjours la conduite de tout ce qui se faisoit secrettement, & qui devoit être caché. C'est ainsi que dans le dernier livre de l'Iliade, Homere fait conduire Priam par Mercure, afin qu'il traverfât tout le camp des Grecs sans être vû, jusqu'à ce qu'il fût arrivé à la tente d'Achille. Le Scholiaste ajoûte que Sophocle a eu une autre raison de commettre Mercure pour faire cette vengeance, à cause des imprécations de Myrtile qui étoit son fils, & qui avoit été si malheureusement tué par Pelops, comme cela a été expliqué dans l'Intermede du premier Acte.

REMARQUES

Sur la I. Scene du V. Acte.

P. 392. *POur elle, elle prepare les choses necessaires pour l'appareil de la sepulture d'Oreste*] Il y a dans le Grec *lebetem parat*, & le Scholiaste Grec l'a fort bien expliqué, du repas funebre que l'on faisoit sur le tombeau du mort, & que les Latins appelloient *Silicernium*, & les Grecs περί δειπνον. On peut voir les remarques sur Festus au mot *Silicernium*.

P. 393. *Et vous Princesse, pour-*

quoy êtes-vous sortie.] Sophocle fait entendre ici qu'Electre étoit entrée dans le palais avec les Princes à la fin de l'Acte precedent ; car il ne suffit pas que la representation mette tout devant les yeux du spectateur, il faut aussi que l'on en soit instruit par la simple lecture. Mais il faut bien remarquer la sage conduite de Sophocle ; Il fait sortir Electre par deux raisons ; la premiere & la plus considerable, afin qu'elle ne soit pas témoin de la mort de sa mere, & qu'elle n'y ait point de part ; car comme ce n'est pas elle qui a reçu l'Oracle, c'est-à-dire, l'ordre de venger Agamemnon, elle ne doit pas assister à ce meurtre, & la seconde raison, c'est afin qu'elle prene garde avec le Chœur qu'Egisthe ne les surprene, comme elle le dit ensuite. Si Electre ne revenoit pas sur la Scene, les Princes n'auroient aucune raison d'y revenir, ainsi tout se passeroit dans le palais, & le spectateur perdroit tout le denouement de la piece.

Hay, hay, hai, mes chers amis.] Au lieu d'apprendre aux spectateur la mort de Clytemnestre par un recit, il leur fait entendre les cris de cette Princesse qu'on tue derriere le theatre ; ainsi il éloigne de leurs yeux l'atrocité de l'action, & conserve tout ce qu'elle a de pathetique.

Quelqu'un crie là dedans, n'entendez-vous point.] On donne ces paroles à Electre ; mais je suis persuadé que ce sont deux personnes du Chœur qui parlent entr'elles. Jamais Electre n'auroit dit, *quelqu'un crie* : car elle savoit bien que c'étoit Clytemnestre.

Helas j'entends ce qu'on ne peut entendre sans fremir d'horreur] Ce n'est pas que le Chœur condamne l'action d'Oreste : car cette action ne pouvoit que lui paroître juste, puisqu'elle étoit ordonnée par les Dieux : mais c'est que naturellement on ne peut entendre sans horreur les cris de ceux qu'on tue, quand même ils seroient nos ennemis. Que ne doit on donc pas sentir quand on entend une mere qui meurt par les mains de son propre fils? Quelque interêt que l'on ait de desirer cette mort, elle ne peut que paroître horrible.

P. 394. *Mon fils, mon cher fils, ayez pitié de celle qui vous a donné la vie.*] Ces cris de Clytemnestre font horreur, & il est certain que cette action seroit trop atroce pour nôtre Theatre, & qu'elle ne reüssiroit point du tout. Quelque haine que les Atheniens eussent naturellement pour les Roys, elle n'a pas laissé de leur déplaire, & Aristote a fait un chapitre exprés pour enseigner aux Poëtes de quelle maniere ils doivent se conduire dans les actions atroces pour conserver la fable sans blesser le sentiment. Voici l'abregé de sa doctrine. Il y a quatre manieres dont les actions atroces peuvent se passer : car

Ou l'on agit avec une entiere connoissance, & l'on acheve son action.

Ou l'on agit sans connoître, & l'on reconnoît son crime quand il est commis.

Ou l'on est sur le point d'agir sans connoître ; & on reconnoît avant que d'agir, ce qui arête l'action.

Ou l'on agit avec une entiere connoissance, & l'on n'acheve pas.

De ces quatre, la derniere est la plus vicieuse, selon Aristote, parce qu'elle qu'elle est atroce sans passion.

La plus vicieuse aprés celle là, c'est la premiere, parce qu'elle est atroce, & que le theatre est ennemi de l'atrocité, mais elle est preferable à la derniere, parce qu'au moins elle a de la passion, ce que la derniere n'a pas.

La seconde est meilleure sans contredit que la premiere & que la derniere ; car elle n'est point atroce à cause de l'ignorance de celui qui commet le crime, & elle a tous les avantages de la passion.

La troisiéme est préferable à toutes les autres, parce qu'elle interesse extremement, qu'elle n'est point atroce, & qu'elle répond aux souhaits du spectateur.

Voilà les carecteres de ces quatre sortes d'actions ; il faut donc voir laquelle s'accommode le mieux avec la fable qu'il faut conserver, car on ne doit jamais changer les fables reçuës. Par exemple je veux traiter le meurtre de Clytemnestre par Oreste. La premiere maniere ne convient point parce qu'elle est trop horrible : c'est pourtant celle que suivoient les

T t

anciens Poëtes ; Eſchyle , Sophocle & Euripide ont fait tuer Clytemneſtre par Oreſte de cette maniere : mais c'eſt ce qu'Ariſtote n'approuve pas, parceque l'action eſt trop atroce, & que le theatre eſt ennemi de l'atrocité.

La quatriéme ne convient pas non plus , parce qu'elle eſt imparfaite & atroce ſans paſſion, & que d'ailleurs elle détruit la fable.

La troiſiéme qui ſeroit la plus propre , & qui eſt ſans contredit la plus parfaite, eſt encore inutile ; parce qu'elle ſauveroit Clytemneſtre qui doit neceſſairement mourir par les mains de ſon fils ; car il ne faut pas changer les fables reçues, il faut que Clytemneſtre ſoit tuée par Oreſte, & Eriphyle par Alcmæon.

Il n'y a donc que la ſeconde dont on ſe puiſſe ſervir : elle a de la paſſion , & eſt moins atroce que la premiere ; & c'eſt auſſi celle que ſuivit le Poëte Aſtydamas, quand il mit ſur la Scene Alcmæon qui tuoit Eriphyle. Si on mettoit ce ſujet ſur le theatre il faudroit ou qu'Oreſte tuât Clytemneſtre ſans la connoître , &

qu'il la reconnût aprés, ou bien qu'elle s'enferrât elle-même en voulant secourir Egisthe, & c'est la methode que tout Poëte doit suivre, quand il traitera de pareils sujets.

Mais auriez vous donc eu pitié de lui.] Car on a vu dans la premiere Scene qu'Electre avoit arraché Oreste des mains de Clytemnestre, qui vouloit l'égorger aprés avoir tué Agamemnon.

O Ville, ô Palais, ô malheureuse race, ce jour acheve de vous precipiter dans les malheurs les plus horribles.] Sophocle pour faire voir qu'il connoissoit bien tout ce qu'il y avoit d'atroce, non seulement dans l'action d'Oreste, mais encore dans le caractere d'Electre, met ici dans la bouche du Chœur cette admirable reflexion, par laquelle il fait entendre, que ce dernier meurtre, & la dureté d'Electre, mettent le comble à tous les malheurs de la famille de Pelops : car il est impossible que Dieu n'ait pas resolu d'exterminer une race où la femme tue son mari & les enfans leur mere.

Frapez ne l'épargnez pas.] Ces paroles conviennent au caractere d'Electre : mais ce caractere est trop outré, & tous les menagemens que Sophocle a apportez pour le faire trouver vray-semblable, ne diminuent par l'horreur qu'on a de voir une fille qui exhorte si inhumainement son frere à plonger le poignard dans le sein de sa mere. C'est ce que la Nature ne peut souffrir. Sophocle qui étoit si grand imitateur d'Homere, devoit imiter en cette occasion la sagesse de ce grand Poëte, qui en parlant de cette action d'Oreste, loüe le meurtre d'Egysthe, mais il supprime celui de Clytemnestre, & ne le fait entendre qu'en parlant simplement de son tombeau; le passage est remarquable, c'est dans le III. livre de l'Odyssée où Nestor dit,

τῷ δὲ οἱ ἐγδόλῳ κακὸν ἤλυθε δῖος Ὀρέστης

Ἀψ' ἀπ' Ἀθηνάων, κτ' ἔκτανε πατροφονῆα

Αἴγισθον δολόμητιν ὅ οἱ πατέρα κλυτὸν ἔκτα.

Ἤ τοι ὁ τὸν κτείνας δαίνυ τάφον Ἀργείοισιν.

Μητρὸς τε ϛυγερῆς ἀνάλκιδος Αἰγίϛου

La huitiéme année le divin Oreste vint d'Athenes à Mycenes pour punir Egysthe qui avoit tué Agamemnon ; il le tua, & aprés l'avoir tué, il appella tout le peuple au repas funebre qu'il fit sur le tombeau de sa malheureuse mere, & de ce lâche assassin. Si Homere n'a ozé parler de ce meurtre dans un recit où il ne s'agit que d'Oreste, à plus forte raison Sophocle devoit-il adoucir dans l'action même le caractere d'Electre, & lui donner d'autres sentiméns. Euripide, qui a traité le même sujet aprés Sophocle, fait faire à cette Princesse des reflexions plus conformes à la Nature; car aprés la mort de Clytemnestre elle dit à Oreste, *Et c'est cela même, mon frere, c'est cela que nous ne saurions expier par nos larmes. Je suis moi seule la cause de ce malheur, moy seule j'ay attiré ma mere dans ces funestes pieges. Helas ma mere, que vôtre sort est déplorable ! vous aviez fait des choses horribles, mais vous en avez souffert de plus horribles encore de la main de vos enfans.* Et elle ajoûte ensuite, *helas mal-*

heureuſe, que deviendrai-je ? Où irai-je? Qui pourra me ſouffrir? L'Auteur d'Atahalie a encore été plus ſage dans une pareille occaſion ; car Joas voyant mener à la mort Athalie ſon ayeule qui l'avoit voulu immoler à ſa rage, dit,

> *Dieu, qui voyez mon trouble, & mon affliction*
> *Détournez loin de moy ſa malediction.*

Il ne peut, ni ne doit empêcher cette mort, mais il ſent ce qu'il doit ſentir, & ce que demande la Nature.

P. 395. *Ceux qui étoient dans les abyſmes de la terre, en ſortent.*] Le Chœur parle ainſi à cauſe d'Oreſte qu'on avoit cru mort. Et il conſidere Agamemnon comme ſorti de ſon tombeau pour aider à tuer Egiſthe, ſelon ce qu'Electre a dit à Chryſothemis dans la derniere Scene du premier Acte, *& en embraſſant ſon tombeau, priez le de ſortir de la terre, & de venir nous aider contre ſes ennemis.*

REMARQUES

Sur la II. Scene du V. Acte.

P. 396. *SI les Oracles d'Apollon sont vritables.*] Oreste pour diminuer l'horreur de cette action, ne laisse pas perdre de vûe l'Oracle qui l'avoit ordonnée, car c'est la seule chose qui la puisse faire souffrir. Encore faut-il bien se souvenir que quoy qu'elle eût été ordonnée par Apollon, & approuvée ensuite par Minerve, lorsqu'Oreste étant jugé dans l'Areopage, & les Juges étant partagez, cette Deesse donna sa voix pour achever de l'absoudre, elle ne laissa pas de paroître trop horrible aux Atheniens, quand ils la virent sur le theatre, tant il est vrai, comme l'a fort bien dit Aristote, que le theatre est ennemi de l'atrocité; car il y a bien de la difference entre les sentimens que la Religion inspire pour une action qu'elle autorise, & qu'on ne voit pas, & ceux que la Nature donne pour cette même action, quand on la voit. Le Chœur même qui n'a d'autre interêt que celui d'Electre, & qui est entierement soûmis aux ordres de Dieu, ne laisse pas de témoigner de l'horreur, quand il entend les cris de Clytemnestre.

P. 397. *Il seroit à propos de dire à cet homme quelques paroles de douceur, afin que trompé par ces fausses apparences.*] Le Chœur n'a donné aucun conseil quand il a été question du meurtre de Clytemnestre ; car c'étoit toûjours sa Reyne. Presentement que cette Princesse est morte, & qu'il peut regarder Oreste comme son Roy legitime, & Egisthe comme un usurpateur, il entre dans les mesures qu'on prend pour la mort de ce dernier. Cela me paroît remarquable.

REMARQUES

Sur la III. Scene du V. Acte.

Qui sera-ce qui pourra me dire où sont ces étrangers qui sont venus

sur l'Electre de Sophocle. 505
nus nous apprendre qu'Oreste s'est tué.] Egisthe fait connoître par ces paroles, que Clytemnestre avoit envoyé quelqu'un l'avertir de l'arrivée de ces étrangers.

P. 398. *Ce sera vous, quoyque vous ayez été toûjours si feroce ; car vous prenez trop de part à cet accident pour n'en être pas fort instruite.*) Egisthe insulte cruellement à la douleur dont il croit qu'Electre est penetrée ; cela convient au caractere de ce Tyran, & fait un tres-grand plaisir au spectateur, qui en voyant son injustice & sa cruauté, envisage en même tems la punition qu'on lui prepare.

Ouy sans doute j'en suis instruite ; j'ignorerois un accident qui me touche de si près, & qui va mettre fin à toutes mes miseres !) Electre répond fort bien à l'insulte d'Egisthe ; car ses paroles ont un double sens. Le Tyran croit qu'elle veut dire que la mort d'Oreste va bien-tôt la faire mourir, & elle dit tout le contraire.

P. 399. *Ouy vous pouvez aller repaître vos yeux de cet horrible spe-*

V v

stacle.] Cela est encore équivoque, Egisthe croit qu'elle parle d'Oreste mort, & elle parle de Clytemnestre.

Allez donc promptement, allez jouir de ce plaisir, puisqu'il vous est si sensible.] Egisthe croit qu'Electre ne cherche qu'à l'éloigner promptement de ses yeux, ne pouvant supporter l'état florissant où il se trouve, & c'est pour hâter sa mort.

Qu'on fasse silence, & qu'on ouvre les portes du Palais.] Rien ne pouvoit mieux relever le tragique de cette catastrophe que ce que fait ici Egisthe, enyvré de sa bonne fortune, & pensant être au comble de la félicité. Il y a un art merveilleux dans cette conduite, & rien n'est plus simple, ni plus naturel.

Afin que s'il y a quelqu'un qui nourrisse encore en son cœur quelque vaine esperance.] Tout étoit, ou du moins paroissoit soûmis à Egisthe, c'est pourquoy Electre a dit à Oreste dans la 1. Scene de l'Acte IV. *Apprenez donc que vous êtes ici le seul homme qui soyez touché de ma misere.* Mais les plus grandes soûmissions la ressemblance en l'embellissant ; car cette sorte de courage n'est point contraire au caractere de ce Prince, elle en est d'ordinaire le fondement.

Va dans la chambre où tu assassinas autrefois mon pere.) Voilà un pretexte tres-vray-semblable pour ne pas le tuer aux yeux du spectateur, car il ne faut pas ensanglanter la Scene ; la mort est toûjours plus horrible dans les lieux où les crimes, qui l'attirent, ont été commis.

Il faut necessairement, & c'est l'ordre des fatales destinées que cette chambre voye tous les malheurs.) Voici une prediction que fait Egisthe, & qui répond à ce que le Chœur a dit dans la premiere Scene de cet Acte, *O Ville, ô Palais, ô malheureuse race, ce jour acheve de vous precipiter dans les malheurs les plus horribles.* Egisthe dit donc que comme cette chambre a vû toutes les horreurs qui sont arrivées à la famille de Pelops, elle verra encore celles qui lui arriveront dans la suite, & c'est pour apprendre au peuple, que cette action d'Oreste ne demeurera pas impunie ; car les Furies le tourmenteront jusqu'à ce qu'il soit expié.

P. 405. *Il faut qu'elle voye tes malheurs.*] Oreste qui sent que la prediction d'Egisthe s'adresse à lui, la détourne sur Egisthe même par une autre prediction qu'il appelle plus sûre, parce qu'elle va s'accomplir. D'ailleurs ce Prince croit n'avoir rien à craindre, puisqu'il ne fait qu'obéïr aux Dieux.

Je te suivrai. OR. *Il faut que tu marches le premier.*) Cette petite contestation à qui entrera le premier, nous paroît froide, parce que dans nos mœurs, il n'y a rien qui l'autorise, & qui la puisse faire souffrir ; mais il n'en étoit pas de même en Grece, où on laissoit à ceux qu'on faisoit mourir, la consolation de mourir libres ; c'est pourquoy on délioit les criminels dès que leur arrêt étoit prononcé. Egisthe voudroit donc avoir cette même liberté d'aller volontairement à la mort, & c'est ce qu'Oreste lui refuse, afin qu'il ait la douleur de mourir comme un vil esclave

esclave qu'il faut traîner. Les Romains avoient pris des Grecs cette coûtume seulement pour les sacrifices ; les victimes étoient déliées, quand on les menoit à l'Autel, *Nam piaculum est in sacrificio, aliquid esse religatum*, dit Servius. *Car c'est une obomination qu'il y ait quelque chose de lié dans les sacrifices.*

P. 406. *Il faudroit toûjours punir ainsi sur le champ, tous ceux qui violent les loix.*] Cette piece ne pouvoit mieux finir que par ces paroles d'Oreste, afin que son action ne paroisse qu'une action de justice, & qu'on le regarde, non comme un assassin, & un parricide, mais comme l'executeur des vengeances divines, & l'instrument dont Dieu s'est servi pour punir un si horrible crime.

F I N.

A PARIS,
De l'Imprimerie d'Antoine Lambin,
1692.

Deux Remarques qui ont été oubliées.

A La page 240. avant la remarque sur la page 139. mettrez : *Respectez au moins cette vive lumiere du soleil, qui éclaire la terre, & qui nous a montré si clairement la victime qui devoit être chargée de tous nos maux.*) Je ne croyois pas que ce passage pût recevoir un autre sens que celuy que j'ay suivi : cependant j'ay vu une traduction de cette piece en vers Latins, où on l'a expliqué d'une maniere bien differente car on a rapporté le mot δεικνύναι au Chœur, au lieu que je le rapporte au Soleil, comme Winsemius. On prétend donc que Creon dise au Chœur, *Si vous ne respectez pas les hommes, respectez au moins le Soleil, & ayez honte de lui montrer ainsi à découvert ce malheureux chargé des maledictions du Ciel, &c.* comme si la presence d'Oedipe souïlloit sa lumiere. Mais je trouve ce sens insoûtenable par trois raisons. La premiere, c'est que ce n'est pas le Chœur qui montre OEdipe au Soleil, c'est lui qui vient malgré tout le monde. La seconde, qui est encore plus considerable, c'est que je trouve ce sentiment petit & froid de ne vouloir pas qu'on montre au Soleil un homme qui par l'Oracle même d'Apollon doit être incessament chassé du Royaume. Comment fera-t-on pour le cacher ; & le dérober à la lumiere du Soleil pendant qu'il sera errant dans les campagnes ? La lumiere du Soleil aura bien à souffrir. Et la troisiéme enfin, c'est que ce sens là ne dit rien au peuple, au lieu que l'autre lui parle, & lui donne une leçon capable de le retenir, & de le porter à profiter de cet exemple terrible qu'il a devant les yeux.

A la page 242. avant la remarque sur la page 140. *Je l'aurois déja fait, Seigneur, si je n'avois voulu auparavant consulter les Dieux.*) J'ai un peu adouci ce passage qui ne laisse pas de paroître encore trop dur. Dans l'état où est OEdipe, il peut se servir des termes les plus odieux

Y y ij

en parlant de lui même ; ces expressions, *Jettez-moi*, *chassez-moi*, font dans sa bouche un tres-bon effet; mais on souffre d'entendre Creon qui lui dit, *Je l'aurois déja fait*, c'est-à-dire, *je vous aurois déja chassé ?* Cela est encore plus dur dans l'original, car il y a mot à mot, *je l'aurois déja fait, je veux bien que vous le sachiez.* Pour justifier Sophocle on peut dire que s'agissant icy d'une chose purement de Religion, les menagemens de la politesse seroient peut-être contraires à l'esprit dont on doit être animé dans ces rencontres. Creon est un Prince sage & religieux ; pour faire donc connoître au peuple que s'il n'a pas obei à l'Oracle, qui ordonnoit de bannir le meurtrier de Laïus, ce n'est pas qu'il manque de respect pour les Dieux, mais c'est qu'il croit que le caractere d'OEdipe, qui est leur Roy, merite qu'on les consulte une seconde fois de peur de leur déplaire en obeïssant avec trop de precipitation à un premier ordre, qu'on n'a peut être pas bien entendu. Voilà pourquoy il dit si cruement à OEdipe, *je l'aurois déja* ja fait, je veux bien que vous le sachiez, c'est-à-dire, tout le respect qu'on vous doit, & toute la compassion qu'on ne peut s'empêcher d'avoir pour vous ne m'auroient pas empêché d'obeïr à l'Oracle, si j'avois cru que les Dieux se fussent suffisament expliquez. Il est certain que c'étoit la maniere des Anciens ; je ne veux ni la défendre, ni la condamner ; il suffit qu'elle nous paroît dure. Il n'y a personne qui ne trouve que Creon pouvoit dire la même chose avec plus de douceur, & conserver ce qui est dû à la Religion, sans blesser les sentimens qu'inspire la misere d'OEdipe. Au moins c'est ainsi que nous le ferions parler aujourd'huy ; mais je n'ay osé le faire dans la traduction; un Traducteur peut adoucir un passage, mais il ne peut pas le changer; il faut qu'il conserve toûjours les manieres des tems dont il parle, ou qu'il les laisse du moins entrevoir.

Contraste insuffisant
NF Z 43-120-14

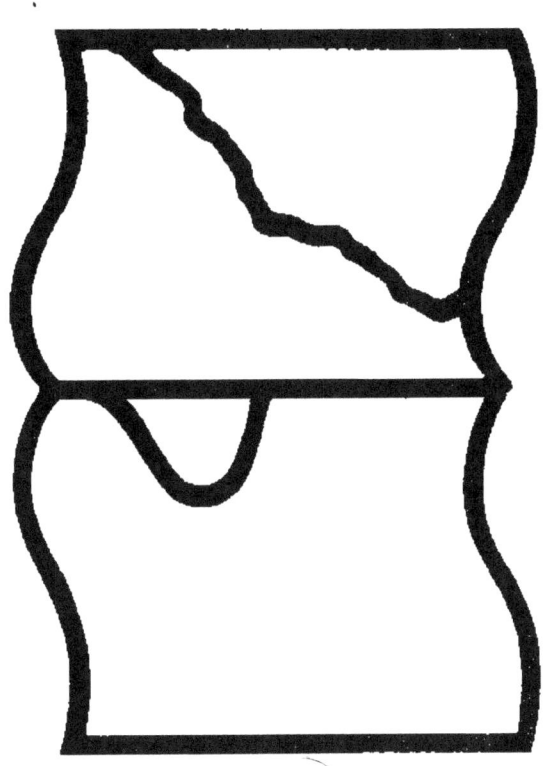

Texte détérioré — reliure défectueuse

NF Z 43-120-11

www.ingramcontent.com/pod-product-compliance
Lightning Source LLC
Chambersburg PA
CBHW051403230426
43669CB00011B/1743